Ist der in § 77 Abs. 3 BetrVG 1972
normierte Tarifvorbehalt nur noch
ein „law in the book"?

Europäische Hochschulschriften
Publications Universitaires Européennes
European University Studies

Reihe II
Rechtswissenschaft

Série II Series II
Droit
Law

Bd./Vol. 3174

PETER LANG
Frankfurt am Main · Berlin · Bern · Bruxelles · New York · Oxford · Wien

Reinhard Lethert

Ist der in § 77 Abs. 3 BetrVG 1972 normierte Tarifvorbehalt nur noch ein „law in the book"?

PETER LANG
Europäischer Verlag der Wissenschaften

Die Deutsche Bibliothek - CIP-Einheitsaufnahme

Lethert, Reinhard:

Ist der in § 77 Abs. 3 BetrVG 1972 normierte Tarifvorbehalt nur noch ein „law in the book"? / Reinhard Lethert. - Frankfurt am Main ; Berlin ; Bern ; Bruxelles ; New York ; Oxford ; Wien : Lang, 2001
(Europäische Hochschulschriften : Reihe 2, Rechtswissenschaft ; Bd. 3174)
Zugl.: Köln, Univ., Diss., 1999
ISBN 3-631-36169-6

D 38
ISSN 0531-7312
ISBN 3-631-36169-6

www.peterlang.de

Meiner Mutter

Vorwort

Die vorliegende Arbeit wurde von der rechtswissenschaftlichen Fakultät der Universität zu Köln im Sommersemester 1999 als Dissertation angenommen. Sie befindet sich auf dem Stand vom April 1999.

Es gibt eine Reihe von Menschen, die mich auf dem Weg zu und während dieser Arbeit begleitet und unterstützt haben. Ihnen allen gilt mein Dank.

Dies gilt in besonderem Maße für meine Mutter, Elisabeth Grünter, der dieses Werk gewidmet ist. Sie hat mir nicht nur stets mit Rat und Tat zur Seite gestanden, sondern auch unter Inkaufnahme eigener persönlicher Opfer meinen Werdegang erst ermöglicht.

Besonders zu nennen ist mein leider zwischenzeitlich verstorbener Stiefvater Heinrich Grünter. Er hat seine enorme Erfahrung in einer Vielzahl anregender Diskussionen an mich weitergegeben und war bzw. ist heute noch in vielerlei Hinsicht ein Vorbild für mich.

Mein ganz besonderer Dank gilt meiner Familie, d.h. meiner Frau Bärbel Lethert und meinen Söhnen Jan und Sven. Aufgrund meiner beruflichen Auslastung standen mir für die Bearbeitung im wesentlichen nur die Wochenenden und die Ferien zur Verfügung. Diesen Verlust an gemeinsamer Freizeit hat meine Familie geduldig ertragen und mich zudem so manches Mal motiviert.

Ich möchte nicht versäumen, mich bei meinen Kolleginnen und Kollegen der Rechtsanwaltskanzlei Kapellmann und Partner für das mir entgegengebrachte Verständnis und die mir zuteil gewordene Unterstützung zu bedanken.

Dank schulde ich auch meinem Freund und Kollegen Dr. Martin Havers, der trotz eigener beruflicher und familiärer Beanspruchung die undankbare Aufgabe des Korrekturlesens übernommen hat.

Mein Doktorvater Prof. Dr. dres. h.c. Peter Hanau hat meine Arbeit über Jahre hinweg wohlwollend und verständnisvoll begleitet und zum Schluss auch äußerst schnell bewertet. Herr Prof. Dr. Wiedemann oblag die Zweitkorrektur, die er ebenfalls kurzfristig erstellt hat.

Willich, im Februar 2001

Reinhard Lethert

Inhaltsverzeichnis

§ 1 Einleitung

Gemäß § 77 Abs. 3 BetrVG[1] können Arbeitsentgelte und sonstige Arbeitsbedingungen, die durch Tarifvertrag geregelt sind oder üblicherweise geregelt werden, nicht Gegenstand einer Betriebsvereinbarung sein, es sei denn, ein Tarifvertrag läßt den Abschluß ergänzender Betriebsvereinbarungen ausdrücklich zu.

Hromadka [2] hat vor kurzem § 77 Abs. 3 BetrVG zur mit Sicherheit umstrittensten Vorschrift des Betriebsverfassungsrechts, wahrscheinlich sogar des Arbeitsrechts überhaupt, erklärt. In Anbetracht der kaum noch überschaubaren Anzahl von Veröffentlichungen und höchstrichterlichen Entscheidungen zu dieser gesetzlichen Bestimmung, erscheint seine Einschätzung durchaus realistisch. Kaum eine andere Norm wird derart angefeindet[3] und so nachdrücklich verteidigt wie § 77 Abs. 3 BetrVG.[4] Die Abteilung Arbeitsrecht des 61. Deutschen Juristentags (16.-20.9.1996 in Karlsruhe) hat sich mit dem Thema: „Empfiehlt es sich, die Regelungsbefugnisse der Tarifparteien im Verhältnis zu den Betriebsparteien neu zu ordnen?“ befaßt und sich gegen eine Streichung[5] des § 77 Abs. 3 BetrVG ausgesprochen[6]. Auch die Rechtsprechung hält an dieser

---

1 Soweit keine Jahreszahl ausgewiesen wird, handelt es sich im folgenden um das Betriebsverfassungsgesetz 1972

2 FS Schaub, S. 337

3 Ein anschauliches Beispiel hierfür sind Ehmann/Schmidt (NZA 1995, 193, 194): *„Die Frage ist, wie lange wir es der Normenklatura der Gewerkschaften und Arbeitgeberverbände noch überlassen wollen und können, zum Schaden der deutschen Volkswirtschaft, zum Schaden der deutschen Arbeitnehmer, zum Schaden der deutschen Arbeitgeber und zum Schaden aller deutschen Bürger die Arbeitsbedingungen nach Art des mittelalterlichen Fehdewesens mittels Arbeitskämpfen, zumindest mit der Drohung von Arbeitskämpfen zur Stärkung und Aufrechterhaltung ihrer Machtpositionen, weitgehend allein zu bestimmen. ... Die Gewerkschaften und auch unsere Arbeitgeberverbände wollen zwar weiterhin den Klassenkampf in Form von Arbeitskämpfen weiterführen, wie alte Generäle mit Bleisoldaten zu spielen belieben. Im System unserer Wirtschafts- und Arbeitsrechtsordnung hat aber § 77 Abs. 3 BetrVG seinen Regelungsgehalt durch den seither eingetretenen verfassungsrechtlichen Wandel und aufgrund der Konkurrenz anderer gesetzlicher Vorschriften in vielfacher Weise geändert.“*

4 z.B. Wank, RdA 1991, 129 ff., der selber von einer Verteidigung der Zweischranken-Theorie spricht

5 So z.B. die Forderung von Reuter, RdA 1991, 193, 199 f., der § 77 Abs. 3 BetrVG wegen Verletzung des Übermaßverbots für unwirksam hält

6 Siehe die Beschlüsse des 61. Deutschen Juristentags Karlsruhe 1996 - Arbeitsrecht, DB 1996, 2030 f.

Vorschrift als „Grundnorm der betriebsverfassungsrechtlichen Ordnung“[7] grundsätzlich fest. Sie regelt neben § 4 Abs. 3 TVG das sensible Verhältnis zwischen Tarifautonomie und Betriebsautonomie. Dies macht ihre besondere Bedeutung aus, läßt sie damit aber auch zum Gegenstand wirtschaftspolitischer sowie rechtspolitischer Überlegungen werden. Die Ausführungen von *Ehmann/ Schmidt* [8] zeigen dies eindrucksvoll. In Anbetracht der Tatsache, daß sich die Arbeitgeber der Metallindustrie des Tarifbezirks Baden-Württemberg in der vor kurzem abgeschlossenen Tarifrunde mit ihrer Forderung, den einzelnen Betrieben die Möglichkeit zu eröffnen, mit Zustimmung des Betriebsrats das 13. Monatsgehalt zu reduzieren oder sogar ganz zu streichen, nicht durchsetzen konnten, ist mit einer neuen Welle von Veröffentlichungen zu rechnen. Der Hinweis auf die geflügelten Stichworte „Ende des Flächentarifvertrages“ und „Flucht aus den Verbänden“ soll an dieser Stelle genügen.

Ehmann/Schmidt[9] behaupten, daß tagtäglich tausende tarifvorbehaltswidriger Betriebsvereinbarungen abgeschlossen werden. Es kann dahinstehen, ob die Größenordnung dieser Schätzung zutreffend ist. Es ist jedenfalls ein allseits realisierter und unbestrittener Fakt, daß in der betrieblichen Praxis in erheblichem Umfang Betriebsvereinbarungen geschlossen werden, die gegen § 77 Abs. 3 BetrVG verstoßen. *Zöllner* [10] hat bereits zu dessen Vorgänger, dem § 59 BetrVG 1952, die Möglichkeit einer gewohnheitsrechtlichen Derogation angesprochen. *Reuter* [11] hat diesen Hinweis für § 77 Abs. 3 BetrVG aufgegriffen und der Norm ihre Wirksamkeit aberkannt.[12] Für *Birk* [13] ist § 77 Abs. 3 BetrVG ein Paradefall „symbolischer Gesetzgebung“.

Der Verfasser ist der Frage nachgegangen, ob § 77 Abs. 3 BetrVG tatsächlich nur noch ein “law in the book“ ist, und falls ja, worin die Ursachen hierfür liegen. Besondere Bedeutung kommt dabei der Rechtsprechung des BAG zu, weil sich die Praxis, sofern sie denn gut beraten ist, regelmäßig an dieser orientiert und deshalb eine Wechselwirkung zwischen Rechtsprechung und betrieblicher Praxis bestehen dürfte. Die Rechtsprechung wird daher analysiert und einer kritischen Würdigung unterzogen werden. Damit ist der Gang der Be-

---

7 BAG vom 20.8.1991 - 1 ABR 85/90 - AP Nr. 2 zu § 77 BetrVG 1972 Tarifvorbehalt

8 s. Fn 3

9 s. Fn 3

10 FS Nipperdey, S. 702 f.

11 RdA 1991, 193, 194

12 Schmidt, Günstigkeitsprinzip, S. 100 f., hat überzeugend den Einwand der Derogation widerlegt mit der zutreffenden Begründung, daß es an einer dafür erforderlichen gemeinsamen Überzeugung aller beteiligten Rechtskreise, mithin auch der Gewerkschaften, fehlt.

13 ZfA 1986, 73, 105

arbeitung vorgezeichnet. Es ist unerläßlich, zunächst die ratio des § 77 Abs. 3 BetrVG herauszuarbeiten (§ 2), da sie bei nahezu jeder wesentlichen Streitfrage als Begründung für die unterschiedlichen Auffassungen herangezogen wird. Es folgen Ausführungen zum Regelungsgegenstand der Norm (§ 3) sowie zu deren tatbestandlichen Voraussetzungen (§ 4) und den Folgen der Sperrwirkung (§ 5). Breiten Raum nimmt sodann die wichtige Auseinandersetzung zwischen der Vorrangtheorie und der Zweischranken-Theorie ein (§ 6). Hierfür sind die vorangegangenen Untersuchungen (§§ 3-5) unverzichtbar, weil es, was sich zeigen wird, *die* Vorrangtheorie oder *die* Zweischranken-Theorie nicht gibt. In diesem Zusammenhang werden auch die sog. teilmitbestimmten Betriebsvereinbarungen eingehend untersucht. Ein eigenes Kapitel (§ 7) ist den Rechtsfolgen eines Verstoßes gegen § 77 Abs. 3 BetrVG, insbesondere den Umdeutungsmöglichkeiten gewidmet, bevor abschließend die Frage der Rechtsschutzmöglichkeiten gegen tarifvorbehaltswidrige Betriebsvereinbarungen untersucht wird (§ 8).

§ 2 Die Ratio des § 77 Abs. 3 BetrVG

Nach allg.M. gewährt § 77 Abs. 3 BetrVG den Tarifvertragsparteien eine Normsetzungsprärogative bzw. Vorrangkompetenz vor den Betriebspartnern hinsichtlich der kollektiv-rechtlichen Gestaltung der Arbeitsverhältnisse. Häufig wird auch von einer „Monopolstellung" der überbetrieblichen Sozialpartner für die kollektive Regelung der Arbeitsentgelte und sonstigen Arbeitsbedingungen gesprochen.[1] Entgegen der Einschätzung von *Wiese*[2] ist dies jedoch nicht unumstritten. *Hablitzel*[3] verweist zu Recht auf das in § 59 BetrVG 1952 - dem Vorgänger des heutigen § 77 Abs. 3 BetrVG - enthaltene voluntative Element der Koalitionen hin, was sich genau betrachtet eher als „Kompetenz-Kompetenz" darstellt. Die Tarifpartner können danach Arbeitsbedingungen regeln, wenn sie es wollen. Sie müssen allerdings nicht. Machen sie von ihrer Regelungsbefugnis keinen Gebrauch, kann die entsprechende Materie durch die Betriebspartner in Form einer Betriebsvereinbarung geregelt werden. Es handelt sich um eine Art subsidiäre Zuständigkeit der Betriebspartner. Die Regelungsmöglichkeit der Betriebspartner ist jedoch mit dem Begriff des Monopols, der ein alleiniges Regelungsrecht der Tarifpartner assoziiert, nicht vereinbar. Das Bundesverfassungsgericht[4] hat nunmehr klargestellt, daß Art. 9 Abs. 3 GG den Tarifvertragspartnern zwar ein Normsetzungsrecht verleiht, allerdings kein Normsetzungsmonopol.

Soweit § 77 Abs. 3 BetrVG Anwendung findet, fehlt den Betriebspartnern die Zuständigkeit zur Regelung von Arbeitsbedingungen durch eine Betriebsvereinbarung. § 77 Abs. 3 BetrVG hat somit eine zuständigkeitsabgrenzende Funktion.[5] Dennoch wird fast einhellig diese Bestimmung nicht als reine Kollisionsnorm rivalisierender Zuständigkeiten verstanden.[6] Das vielfältige

---

1 Barwasser, DB 1975, 2275; Conze, DB 1978, 490, 491; H/S/G, § 77 Rn 127 u. 133; Stege/ Weinspach, § 77 Rn 12
zu § 59 BetrVG 1952 - dem Vorgänger des § 77 BetrVG - bereits: Schelp, DB 1962, 1242, 1243; Wlotzke, Das Günstigkeitsprinzip, S. 129; BAG vom 6.3.1958 - 2 AZR 230/57 - AP Nr. 1 zu § 59 BetrVG 1952; BAG vom 16.9.1960 - 1 ABR 5/59 - AP Nr. 1 zu § 2 ArbGG 1953 Betriebsvereinbarung

2 RdA 1968, 41, 42

3 DB 1971, 2158

4 BVerfG vom 24.4.1996 - 1 BvR 712/86 - BB 1996, 1835

5 So schon die amtliche Begründung zu § 65 BetrVG 1952 (dem späteren § 59 BetrVG 1952), BT-Drucks., 1. Wahlperiode Nr. 3585, S. 11

6 Die unmittelbar nach Inkrafttreten des BetrVG von *Fabricius* (RdA 1973, 125, 126) unter Berufung auf seine Anmerkung zu BAG (8.12.1970) und *Eickelberg* (Probleme der Betriebsvereinbarung über Arbeitsentgelt und sonstige Arbeitsbedingungen nach dem Be-

Meinungsbild über den eigentlichen Normzweck, erschließt sich durch die Frage, warum das Gesetz den Tarifpartnern eine Normsetzungsprärogative einräumt.

A. Schutz der Einheitlichkeit der überbetrieblichen Ordnung

Teilweise wird vertreten, § 77 Abs. 3 BetrVG diene der Erhaltung der überbetrieblichen Ordnung materieller Arbeitsbedingungen.[7] Diese könne von Auf-

---

triebsverfassungsgesetz 1972, S. 100 ff.; 124) vertretene Auffassung, § 77 Abs. 3 BetrVG sei eine reine Kollisionsnorm, konnte sich richtigerweise nicht durchsetzen und blieb eine Außenseitermeinung. *Fischer* (Die tarifwidrigen Betriebsvereinbarungen, S. 201 f.) hat zutreffend darauf verwiesen, daß § 77 Abs. 3 BetrVG - anders als die einschlägigen Vorschriften des Betriebsrätegesetzes von 1920 - nicht nur das Konkurrenzverhältnis zwischen Tarifvertrag und Betriebsvereinbarung für den Fall bestimmt, daß beide dieselbe Materie regeln, sondern eine darüber hinausgehende Funktion hat. So heißt es in der amtlichen Begründung zu § 77 Abs. 3 BetrVG, daß die vorgeschlagene Regelung dem Vorrang der Tarifautonomie Rechnung trägt (Begründung zum Entwurf eines Betriebsverfassungsgesetzes, Entwurf der Bundesregierung, BT-Drucks. VI/1786, S. 47). Es wird also gerade nicht auf die stärkere Normenwirkung des Tarifvertrages abgestellt, was möglicherweise für eine Deutung als reine Kollisionsnorm sprechen könnte. Die zusätzliche, zuständigkeitsabgrenzende Funktion des § 77 Abs. 3 BetrVG wird besonders anhand der Gesetzesmaterialien zu seinem Vorgänger, dem § 59 BetrVG 1952, deutlich. Gemäß der amtlichen Begründung zum Regierungsentwurf soll die Bestimmung zur klaren Scheidung zwischen den Zuständigkeiten der Gewerkschaften und den der Betriebsräte dienen (BT-Drucks. I/1546, S. 55). Zu § 59 BetrVG 1952 wird im Bericht des Ausschusses für Arbeit folgendes ausgeführt: „Die Zuständigkeit von Arbeitgeber und Betriebsrat zum Abschluß von Betriebsvereinbarungen ist jedoch, um jede Überschneidung der Tätigkeit von Betriebsräten und Gewerkschaften zu vermeiden, dadurch beschränkt, daß Arbeitsentgelte und sonstige Arbeitsbedingungen in dem Maße, wie sie üblicherweise durch Tarifvertrag geregelt werden, nur dann in Betriebsvereinbarungen behandelt werden dürfen, wenn ein Tarifvertrag den Abschluß solcher ergänzender Betriebsvereinbarungen ausdrücklich zuläßt" (BT-Drucks. I/3585, S. 11). Die Entstehungsgeschichte zeigt, daß § 77 Abs. 3 keine reine Kollisionsnorm ist. Gegen die Auffassung von Fabricius und Eickelberg spricht zudem, daß sie faktisch den vom Gesetzgeber beabsichtigten Vorrang der Tarifautonomie durch den Vorrang des Tarifvertrages ersetzen. Zum Schutz der Tarifautonomie spricht § 77 Abs. 3 BetrVG den Betriebspartnern jedoch schon die Zuständigkeit zum Abschluß von Betriebsvereinbarungen ab, wenn Arbeitsbedingungen durch Tarifvertrag geregelt sind oder üblicherweise geregelt werden. Soweit erkennbar haben sich in neuerer Zeit nur *Veit/Waas* (BB 1991, 1329, 1330 f.) dafür ausgesprochen, § 77 Abs. 3 BetrVG als reine Kompetenznorm zu betrachten. Außer der generellen Aussage, daß hierfür manches spreche, sucht man aber vergeblich nach Argumenten.

[7] H/S/G, § 77 Rn 127; Stege/Weinspach, § 77 Rn 12
zu § 59 BetrVG 1952: BAG vom 6.3.1958 - 2 AZR 230/57 - AP Nr. 1 zu § 59 BetrVG 1952; BAG vom 27.3.1963 - 4 AZR 72/62 - AP Nr. 9 zu § 59 BetrVG 1952; Biedenkopf,

spaltung bedroht und gefährdet sein, wenn auf der betrieblichen Ebene kollektive Teilordnungen entstehen könnten, die inhaltlich mit der überbetrieblichen Ordnung nicht übereinstimmen oder sogar im Widerspruch zu ihr stehen. Zur Frage, warum die überbetriebliche Ordnung eines solchen Schutzes bedarf, finden sich zwei Auffassungen.

I. Gleichheit der Wettbewerbsbedingungen für die Unternehmer

Durch eine von betrieblich-kollektiven Regelungen ungestörte Einheitlichkeit der überbetrieblichen Ordnung sollen den einzelnen Unternehmern gleiche Wettbewerbsbedingungen verschafft werden.[8]

Zöllner[9] hat dies mit zutreffender Begründung sowohl für den Verbraucher- als auch den Arbeitsmarkt widerlegt.

1. Verbrauchermarkt

Die Wettbewerbsbedingungen eines Unternehmers können sich durch eine den Arbeitnehmern günstigere betriebliche Ordnung in einem anderen Betrieb keinesfalls verschlechtern, sondern höchstens verbessern. Im eigenen Betrieb wiederum können sich die Bedingungen nie gegen den Willen des Unternehmers negativ verändern. Hierzu fehlen dem Betriebsrat die erforderlichen Instrumentarien, wie z.B. das Streikrecht. Genau betrachtet bestünde daher die Funktion des § 77 Abs. 3 BetrVG letztlich darin, den einzelnen Unternehmer gegen eine von ihm selbst freiwillig zugestandene Verschlechterung der Wettbewerbsbedingungen zu schützen. Das kann jedoch nicht die Aufgabe der Rechtsordnung sein, unabhängig von der Frage, ob dies überhaupt mit Art. 2, 12 und 14 GG zu vereinbaren wäre.

Mechtel[10] will dies wegen Bedenken an der Freiwilligkeit nicht uneingeschränkt gelten lassen. Es könnten beispielsweise Spannungen in der Belegschaft über die Regelung von Arbeitsbedingungen das Betriebsklima verschlechtern und diese Gefahr den Unternehmer schließlich zum Abschluß eigentlich von ihm nicht gewollter verbesserter Bedingungen im eigenen Betrieb bewegen. Dieser Einwand ist bereits wegen seines spekulativen Charakters nicht überzeugend. Im übrigen bleibt auch eine derart motivierte Regelung im

---

Grenzen der Betriebsautonomie, S. 282; Müller, DB 1967, 903, 904; Schelp, DB 1962, 1242, 1244; Wlotzke, Das Günstigkeitsprinzip, S. 129; Dietz, RdA 1955, 241, 242

8 Mechtel, Die Tarifüblichkeit nach § 59 BetrVG, S. 18 f.; Schelp, DB 1962, 1242, 1244; Stege/Weinspach, § 77 Rn 12; Wlotzke, Das Günstigkeitsprinzip, S. 130

9 FS Nipperdey, S. 701 f.

10 s. Fn 8

Ergebnis freiwillig. Will man einer solchen Regelung die Zulässigkeit absprechen, bedeutet dies gleichzeitig, dem Gesetzgeber eine Selektion zwischen erwünschten und unerwünschten Motiven zum Abschluß verbesserter Bedingungen zu unterstellen, für die es jedoch keinerlei Anhaltspunkte gibt und die im übrigen auch rechtlich sehr bedenklich wäre. In Zeiten der Massenarbeitslosigkeit dürfte ohnehin weniger der Schutz des Unternehmers vor einer bessere Bedingungen fordernden Belegschaft als vielmehr deren Schutz vor Einführung schlechterer Bedingungen erforderlich sein.

2. Arbeitsmarkt

Die Einheitlichkeit der überbetrieblichen Ordnung kann dem einzelnen Unternehmer auch keine Chancengleichheit auf dem Arbeitsmarkt einräumen. In Zeiten knapper Arbeitskräfte ist der Unternehmer im Kampf um dieselbigen nicht auf die Einführung besserer betrieblicher Regelungen durch den Abschluß von Betriebsvereinbarungen angewiesen. Er kann jederzeit ungehindert überbetriebliche Leistungen in seinem Betrieb mit anderen Mitteln einführen, wie z.B. durch eine vertragliche Einheitsregelung, betriebliche Gesamtzusage oder betriebliche Übung.[11]

II. Größere Kompetenz der Tarifpartner bezüglich gesamtwirtschaftlicher Auswirkungen

Zum Sinn des Schutzes einer einheitlichen überbetrieblichen Ordnung wird auch vorgebracht, daß die überbetrieblichen Sozialpartner die gesamtwirtschaftlichen Auswirkungen der Lohnentwicklung besser einschätzen könnten als die Betriebspartner. Nur sie allein hätten den notwendigen Überblick, um für eine einheitliche, den Bedürfnissen der Gesamtwirtschaft gerecht werdende Lohn- und Tarifpolitik zu sorgen. Diese Politik soll nicht durch autonomes Handeln einzelner Betriebe durchkreuzt oder gefährdet werden können.[12] Hiergegen werden gewichtige Argumente vorgebracht:

---

[11] Beuthien, BB 1983, 1929, 1995; Mechtel, Die Tarifüblichkeit nach § 59 BetrVG, S. 18 f.; Zöllner, FS Nipperdey, S. 702

[12] Galperin/Löwisch, § 77 Rn 74; Schelp, BB 1962, 1242, 1244

1. Widerspruch zur Zulässigkeit Allgemeiner Arbeitsbedingungen in Form vertraglicher Einheitsregelungen und betrieblicher Gesamtzusagen

Es sei widersprüchlich und willkürlich, einerseits dem Arbeitgeber die Möglichkeit einzuräumen, einseitig durch vertragliche Einheitsregelungen oder betriebliche Gesamtzusagen Allgemeine Arbeitsbedingungen aufzustellen[13] oder bereits bestehende tarifliche Arbeitsbedingungen zu verbessern (z.B. durch Gewährung eines übertariflichen Entgelts), andererseits aber die Zulässigkeit der Betriebsvereinbarung als Gestaltungsmittel der Betriebspartner wegen der Befürchtung, dies könne die tarifeinheitliche Ordnung zerstören, zu verneinen.[14]

Dem hält *Wlotzke*[15] entgegen, daß die Wahrscheinlichkeit, daß der Arbeitgeber von der ihm zustehenden einseitigen Gestaltung Gebrauch macht, wegen der damit verbundenen Nachteile gering sei. Wolle der Arbeitgeber nämlich z.B. eine durch vertragliche Einheitsregelung gewährte übertarifliche Leistung wieder auf die tariflich vorgesehene Leistung reduzieren, so sei dies häufig nur im Wege der Änderungskündigung möglich. Eine Betriebsvereinbarung könne der Arbeitgeber dagegen zu jeder Zeit kündigen.[16] Dies sei wesentlich praktischer, so daß sich die Betriebsvereinbarung als das typische Gestaltungsmittel für eine betrieblich-kollektive Teilordnung darstelle und von daher in erster Linie geeignet sei, die Einheitlichkeit der überbetrieblichen Ordnung zu stören.

Den Praktikabilitätserwägungen *Wlotzke's* kann man grundsätzlich nähertreten. Allerdings wird ein Arbeitgeber i.d.R. eine die Arbeitnehmer begünstigende Betriebsvereinbarung nicht ohne triftigen Grund ersatzlos kündigen.

---

13 Deren Zulässigkeit ist unbestritten, s. nur Wiedemann/Stumpf, TVG § 4 Rn 289

14 So Säcker, RdA 1967, 370, 371
Im Ergebnis auch Wiedemann/Stumpf, TVG § 4 Rn 28 und Wiese RdA 1968, 41, 43

15 Das Günstigkeitsprinzip, S. 129

16 Da das Betriebsverfassungsgesetz 1952 in § 52 Abs. 2 nur Regelungen über das Zustandekommen von Betriebsvereinbarungen kannte, jedoch keine Regelung zur Zulässigkeit und dem Verfahren der Beendigung von Betriebsvereinbarungen enthielt, war dies umstritten. Die Rechtsprechung (BAG vom 30.8.1963 - 1 ABR 12/62 - AP Nr. 4 zu § 57 BetrVG 1952; BAG vom 15.2.1957 - 1 ABR 10/55 - AP Nr. 3 zu § 56 BetrVG 1952; BAG vom 19.7.1957 - 1 AZR 420/54 - AP Nr. 1 zu § 52 BetrVG 1952) bejahte grundsätzlich ein jederzeitiges Kündigungsrecht sowohl für den Arbeitgeber als auch den Betriebsrat, es sei denn, daß sich aus der Betriebsvereinbarung selbst oder aus allgemeinen Grundsätzen etwas anderes ergab. Wlotzke befand sich somit in Einklang mit der Rechtsprechung. Die Streitfrage über die Kündbarkeit von Betriebsvereinbarungen existiert zum Betriebsverfassungsgesetz 1972 nicht mehr, weil § 77 Abs. 5 BetrVG den Betriebspartnern ausdrücklich ein freies Kündigungsrecht mit dreimonatiger Kündigungsfrist einräumt.

Der Betriebsrat und die Belegschaft würde ein solches Vorgehen auch nicht widerspruchslos hinnehmen. Jede Verschlechterung vermeintlicher Besitzstände wird vielmehr den Unmut der Belegschaft heraufbeschwören, was zu Spannungen im Betrieb und negativen Einflüssen auf das Betriebsklima führt. Hiervon abgesehen haben die für sich betrachtet zutreffenden Ausführungen *Wlotzke's* zur Praktikabilität ein wesentliches Manko: Sie vermögen den von *Säcker*[17] gerügten Widerspruch letztlich nicht zu erklären. Nach *Wlotzke* ist die Betriebsvereinbarung in „erster Linie“ zur Gefährdung der einheitlichen überbetrieblichen Ordnung und Tarifpolitik geeignet. Was ist jedoch mit der - um in der Formulierung *Wlotzkes* zu bleiben - „zweiten Linie“ in Form von Einheitsregelungen und Gesamtzusagen, der mangels Alternative in Gestalt der Betriebsvereinbarung sogar größere Bedeutung zukäme? *Wlotzke* zu folgen bedeutet in letzter Konsequenz, dem Gesetzgeber zu unterstellen, er hätte "sehenden Auges“ ein von ihm als wesentlich eingestuftes rechtspolitisches Ziel nur halbherzig und unvollkommen verfolgt. Da es hierfür an jeglichen Anhaltspunkten mangelt, sollte dies unterbleiben.

2. Die Öffnungsklausel des § 77 Abs. 3 S. 2 BetrVG

§ 77 Abs. 3 S. 2 BetrVG sieht die Möglichkeit einer ausdrücklichen tarifvertraglichen Zulassung ergänzender Betriebsvereinbarungen vor.

Zu Recht wird vielfach[18] argumentiert, daß diese vom Gesetzgeber normierte Öffnungsklausel mit dem propagierten Zweck des Schutzes der Einheitlichkeit der überbetrieblichen Tarifordnung nicht in Einklang zu bringen ist. Es wäre in der Tat unverständlich, wieso der Gesetzgeber den von ihm verfolgten Zweck in geradezu konterkarierender Weise in die Dispositionsbefugnis der Tarifvertragsparteien gestellt haben soll, die nach Belieben jederzeit diesen Zweck zunichte machen bzw. umgehen könnten.

Mechtel[19] und *Wiese*[20] sehen hierin keinen Widerspruch. Gerade wenn man den Tarifpartnern einen besseren Überblick über die gesamtwirtschaftlichen Notwendigkeiten zuerkenne, könne es ihnen überlassen bleiben, nach ihrer Einschätzung ergänzende Betriebsvereinbarungen zuzulassen. Die Dispenserteilung läge dann schließlich in der Tarifpolitik der Sozialpartner selbst.

---

[17] RdA 1967, 370, 371

[18] D/K/K/S - Berg, § 77 Rn 62; Haug, BB 1986, 1921, 1922; GK - Kreutz, § 77 Rn 66; ders., Grenzen der Betriebsautonomie, S. 213; Moll, Der Tarifvorrang, S. 37 f.; Säcker, ZfA-Sonderheft 1972, 41, 64; ders., RdA 1967, 370, 371; Zöllner, FS Nipperdey, 699, 701

[19] Die Tarifüblichkeit nach § 59 BetrVG, S. 16 f.

[20] RdA 1968, 41, 42 f.

Dies erscheint zunächst plausibel, entpuppt sich jedoch bei näherer Betrachtung als ein Abrücken vom eigentlich postulierten Zweck des Schutzes der Einheitlichkeit der überbetrieblichen Ordnung vor der Gefahr abweichender betrieblich-kollektiver Teilordnungen. Auch jede von den überbetrieblichen Sozialpartnern für notwendig oder zumindest nicht nachteilig empfundene und ausdrücklich zugelassene betrieblich-kollektive Regelung in Form einer Betriebsvereinbarung führt nämlich im Ergebnis zu einer Aufspaltung der überbetrieblichen Ordnung der Arbeitsbedingungen. Je häufiger die Tarifpartner von ihrer Dispensmöglichkeit Gebrauch machen, je weiter schreitet diese Aufspaltung fort. Damit tritt letztlich das ein, was der Gesetzgeber doch eigentlich gerade mit § 77 Abs. 3 BetrVG hätte vermeiden wollen. Ob dies mit Zustimmung der Tarifpartner geschieht oder nicht, ist dabei nicht entscheidend.

3. Die Firmentarifverträge

Die Normzweckbestimmung wäre allenfalls unter der Prämisse des Tarifvertrages als Verbandstarif denkbar, versage jedoch, wenn man den nach dem TVG gleichrangigen Firmentarifvertrag in die Betrachtung einbeziehe.[21] Dem ist uneingeschränkt zuzustimmen. Soweit *Mechtel*[22] hiergegen einwendet, dem Abschluß eines Firmentarifvertrages läge eine eigenverantwortliche tarifpolitische Entscheidung der Gewerkschaft zugrunde, gilt das bereits soeben zur Öffnungsklausel des § 77 Abs. 3 S. 2 BetrVG Gesagte entsprechend. Es macht letztlich keinen Unterschied, ob die ohnehin bloß als Fiktion bestehende Einheitlichkeit der überbetrieblichen Ordnung mit oder gegen den Willen der Gewerkschaft aufgespalten wird.

III. Zusammenfassung

Der Zweck des § 77 Abs. 3 BetrVG kann nicht in der Erhaltung und dem Schutz der Einheitlichkeit der überbetrieblichen Ordnung liegen. Gegen dieses Normzweckverständnis spricht die Möglichkeit tarifvertraglicher Öffnungsklauseln und des Abschlusses von Firmentarifverträgen sowie die Zulässigkeit von Einheitsregelungen und Gesamtzusagen zur Aufstellung Allgemeiner Arbeitsbedingungen.

---

[21] Haug, BB 1986, 1921, 1922; GK - Kreutz, § 77 Rn 66; Säcker, RdA 1967, 370, 371; Zöllner, FS Nipperdey, S. 701

[22] Die Tarifüblichkeit nach § 59 BetrVG, S. 16 f.

B. Wahrung des Betriebsfriedens

Als Normzweck wird die Wahrung des Arbeitsfriedens im einzelnen Betrieb, vor allem die Ausschaltung wilder Lohnkämpfe oder zumindest die Vermeidung von Unruhe und Spannungen zwischen Betriebsbelegschaft und den Arbeitgebern über materielle Arbeitsbedingungen genannt.[23]

Auch ein derartiger Normzweck ist mit der den Koalitionen durch die Öffnungsklausel des § 77 Abs. 3 S. 2 BetrVG eingeräumten Dispositionsbefugnis sowie der Möglichkeit des Abschlusses von Firmentarifverträgen nicht in Einklang zu bringen.[24] Warum hätte der Gesetzgeber die Gewährleistung dieses Zwecks in das Belieben der Tarifpartner stellen sollen, die jederzeit den Betriebsfrieden durch Zulassung betrieblich-kollektiver Regelungen über materielle Arbeitsbedingungen oder den Abschluß eines Firmentarifvertrages gefährden könnten?

Zudem ist in Anbetracht der in § 2 Abs. 1 BetrVG und § 4 Abs. 2 BetrVG bereits ausdrücklich normierten betrieblichen Friedenspflicht nicht erklärlich, warum der Gesetzgeber mit § 77 Abs. 3 BetrVG das gleiche Ziel hätte verfolgen wollen. Gemäß § 2 Abs. 1 BetrVG sind Arbeitgeber und Betriebsrat verpflichtet, unter Beachtung der geltenden Tarifverträge vertrauensvoll und im Zusammenwirken mit den im Betrieb vertretenen Gewerkschaften und Arbeitgebervereinigungen zum Wohl der Arbeitnehmer und des Betriebes zusammenzuarbeiten. Diese Vorschrift entspricht mit geringen Änderungen dem § 49 Abs. 1 BetrVG 1952. Der Gesetzgeber hat die grundlegende Bedeutung dieses Gebotes der vertrauensvollen Zusammenarbeit dadurch herausgestellt, daß er es in die einleitenden Allgemeinen Vorschriften einbezogen und an die Spitze des Gesetzes gestellt hat. Hierzu gesellt sich die in Anlehnung an § 49 Abs. 2 BetrVG 1952 formulierte Vorschrift des § 74 Abs. 2 BetrVG, die vornehmlich der Gewährleistung des Betriebsfriedens dienen soll, in dem sie das absolute Verbot

---

23 Barwasser, DB 1975, 2275; Bichler, DB 1975, 1939, 1940; Conze, DB 1978, 490, 494; Galperin/Löwisch, § 77 Rn 73; H/S/G, § 77 Rn 128; Janert, DB 1976, 243; Löwisch, § 77 Rn 43; ders., AuR 1978, 97, 106; Stege/Weinspach, § 77 Rn 12; Wlotzke, § 77 III 1 zu § 59 BetrVG 1952: BAG vom 27.3.1963 - 4 AZR 72/62 - AP Nr. 9 zu § 59 BetrVG 1952; BAG vom 21.2.1967 - 1 ABR 9/66 - AP Nr. 26 zu § 59 BetrVG 1952; BAG vom 16.9.1960 - 1 ABR 5/59 - AP Nr. 1 zu § 2 ArbGG 1953 Betriebsvereinbarung; Biedenkopf, Grenzen der Tarifautonomie, S. 282; Mechtel, Die Tarifüblichkeit nach § 59 BetrVG, S. 130; Müller, DB 1967, 903, 904; Schelp, DB 1962, 1242, 1244; Wlotzke, Das Günstigkeitsprinzip, S. 130

24 So zu Recht: Haug, BB 1986, 1921, 1923; Henkel/Hagemeier, BB 1976, 1420, 1421; Kempen/Zachert, TVG Grundl. Rn 259; GK - Kreutz, § 77 Rn 66; ders., Grenzen der Betriebsautonomie, S. 213; Moll, Der Tarifvorrang, S. 37 f.; Säcker, RdA 1967, 370, 371; ders., ZfA-Sonderheft 1972, 41, 64; Wank, RdA 1991, 129, 136; Wiese, RdA 1968, 41, 43

von Arbeitskampfmaßnahmen zwischen Arbeitgeber und Betriebsrat, das Verbot von jeglichen Betätigungen, durch die der Arbeitsablauf oder der Frieden des Betriebes beeinträchtigt werden könnten, und das Verbot der parteipolitischen Betätigung im Betrieb ausspricht. Die von *Wlotzke*[25] und *Schelp*[26] befürchteten betrieblichen Arbeitskämpfe sind daher schon durch § 74 Abs. 2 BetrVG ausgeschlossen. Das wird von diesen Autoren auch erkannt, so daß sie den Normzweck letztlich auf die Verstärkung des bereits anderweitig normierten Schutzes des betrieblichen Arbeitsfriedens reduzieren.[27] Es bedürfe eines solchen zusätzlichen Schutzes, weil die Betriebspartner eine die tariflichen Bedingungen verbessernde Betriebsvereinbarung schließen und auch gütliche Forderungen der Betriebsräte Spannungen und Unruhe erzeugen könnten, wenn sie unter einem gewissen wirtschaftlichen Druck erfolgen würden.

Diese Gefahr droht allerdings nicht nur durch die Möglichkeit normativ wirkender Betriebsvereinbarungen, sondern auch durch andere Formen der Mitbestimmung des Betriebsrates, wie Regelungsabreden/Betriebsabsprachen, wenn man diese nicht auch von der Sperrwirkung des § 77 Abs. 3 BetrVG mit umfaßt ansieht.[28] Selbst wenn man dies unterstellt, wäre die vermeintliche Gefahr nicht gebannt. Eine derart "starke" Belegschaft könnte auch Verbesserungen durch betriebliche Einheitsregelungen, Gesamtzusagen oder betriebliche Übung gegenüber dem Arbeitgeber einfordern. Dann ginge § 77 Abs. 3 BetrVG vollends ins Leere und der Betriebsfrieden wäre ausschließlich auf den Schutz durch § 2 Abs. 1 und § 74 Abs. 2 BetrVG angewiesen. Es spricht nichts dafür, dem Gesetzgeber einen derart unvollkommenen, partiell lückenhaften und auf vielfache Weise zu umgehenden Gesetzeszweck zu unterstellen. Der völlige Ausschluß der Zuständigkeit von Arbeitgeber und Betriebsrat zur Regelung von Arbeitsbedingungen hätte dann viel näher gelegen.

Soweit *Schelp*[29] schließlich spekuliert, die Betriebsräte würden keinen sehr großen Wert darauf legen, die Arbeitsbedingungen in Betriebsvereinbarungen zu regeln, da ihnen die damit verbundene Verantwortung oft zu groß erscheinen würde, ist dies bereits durch die betriebliche Praxis widerlegt. Im übrigen ist seine Argumentation zirkulär. Die zunächst von ihm heraufbeschworene Gefahr soll sich nunmehr plötzlich in der Praxis gerade nicht mehr realisie-

---

[25] Das Günstigkeitsprinzip, S. 130

[26] DB 1962, 1242, 1244

[27] Nach Mechtel (Die Tarifüblichkeit nach § 59 BetrVG, S. 16) soll es sogar ausreichen, daß die Regelung dazu beitragen kann, Lohnkämpfe in ihrem Ansatz zu verhindern.

[28] Diese Frage ist streitig. Siehe hierzu S. 59 ff., 69

[29] DB 1962, 1242, 1244

ren. Wozu der Gesetzgeber dann einen weiteren Schutz des Betriebsfriedens angestrebt haben soll, ist überhaupt nicht mehr nachvollziehbar.

C. Vermeidung von Zwangsschlichtungen

Die ältere Rechtsprechung vertrat die Auffassung, daß die Lohnregelung abgesehen von § 56 Abs. 1 g und h BetrVG 1952 - die heutigen §§ 87 Abs. 1 Nr. 11 und 10 BetrVG - aus der betrieblichen Ebene herausgenommen worden sei, weil „man sonst zu einer Zwangsschlichtung kommen könne".[30] Zu Recht wird diese Auffassung mit dem zutreffenden Hinweis abgelehnt, daß eine Zwangsschlichtung durch die Einigungsstelle gemäß § 87 Abs. 2 BetrVG - früher § 56 Abs. 2 BetrVG 1952 - außerhalb der Regelungsgegenstände des § 87 Abs. 1 BetrVG - früher § 56 Abs. 1 BetrVG 1952 - überhaupt nicht möglich ist.[31]

D. Absicherung des gesetzgeberischen Ordnungskonzepts

Nach *v.Friesen*[32] stellt § 77 Abs. 3 BetrVG ein unerläßliches Instrument zur Absicherung eines wohldurchdachten gesetzgeberischen Ordnungskonzepts dar, welches der Aufgaben- und Zuständigkeitsverteilung zwischen der tariflichen und betrieblichen Interessenvertretung zugrundeliegt. Während die Tarifpartner - abgesehen von der Ausnahme des Firmentarifvertrages - gesamtwirtschaftliche, nicht betriebsbezogene Daten setzen und hierbei - soweit sie die Grenzen des Gemeinwohls nicht überschreiten - keinerlei Nachprüfung unterliegen würden, sei es Aufgabe der Betriebspartner, betriebsbezogene Probleme unter Beachtung des Wohls der Belegschaft und des Betriebs (§ 2 Abs. 1 BetrVG) zu lösen. Durch die strikte Einbindung und Unterwerfung unter das Betriebswohl könnten die Betriebspartner die den überbetrieblichen Sozialpartnern zugewiesenen Aufgaben gar nicht wahrnehmen. Die originäre Zuständigkeit der Tarifparteien schließe jede Art der Regelungsbefugnis der Betriebspartner aus. Andernfalls würde auch die in Art. 9 Abs. 3 GG garantierte Koalitionsfreiheit verletzt, wenn die grundsätzlich den Gewerkschaften obliegenden Aufgaben durch den Betriebsrat auch gegenüber den sog. Außenseitern wahrgenommen werden könnten. Im Bereich der im Betriebsverfassungsgesetz, insbesondere in § 87 Abs. 1 BetrVG genannten Aufgaben seien die Tarifpartner und Betriebspartner

---

[30] BAG vom 16.9.1960 - 1 ABR 5/59 - AP Nr. 1 zu § 2 ArbGG 1953 Betriebsvereinbarung

[31] Beuthien, BB 1983, 1929, 1995; Mechtel, Die Tarifüblichkeit nach § 59 BetrVG, S. 20; Zöllner, FS Nipperdey, S. 703

[32] DB 1983, 1871, 1872, dies., DB 1980, Beilage Nr. 1, S. 14

grundsätzlich gleichberechtigt mit der Besonderheit, daß erstere vorrangig von ihrer Regelungskompetenz Gebrauch machen könnten.

Vollmer[33] geht noch einen Schritt weiter: Für „konkrete betriebsbedingte Konflikte" bestehe eine vorrangige Regelungskompetenz der Betriebspartner, die eine tarifvertragliche Regelung ausschließe. Möglich seien nur noch tarifliche Rahmenregelungen, die das eigenverantwortliche Ermessen der Betriebspartner bei der Konfliktlösung mehr oder weniger stark binden würden. Eine Problemlösung durch unternehmensbezogene streikbare Tarifverträge sei gänzlich ausgeschlossen. Für Rahmenregelungen sei die tarifliche und mibestimmungsrechtliche Regelungskompetenz gleichrangig mit der Folge, daß im Kollisionsfall nicht die Sperrklausel des § 77 Abs. 3 BetrVG gelte, sondern allein das Günstigkeitsprinzip.[34]

Beide Varianten eines allgemeinen gesetzgeberischen Ordnungskonzepts sind abzulehnen:

Vollmer's teleologischer Reduktion des § 77 Abs. 3 BetrVG steht bereits dessen Wortlaut entgegen. Darüber hinaus widerspricht der von ihm befürwortete Ausschluß der Firmentarifverträge eindeutig § 1 TVG. Er verlangt deshalb ohne nähere Begründung die „Einsicht", daß der Gesetzgeber ganz bewußt und heimlich - die Regelungen des § 77 Abs. 3 BetrVG und § 1 TVG sind schließlich nicht geändert worden[35] - die tariflichen Regelungskompetenzen immer mehr zugunsten eigener mitbestimmungsrechtlicher Regelungskompetenzen zurückdrängen will. Eine solche Annahme geht jedoch mangels jeglicher Anhaltspunkte zu weit. Allein die Tatsache, daß das erzwingbare Mitbestimmungsrecht des Betriebsrats auch auf materielle Arbeitsbedingungen ausgedehnt worden ist (z.B. in § 87 Abs. 1 Nr. 3, Nr. 10 und Nr. 11 BetrVG), zwingt nicht zu der von *Vollmer* geforderten „Einsicht", da es zumindest dem Tarifvorrang des § 87 Abs. 1 Einleitungssatz BetrVG unterliegt.[36] Das Bundesverfassungsgericht hat entgegen *Vollmer's* These im sog. Mitbestimmungsurteil[37] nachvollziehbar und überzeugend herausgearbeitet, daß das Tarifvertragssystem rechtlich unverändert geblieben, also gerade nicht durch konkurrierende Mitbestimmungsrechte eingeschränkt worden ist.

---

[33] DB 1979, 308 ff. und 355 ff.

[34] Vollmer, BB 1979, 308 und 355, 357

[35] Hierauf weist Kempen, AuR 1980, 193, 198 zu Recht hin.

[36] Ob daneben auch der Tarifvorbehalt des § 77 Abs. 3 BetrVG gilt, ist heftigst umstritten. Siehe hierzu S. 76 ff., 136 f.

[37] BVerfG vom 1.3.1979 - 1 BvR 532. 533/77, 419/78 und BvL 21/78 - BVerfGE 50, 290, 369 ff.

V.Friesen räumt die durch § 77 Abs. 3 BetrVG begründete vorrangige Regelungskompetenz der Tarifpartner ein und macht eine Ausnahme für den Firmentarifvertrag. Damit ist ihre These vom gesetzgeberischen Ordnungskonzept aber entscheidend geschwächt und nicht mehr haltbar.[38]

E. Schutz der ausgeübten und aktualisierten Tarifautonomie

Nach richtiger Auffassung[39] soll § 77 Abs. 3 BetrVG die durch Art. 9 Abs. 3 GG verfassungsrechtlich gewährleistete Tarifautonomie vor einer Beeinträchtigung oder Aushöhlung durch konkurrierende kollektiv-betriebliche Regelungen schützen und ein leistungsfähiges und attraktives tarifautonomes Handlungssystem gewährleisten. Da die Norm das Bestehen einer tariflichen Regelung oder Tarifüblichkeit verlangt, spricht das BAG nunmehr in ständiger Rechtsprechung vom Schutz oder der Sicherung der „ausgeübten und aktualisierten Tarifautonomie".[40]

Die Koalitionen und ihre Tätigkeit, bei der dem Tarifvertrag als Instrumentarium herausragende Bedeutung zukommt, haben kraft der Verfassung das Recht, die Arbeits- und Wirtschaftsbedingungen zu gestalten. Dieses Recht soll ihnen durch eine konkurrierende Normsetzungsbefugnis auf betrieblicher Ebe-

---

[38] So auch: Kempen/Zachert, TVG Grundl. Rn 260; Haug, BB 1986, 1921, 1922

[39] Bender, BB 1987, 1117, 1119; D/K/K - Berg, § 77 Rn 62; Fischer, Die tarifwidrigen Betriebsvereinbarungen, S. 189; F/K/H/E, § 77 Rn 61; Grunsky, DB 1990, 526, 529; H/S/G, § 77 Rn 128; P. Hanau, BB 1977, 350; ders., RdA 1973, 281, 284; Haug, BB 1986, 1921, 1922; Henkel/Hagemeier, BB 1976, 1420, 1421; v.Hoyningen-Huene/Meyer-Krenz, NZA 1987, 793, 795; Jahnke, Tarifautonomie und Mitbestimmung, S. 145; Kempen/Zachert, TVG Grundl. Rn 258; GK - Kreutz, § 77 Rn 66; Löwisch, § 77 Rn 51; Matthießen, DB 1988, 285, 288; Moll, Der Tarifvorrang, S. 37; Reuter/Streckel, Grundfragen der betriebsverfassungsrechtlichen Mitbestimmung, S. 33; Richardi, Anm. zu BAG (24.2.1987); ders., § 77 Rn 228; Säcker, BB 1979, 1201, 1203; ders., ZfA-Sonderheft 1972, 41, 64; Stege/ Weinspach, § 77 Rn 12; Veit, Die funktionelle Zuständigkeit des Betriebsrats, S. 212 f., 226; Wank, RdA 1991, 129, 136; Weiss/Weyand, § 77 Rn 28; Weyand, AuR 1989, 193, 194; Wiedemann/ Stumpf, TVG § 4 Rn 275; Wiese, Anm. zu BAG (24.2.1987)

[40] BAG vom 9.12.1997 - 1 AZR 319/97 - AP Nr. 11 zu § 77 BetrVG 1972 Tarifvorbehalt; BAG vom 20.5.1996 - 1 AZR 597/95 - BB 1996, 1717, 1718; BAG vom 24.1.1996 - 1 AZR 597/95 - AP Nr. 8 zu § 77 BetrVG 1972 Tarifvorbehalt; BAG vom 22.6.1993 - 1 ABR 62/92 - AP Nr. 22 zu § 23 BetrVG 1972; BAG GS vom 3.12.1991 - GS 2/90 - AP Nr. 51 zu § 87 BetrVG Lohngestaltung; BAG vom 9.4.1991 - 1 ABR 406/90 - AP Nr. 1 zu § 77 BetrVG 1972 Tarifvorbehalt; BAG vom 27.1.1987 - 1 ABR 66/85 - AP Nr. 42 zu § 99 BetrVG 1972; BAG vom 22.1.1990 - 1 ABR 48/77 - AP Nr. 3 zu § 87 BetrVG 1972 Lohngestaltung; BAG vom 22.5.1979 - 1 ABR 100/77 - AP Nr. 13 zu § 118 BetrVG 1972; BAG vom 24.2.1987 - 1 ABR 18/85 - AP Nr. 21 zu § 77 BetrVG 1972

ne, die nicht verfassungsmäßig gewährleistet ist[41], nicht ohne ihren ausdrücklichen Willen beschränkt werden können. Die Betriebsräte sollen nicht zu Ersatztarifpartnern und die Betriebsvereinbarung nicht zum Ersatztarifvertrag für nicht Organisierte oder Zusatztarifvertrag für übertarifliche Leistungen werden können. Für diesen Normzweck sprechen mehrere Aspekte:

- Er wird durch die Gesetzesmaterialien bestätigt. Im Regierungsentwurf heißt es: „Die vorgeschlagene Regelung trägt dem Vorrang der Tarifautonomie Rechnung. Insbesondere wird verhindert, daß der persönliche Geltungsbereich von Tarifverträgen auf einem anderen als dem hierfür vorgesehenen Weg der Allgemeinverbindlichkeitserklärung nach dem Tarifvertragsgesetz ausgedehnt wird."[42]

  Zu § 59 BetrVG 1952 hatte sich eine fast einhellige Meinung gebildet[43], wonach es nicht dem Sinn und Zweck dieser Norm widersprechen sollte, wenn eine Betriebsvereinbarung eine tarifvertragliche Regelung übernimmt und somit bewirkt, daß sich diese auch auf die nicht tarifgebundenen Arbeitnehmer erstreckt. Der Gesetzgeber des Betriebsverfassungsgesetzes 1972 wollte mit dem vom § 59 BetrVG 1952 abweichenden Wortlaut des § 77 Abs. 3 BetrVG klarstellen, daß dies nicht zulässig und die Erstreckung des persönlichen Geltungsbereichs eines Tarifvertrags auf alle Arbeitnehmer allein dem hierfür in § 5 TVG vorgesehenen Institut der Allgemeinverbindlichkeitserklärung vorbehalten ist.

- Er steht nicht im Widerspruch zur Öffnungsklausel des § 77 Abs. 3 S. 2 BetrVG, sondern diese stellt sich im Gegenteil als gebotene Konsequenz des gesetzgeberischen Telos dar. Da der Schutz der Tarifautonomie nicht Selbstzweck sein soll, können abhängig vom Willen der Tarifpartner - niemals gegen ihren Willen! - kollektiv-betriebliche Regelungskompetenzen eröffnet werden. Der Gesetzgeber will eine Regelung der Arbeitsbedingungen durch die Tarifpartner nicht erzwingen, sondern nur ermöglichen, ähnlich wie er in Art. 9 Abs. 3 GG das Recht zur Bildung von Koalitionen gewährleistet, deren Bildung er allerdings nicht vorschreibt.

---

41 Heinze, NZA 1989, 41, 42; Kissel, NZA 1986, 73, 74; Wiedemann/Stumpf, TVG § 4 Rn 275

42 BT-Drucks. VI/1786, S. 47

43 BAG vom 27.3.1963 - 4 AZR 72/62 - AP Nr. 9 zu § 59 BetrVG 1952; Dietz, RdA 1955, 241, 244; Monjau, BB 1965, 632, 633; Stahlhacke, DB 1960, 579, 581; Wiese, RdA 1967, 370, 373; Zöllner, FS Nipperdey, S. 719

Zöllner[44] ist allerdings zuzugestehen, daß eine gewisse teleologische Ungereimtheit insofern verbleibt, als sich die Dispenserteilung auch zum Nachteil konkurrierender Berufsverbände auswirken kann. Dies scheint der Gesetzgeber nicht bemerkt zu haben.

- Schließlich steht der Normzweck auch mit der Möglichkeit des Abschlusses von Firmentarifverträgen in Einklang.

F. Erhaltung und Stärkung der Funktionsfähigkeit der Koalitionen

Weit verbreitet ist die Ansicht, § 77 Abs. 3 BetrVG diene der Erhaltung und Stärkung der Koalitionen, insbesondere der Gewerkschaften.[45] Deren Stellung wäre gefährdet, wenn der Betriebsrat die Gewerkschaft bei den Arbeitsbedingungen, vor allem im Entgeltbereich, ständig übertreffen und damit den Sinn der Gewerkschaftszugehörigkeit in Frage stellen könnte. Die Betriebsvereinbarung soll daher als Mittel der Lohnpolitik ausgeschaltet werden.[46]

Hromadka[47] bemüht den berühmten „Wettlauf zwischen Hase und Igel“: Die Betriebsräte sollen nicht schon wieder bessere Arbeitsbedingungen ausgehandelt haben, wenn die Gewerkschaften mit einem mühsam erkämpften Kompromiß nach Hause kommen. Dies mindere das Ansehen der Gewerkschaften und nehme den Anreiz zum Gewerkschaftsbeitritt, falls die Arbeitsbedingungen auch auf Nichtorganisierte ausgedehnt werden könnten.

Die geäußerte Befürchtung, das Interesse am Beitritt zu den Koalitionen und die Überzeugung von deren Nützlichkeit könne nachlassen, was möglicherweise mit weitreichenden Konsequenzen für die Sozial- und Wirtschaftsverfassung verbunden sein könne, ist nachvollziehbar. Die Macht der Gewerkschaft ist in erster Linie von der Anzahl ihrer Mitglieder abhängig. Je größer der Mitgliedsstand, je eher ist gewährleistet, daß im Falle eines Arbeitskampfes ausreichend Arbeitskraft niederlegt werden kann, um den Produktionsprozeß

---

[44] FS Nipperdey, S. 704

[45] Barwasser, DB 1975, 2275; D/K/K - Berg, § 77 Rn 62; Beuthien, BB 1983, 1992, 1995; Birk, ZfA 1986, 73, 105; Fischer, Die tarifwidrigen Betriebsvereinbarungen, S. 189; F/K/H/E, § 77 Rn 61; Hromadka, DB 1987, 1991, 1993; Kempen/Zachert, TVG Grundl. Rn 258; GK - Kreutz, § 77 Rn 66; Moll, Der Tarifvorrang, S. 37; Bender, BB 1987, 117, 1119 f.
zu § 59 BetrVG 1952: Biedenkopf, Grenzen der Tarifautonomie, S. 282; Mechtel, Die Tarifüblichkeit nach § 59 BetrVG, S. 19; Richardi, Kollektivgewalt, S. 324; Wiese, RdA 1968, 41, 44; Zöllner, FS Nipperdey, 703

[46] So z.B.: Beuthien, wie vor; P. Hanau, BB 1977, 350

[47] DB 1987, 1991, 1993

nachhaltig und für die Arbeitgeber spürbar zu behindern, und die Streikkasse durch die Mitgliedsbeiträge ausreichend gefüllt ist, um die Streikenden finanziell für den Lohnausfall zu entschädigen. Die Mitgliedschaft in der Gewerkschaft ist freiwillig, was eine schwankende Machtbasis zur Folge hat, und mit finanziellen Aufwendungen für die Arbeitnehmer verbunden. Der Betriebsrat nimmt hingegen nach seiner Errichtung als Kollegium von Arbeitnehmern Interessen der Belegschaft wahr[48] und zwar der gesamten, also auch derjenigen Arbeitnehmer, die sich z.B. nicht an der Betriebsratswahl beteiligt haben. Die mit dem Arbeitgeber geschlossenen Betriebsvereinbarungen gelten für alle Arbeitsverhältnisse des Betriebes. Gegenüber einer gewerkschaftlichen Beteiligung hat die Betriebsratsarbeit für den Arbeitnehmer zwei wesentliche Vorteile, nämlich keine Verpflichtung zur Zahlung eines Mitgliedsbeitrages und kein Arbeitskampfrisiko. Kann der Betriebsrat mit dem Arbeitgeber eine Betriebsvereinbarung abschließen, die z.B. einen - möglicherweise hart erkämpften - Tarifvertrag übernimmt, käme der nicht organisierte Arbeitnehmer kostenlos und ohne jegliches Risiko auf Tarifniveau. Damit würde der Anreiz zu einem Gewerkschaftsbeitritt sinken. Zudem hat die Betriebsratsarbeit den Vorteil, daß sie infolge des geltenden Günstigkeitsprinzips den tarifgebundenen Arbeitnehmern im Verhältnis zum Tarifvertrag nie zum Nachteil gereichen kann. Bei der Belegschaft könnte daher der Eindruck entstehen, der Betriebsrat arbeite effizienter als die Gewerkschaft, was mit einem erheblichen Prestige- und Attraktivitätsverlust für Letztere verbunden wäre.

Zöllner[49] hat Bedenken, ob diese Befürchtung gerechtfertigt ist. Er hält es vielmehr für wahrscheinlich, daß auch bei erlaubter betrieblicher Rechtsetzung die Bedeutung des Tarifwesens nicht wesentlich zurückgehen würde, weil es den Betriebsräten i.d.R. gar nicht möglich sei, neue sozialpolitische Ansprüche, die die Arbeitgeber nicht freiwillig zu erfüllen bereit seien, durchzusetzen.

Diese Einschätzung ist nicht nur spekulativ, sondern auch zu einseitig auf die Konstellation beschränkt, daß der Betriebsrat vom Arbeitgeber gegenüber der tarifvertraglichen Regelung bessere finanzielle Bedingungen oder sonstige Vergünstigungen verlangt. Die Gefahr für die Attraktivität der Gewerkschaften und deren Mitgliederstand besteht allerdings nicht nur in diesen Fällen, sondern - wie soeben dargelegt - u.a. bereits dann, wenn es dem Betriebsrat gelingt, einen Tarifvertrag durch Betriebsvereinbarung auf nicht organisierte Arbeitnehmer auszudehnen. Darüber hinaus müssen die Gewerkschaften ihre Tarifpolitik nach überbetrieblichen Faktoren und dem Gesamtwohl der Arbeit-

---

[48] Die Frage, von welcher Form diese Wahrnehmung ist (Stellvertretung, Repräsentant oder Organ der Belegschaft), braucht hier nicht entschieden zu werden.

[49] FS Nipperdey, S. 704

nehmerschaft ausrichten, während die Betriebsräte nur dem Betriebswohl und dem Interesse der Belegschaft verpflichtet sind. Von den Betriebsräten und der Belegschaft für notwendig empfundene betriebsspezifischen kollektive Regelungen können auch zu einem Bedeutungsverlust der Gewerkschaft führen, weil bei den Arbeitnehmern des Betriebs der Eindruck entstehen muß, die Gewerkschaft könne ihre Probleme nicht lösen oder hätte hierfür kein Verständnis. In der betrieblichen Praxis kommen derartige betriebsspezifische Regelungen, die von den tariflichen Vorgaben abweichen, immer häufiger vor. So werden heute in vielen Betriebsvereinbarungen der (teilweise) Verzicht auf Urlaubs- und/oder Weihnachtsgeld oder längere Arbeitszeiten als die tariflich vorgesehene 35-Stunden-Woche ohne Lohnausgleich gegen den zeitlich befristeten Verzicht der Arbeitgeber auf betriebsbedingte Entlassungen geregelt.

Säcker[50] verweist den Schutz der Funktions- und Leistungsfähigkeit der Koalitionen durch Verhinderung der Ausdehnung der tariflichen Regelung auf sämtliche Arbeitnehmer durch Betriebsvereinbarungen „in den Bereich der Spekulation“. Hierfür gebe es keine Anhaltspunkte in den Gesetzesmaterialien. Mag letzteres für § 59 BetrVG 1952 zutreffend gewesen sein[51], so daß die Rechtsprechung und ganz h.M. die tarifvertragsübernehmende Betriebsvereinbarung für zulässig hielt[52], trifft dies für § 77 Abs. 3 BetrVG angesichts der oben[53] bereits zitierten Begründung des Regierungsentwurfs nicht zu. Danach soll insbesondere die Übernahme tariflicher Regelungen durch Betriebsvereinbarungen unzulässig sein.

Säcker[54] sieht einen Widerspruch, weil gegen die Erstreckung tariflicher Regelungen durch Allgemeine Arbeitsbedingungen nicht die gleichen Einwände erhoben würden. Dem ist insoweit zuzustimmen, als arbeitsvertragliche Einheitsregelungen und Gesamtzusagen unstreitig als privatrechtliche Regelungsinstrumentarien weiter zulässig sind und durch sie das gleiche Ergebnis im Betrieb erreicht werden kann, wie durch eine Betriebsvereinbarung. Die Gestal-

---

[50] RdA 1967, 370, 371 zu § 59 BetrVG 1952; ihm folgend Reuter, Vergütung von AT-Angestellten und betriebsverfassungsrechtliche Mitbestimmung, S. 27

[51] Im Bericht des Ausschusses für Arbeit zum Betriebsverfassungsgesetz 1952 (BT-Drucks. I/3585, S. 11) heißt es: "Die Zuständigkeit von Arbeitgeber und Betriebsrat zum Abschluß von Betriebsvereinbarungen ist jedoch, um jede Überschneidung der Tätigkeit von Betriebsräten und Gewerkschaften zu vermeiden, dadurch beschränkt, daß Arbeitsentgelte und sonstige Arbeitsbedingungen in dem Maße, wie sie üblicherweise durch Tarifvertrag geregelt werden, nur dann in Betriebsvereinbarungen behandelt werden dürfen, wenn ein Tarifvertrag den Abschluß solcher ergänzender Tarifvereinbarungen ausdrücklich zuläßt".

[52] s. Fn 43

[53] s. S. 16

[54] s. Fn 50

tungsmittel sind jedoch keineswegs identisch. Sie unterscheiden sich in ihrer Wirkungsweise und bezüglich des jeweiligen Adressaten.[55] Bei den einzelvertraglichen Gestaltungsmitteln ist der Betriebsrat nicht Partei einer Regelung mit dem Arbeitgeber, so daß er dort auch nicht in Konkurrenz zu den Gewerkschaften treten kann. Im übrigen fällt auf, daß *Säcker* an anderer Stelle selbst ausführt, die Norm solle eine Aushöhlung der Tarifautonomie und, dadurch bedingt, eine Schwächung der überbetrieblichen, durch Art. 9 Abs. 3 GG privilegierten Verbände vermeiden[56] und von der „Einräumung einer Normsetzungsprärogativen zugunsten der überbetrieblichen Koalitionen" spricht.[57]

Es stellt sich die Frage, ob der Schutz der ausgeübten und aktualisierten Tarifautonomie und die Sicherung der Leistungs- und Funktionsfähigkeit der Koalitionen überhaupt zwei verschiedene, nicht in Einklang zu bringende Normzwecke sind. Einige Autoren[58] verneinen dies mit der zutreffenden Begründung, daß die Erhaltung und Stärkung der Funktionsfähigkeit der Koalitionen, insbesondere der Gewerkschaften, zugleich auch dem Schutz und der Sicherung der Tarifautonomie dient, so daß sich diese Zwecke nicht ausschließen, sondern einander bedingen.

Reuter[59] hält eine Differenzierung für notwendig, vermischt beide Ziele dann jedoch wieder, indem er als Argument anführt, zum Schutz der Tarifautonomie gehöre auch, daß die Gewerkschaften bei der Durchsetzung ihrer Forderungen nicht in einen „Zweifronten-Krieg" verstrickt werden, indem sie außer den Widerstand der Arbeitgeberseite zusätzlich die von der Belegschaft unterstützten, tendentiell „betriebsegoistischen" Vorstellungen der Betriebsräte überwinden müßten. Könnten die Betriebspartner die Tarifparteien übertrumpfen, müßten sich die Gewerkschaften mit widerstreitenden Forderungen der Betriebsräte bereits deshalb auseinandersetzen, weil sie sonst ihre Stellung in der Arbeitnehmerschaft gefährdeten. § 77 Abs. 3 BetrVG bezwecke daher den Schutz der Tarifautonomie, indem ein Interessenkonflikt zwischen Betriebsrat und Gewerkschaft vermieden werde. Diesem Gesichtspunkt kann jedoch, worauf *Zöllner*[60] bereits zutreffend hingewiesen hat, keine eigenständige Bedeutung zukommen, weil sich unweigerlich die Frage anschließt, wieso ein solcher In-

---

55 s. hierzu S. 140 f.

56 RdA 1967, 370, 371 linke Spalte

57 RdA 1967, 370, 372 linke Spalte

58 Bender, BB 1987, 1117, 1119; Kempen/Zachert, TVG Grundl. Rn 258; GK - Kreutz, § 77 Rn 66; Moll, Der Tarifvorrang, S. 37; Wiese, RdA 1968, 41, 44

59 Vergütung von AT-Angestellten und betriebsverfassungsrechtliche Mitbestimmung, S. 26 f.

60 FS Nipperdey, S. 703 Fn 20

teressenkonflikt vermieden und zugunsten der Gewerkschaft entschieden werden soll. *Reuter* selbst führt zur Begründung die ansonsten eintretende Gefährdung der Gewerkschaftsstellung innerhalb der Arbeitnehmerschaft an. Zu § 59 BetrVG 1952 haben bereits *Wlotzke*[61] und *Schelp*[62] ausgeführt, daß ansonsten die Gewerkschaften an Ansehen und Schlagkraft einbüßen könnten. Damit ist aber letztlich wieder der Kreis zur Sicherung und Erhaltung der Funktionsfähigkeit der Gewerkschaft, insbesondere deren Mitgliederstandswahrung, geschlossen.

Der Einwand von *Richardi*[63], die Erhaltung der Funktions- und Leistungsfähigkeit der Sozialpartner sei nur ein Teilaspekt des bezweckten Schutzes der Tarifautonomie, ist zutreffend, führt aber nicht zu der Notwendigkeit, erstere Zielrichtung völlig zu negieren. Der Schutz der Tarifautonomie ist vielmehr der allgemein umfassende Normzweck des § 77 Abs. 3 BetrVG und die Erhaltung und Stärkung der Funktionsfähigkeit der Koalitionen, insbesondere der Gewerkschaften, ein sich daraus ergebender weiterer, insoweit speziellerer Zweck.

G. Sicherung und Besserung der wirtschaftlichen Lage der Arbeitnehmer

Zu § 59 BetrVG 1952 hat das BAG die Auffassung vertreten, die Norm bezwecke nicht die Stärkung der Tarifhoheit der Verbände um ihrer selbst willen, sondern die Sicherung und Besserung der wirtschaftlichen Lage der Arbeitnehmer, zu der die Gewerkschaften eher befähigt seien als die mitunter abhängigen und damit schwächeren Betriebsräte.[64]

Richtig ist, daß die Begünstigung der Gewerkschaften mittelbar auch den Interessen der Arbeitnehmer zugute kommt. Dies kann aber nicht der Sinn dieser Norm sein, was *Wiese*[65] überzeugend dargelegt hat. Ginge es nämlich um den größtmöglichen Schutz der Arbeitnehmer, müßten zumindest solange Betriebsvereinbarungen zulässig sein, wie es an tariflichen Regelungen mangelt. Tatsächlich schließt jedoch bereits die Tarifüblichkeit den Abschluß einschlägiger Betriebsvereinbarungen aus, selbst wenn diese günstiger für die Arbeitneh-

---

61 Das Günstigkeitsprinzip, S. 130

62 BB 1962, 1242, 1244

63 § 77 Rn 230

64 BAG vom 6.12.1963 - 1 ABR 7/63 - AP Nr. 23 zu § 59 BetrVG 1952; zustimmend: Mechtel, Die Tarifüblichkeit nach § 59 BetrVG, S. 17 f.

65 RdA 1968, 41, 43; im Ergebnis auch Zöllner, FS Nipperdey, S. 703

mer sein würden.[66] Dann kann aber auch nicht die Besserung der wirtschaftlichen Lage der Arbeitnehmer Zweck des § 77 Abs. 3 BetrVG sein.

---

66 Nach der Rechtsprechung (BAG Großer Senat vom 16.9.1986 - GS 1/82 - AP Nr. 17 zu § 77 BetrVG 1972; BAG vom 31.1.1984 - 1 ABR 46/81 - AP Nr. 3 zu § 87 BetrVG 1972 Tarifvorrang) sowie der über Jahrzehnte unbestrittenen und gegenwärtig noch ganz überwiegenden Meinung (Bauer/Diller, DB 1993, 1085; D/K/K - Berg, § 77 Rn 11; Däubler, BB 1990, 2256, 2262 Fn 118; Fischer, Die tarifwidrigen Betriebsvereinbarungen, S. 215; F/K/H/E, § 77 Rn 86; Grunsky, DB 1990, 526, 530; H/S/G, § 77 Rn 159; P.Hanau, NZA 1993, 817, 821; Haug, BB 1986, 1921 f.; Hromadka, DB 1987, 1991, 1993; Kempen/ Zachert, TVG Grundl. Rn 254; GK - Kreutz, § 77 Rn 109; Lederer, Das Initiativrecht des Betriebsrats in Lohnfragen, S. 65; Richardi, § 77 Rn 262; Veit, Die funktionelle Zuständigkeit des Betriebsrats, S. 234; Wank, RdA 1991, 129, 131; Wiedemann/Stumpf, TVG, § 4 Rn 294) findet das Günstigkeitsprinzip im Verhältnis zwischen Tarifvertrag und Betriebsvereinbarung keine Anwendung. Der neuerdings von *Ehmann* und seinen Schülern (Ehmann/Schmidt, NZA 1985, 193, 197 ff.; Ehmann/Lambrich, NZA 1996, 346, 348 ff.; Schmidt, Günstigkeitsprinzip, S. 106 ff.) vertretenen gegenteiligen Auffassung kann nicht gefolgt werden. Zu deren Motive seien beispielhaft *Ehmann/Lambrich* (NZA 1996, 346, 356) zitiert: „*Die Koalitionen haben indes den erforderlichen Realitätssinn verloren, darum fliehen nicht nur die Arbeitnehmer massenhaft aus den Gewerkschaften, sondern auch die Arbeitgeber aus ihren Verbänden. Die Flucht aus dem Tarifvertrag, die zur Rettung mancher Betriebe unbedingt erforderlich geworden ist, kann aber nur gelingen in eine andere Kollektivvereinbarung, denn betriebsbedingte Änderungskündigungen hat die Rechtsprechung praktisch unmöglich gemacht, solange noch keine Konkursreife besteht. Ein Firmentarifvertrag scheidet jedoch aus, weil der Unternehmer damit in der Regel vom Regen in die Traufe käme. So bleiben nur Betriebsvereinbarungen, sofern dem Betriebsrat klargemacht werden kann, daß es günstiger ist, die Arbeitsplätze zu erhalten. Diesen Entwicklungen werden die Antworten der herrschenden Ansicht nicht gerecht. Es muß jetzt endlich beachtet werden, daß die ansteigende Flucht aus dem Industriestandort Deutschland unser gesamtes Wirtschafts-, Gesellschafts- und Staatssystem in Gefahr zu bringen droht.*" Dieses anschauliche Zitat bedarf keiner weiteren Kommentierung. Ihre wirtschaftspolitische Gesinnung versucht die M.M. juristisch damit zu begründen, daß das Günstigkeitsprinzip als ein verfassungsrechtlich garantierter Grundsatz das gesamte kollektive Arbeitsrecht strukturiere und deshalb auch für § 77 Abs. 3 BetrVG gelten müsse. Im übrigen dürfe der Schutz der Tarifautonomie nicht weitergehen als der Schutz der Arbeitnehmer, zu deren Dienste sie ja gerade nur bestehe (so *Ehmann/Schmidt*, NZA 1995, 193, 198 f.). Dieser Auffassung steht bereits der Wortlaut des § 77 Abs. 3 BetrVG entgegen. Das Günstigkeitsprinzip wird - anders als bei § 4 Abs. 3 TVG - nicht erwähnt. Entscheidend gegen die M.M. spricht, daß sie nicht mit dem Sinn und Zweck des § 77 Abs. 3 BetrVG in Einklang zu bringen ist, sie widerspricht ihm geradezu. Der Gesetzgeber hat den Betriebspartnern die Regelungskompetenz entzogen, soweit sich die Tarifpartner einer Materie üblicherweise annehmen oder bereits geregelt haben. Vorrang genießt daher nicht der Tarifvertrag, sondern die Tarifpartner. Deshalb wird im Rahmen des § 77 Abs. 3 BetrVG auch nicht von einem Tarifvorrang gesprochen - dann könnten Betriebsvereinbarungen immer auch neben den Tarifverträgen bestehen -, sondern richtigerweise von einem Tarifvorbehalt (*Gast*, BB 1987, 1249; *Hromadka*, DB 1987, 1991, 1993). Die M.M. er-

H. Ergebnis

§ 77 Abs. 3 BetrVG bezweckt den Schutz der ausgeübten und aktualisierten Tarifautonomie im allgemeinen sowie die Erhaltung und Stärkung der Funktionsfähigkeit der Koalitionen im besonderen.

---

möglicht die Austragung eines Lohnkonflikts auf Betriebsebene. Ein möglicherweise hart umkämpfter Kompromiß der Tarifpartner könnte jederzeit durch die Betriebspartner abgeändert und das Lohngefüge anders als tariflich vorgesehen strukturiert werden (*Thüsing*, ZTR 1996, 146, 148), wenn die Neuregelung von den Arbeitnehmern als günstig empfunden wird. Das ermöglicht ggf. auch untertarifliche Leistungen (Beispiel: Lohnverzicht gegen Verzicht auf betriebsbedingte Kündigung). Damit wird jedoch das Tarifsystem torpediert, das durch § 77 Abs. 3 BetrVG gerade geschützt werden soll (s. S. 15 ff.).

§ 3 Der Regelungsgegenstand des § 77 Abs. 3 BetrVG

Die Sperrwirkung des § 77 Abs. 3 BetrVG erstreckt sich auf Arbeitsentgelte und sonstige Arbeitsbedingungen.

A. Arbeitsentgelt

Arbeitsentgelt ist nicht nur der Lohn oder das Gehalt im herkömmlichen Verständnis, sondern jede in Geld zahlbare Vergütung oder Sachleistung des Arbeitgebers wie Gratifikationen, Prämien, Sozialzulagen, Deputate, Gewinnbeteiligungen, Vermögenswirksame Leistungen, Leistungen einer betrieblichen Altersversorgung u.ä.[1]

B. Sonstige Arbeitsbedingungen

I. Der Meinungsstand

Es ist in der Literatur heftigst umstritten, ob zu den sonstigen Arbeitsbedingungen "nur" materielle Arbeitsbedingungen[2] oder tariflichen Inhaltsnormen[3] oder sämtliche, mithin auch alle formellen Arbeitsbedingungen[4] zählen.

---

1 Allg. M., vgl. etwa: D/K/K - Berg, § 77 Rn 63; F/K/H/E, § 77 Rn 62; H/S/G, § 77 Rn 130; Richardi, § 77 Rn 237

2 Boewer, DB 1973, 526; Galperin/Löwisch, § 77 Rn 75; H/S/G, § 77 Rn 132; P. Hanau, RdA 1973, 281, 283; ders., BB 1977, 350; Konzen, BB 1977, 1307, 1311; Lieb, ZfA 1978, 179, 211; Lohs, DB 1996, 1722; Löwisch, AuR 1978, 97, 106; Misera, Anm. zu BAG (3.8.1982); Stege/Weinspach, § 77 Rn 12; Richardi, § 77 Rn 240; ders., Anm. zu BAG (24.2.1987); Veit, Die funktionelle Zuständigkeit des Betriebsrats, S. 238 f.; Wank, RdA 1991, 129, 135; Wiedemann/Stumpf, TVG § 4 Rn 392; Wiese, FS BAG, 665

3 D/K/K - Berg, § 77 Rn 63; Brecht, § 77 Rn 24; Conze, DB 1978, 490, 491; F/K/H/E, § 77 Rn 63; Jahnke, Tarifautonomie und Mitbestimmung, S. 146; Lappe, Die Mitbestimmung in sozialen Angelegenheiten, S. 82 f.; Weyand, AuR 1989, 193, 194; Wlotzke, § 77 Anm. 2 a

4 Kasseler Handbuch - Dörner, 6.1 Rn 236; Farthmann, RdA 1974, 69, 71 f.; Fischer, Die tarifwidrigen Betriebsvereinbarungen, S. 195; ErfK - Hanau/ Kania, § 77 Rn 52; Haug, BB 1986, 1921, 1928; v.Hoyningen-Huene/Meier-Krenz, NZA 1987, 793, 794; Küchenhoff, § 77 Rn 10; Kempen/Zachert, TVG Grundl. Rn 276; GK - Kreutz, § 77 Rn 68; ders., Die Betriebsautonomie, S. 211 ff.; MünchArbR - Matthes, § 318 Rn 61; Moll, Der Tarifvorrang, S. 44 ff.; Säcker, ZfA-Sonderheft 1972, S. 66; Schaub, § 231 II 5 c; Schulin, Anm. zu BAG (9.4.1991); Schwarze, Der Betriebsrat im Dienst der Tarifvertragsparteien, S. 200; Simitis/Weiss, DB 1973, 1240, 1247; Vollmer, DB 1979, 308, 309; Weiss/Weyand, § 77 Rn 30

Das BAG vertritt neuerdings[5] die Auffassung, daß die tariflichen Inhaltsnormen unter die sonstigen Arbeitsbedingungen i.S.d. § 77 Abs. 3 BetrVG fallen, während es früher[6] ausschließlich materielle Arbeitsbedingungen hiervon umfaßt sah.

1. Begriffsbestimmung

Die Auseinandersetzung mit diesem Meinungsstreit erfordert zunächst eine Begriffsbestimmung der materiellen und formellen Arbeitsbedingungen sowie der tariflichen Inhaltsnormen.

a) Materielle Arbeitsbedingungen

Der Begriff ist nicht eindeutig. Als materielle Arbeitsbedingungen werden meist diejenigen Regelungen bezeichnet, die allein das individuelle Vertragsverhältnis zwischen Arbeitgeber und Arbeitnehmer unmittelbar gestalten und ausschließlich das Verhältnis von Leistung und Gegenleistung betreffen, wie z.B. Dauer der Arbeitszeit und des Urlaubs, Urlaubsgeld usw.[7] Die vorzufindenden Nuancen sind für die hiesige Untersuchung ohne Bedeutung.

b) Formelle Arbeitsbedingungen

Unter formellen Arbeitsbedingungen versteht man allgemein die Gesamtheit aller nicht geldwerten Leistungen sowie der Regelungen, durch die die generelle Ordnung des Betriebs, einschließlich des Verhaltens der Arbeitnehmer gestaltet werden, wie z.B. Torkontrollen, Rauchverbote, Werkskantinenregelungen und dergleichen.[8]

c) Tarifliche Inhaltsnormen

Gemäß § 1 Abs. 1 TVG können Tarifnormen den Inhalt, den Abschluß und die Beendigung von Arbeitsverhältnissen sowie betriebliche und betriebsverfassungsrechtliche Fragen ordnen. Das bedeutet nicht, daß eine Tarifnorm jeweils

---

5 BAG vom 9.4.1991 - 1 AZR 406/90 - AP Nr. 1 zu § 77 BetrVG 1972 Tarifvorbehalt

6 BAG vom 24.2.1987 - 1 ABR 18/85 - AP Nr. 21 zu § 77 BetrVG 1972

7 So z.B. BAG vom 7.12.1962 - 1 ABR 4/61 - AP Nr. 3 zu § 56 BetrVG 1952 Akkord; P. Hanau, RdA 1973, 281, 282; H/S/G, § 77 Rn 133; Löwisch, § 77 Rn 45; Wiedemann/Stumpf, TVG § 4 Rn 293

8 H/S/G, § 77 Rn 133; Schelp, DB 1962, 1242, 1244; Wiedemann/Stumpf, TVG § 1 Rn 151

nur zu einer dieser Kategorien zählen kann. Viele Tarifregelungen haben Doppelcharakter.

Zu den Inhaltsnormen gehören alle Regelungen, die nach dem Willen der Tarifvertragsparteien den Inhalt von Arbeitsverhältnissen i.S.d. Arbeitsrechts regeln sollen. Durch sie können sowohl materielle als auch formelle Arbeitsbedingungen geregelt werden, so daß eine solche Unterscheidung für das Recht der Inhaltsnormen weder erforderlich ist noch aussagekräftig wäre.[9] Die Anhänger der Auffassung, daß unter die sonstigen Arbeitsbedingungen i.S.d. § 77 Abs. 3 BetrVG alle Regelungen fallen, die Gegenstand tariflicher Inhaltsnormen sein können[10], sprechen sich daher konsequent gegen die Differenzierung zwischen formellen und materiellen Arbeitsbedingungen aus, sondern wollen "lediglich" die tariflichen Abschlußnormen sowie die betrieblichen und betriebsverfassungsrechtlichen Normen nicht von § 77 Abs. 3 BetrVG umfaßt wissen.

2. Die im Meinungsstreit ausgetauschten Argumente

Nachstehend werden die im Rahmen des Meinungsstreits vorgetragenen Argumente dargelegt und bewertet.

a) Der Wortlaut des § 77 Abs. 3 BetrVG

Wiedemann/Stumpf[11] sehen in der Zusammenstellung von Arbeitsentgelt und sonstigen Arbeitsbedingungen eine Anspielung auf das Synallagma, so daß mit letzteren nur die materiellen Arbeitsbedingungen gemeint sein könnten. Andere Befürworter dieser restriktiven Auslegung[12] verweisen ebenfalls auf die Gleichstellung der sonstigen Arbeitsbedingungen mit dem Arbeitsentgelt als der - unbestreitbar - wichtigsten materiellen Arbeitsbedingung.

Diese Argumentation ist jedoch nicht zwingend. Das Nebeneinander von Arbeitsentgelt und sonstigen Arbeitsbedingungen kann genauso gut bedeuten, daß sämtliche Arbeitsbedingungen gemeint sind und der Gesetzgeber lediglich das Arbeitsentgelt als der wichtigsten und typischerweise durch Tarifvertrag geregelten Arbeitsbedingung besonders herausstellen wollte. Anderenfalls hätte er, worauf das BAG und Teile der Literatur zu Recht hinweisen, eine andere

---

9 Wiedemann/Stumpf, TVG § 1 Rn 150 f.

10 s. Fn 3

11 TVG § 4 Rn 293; zustimmend: Veit, Die funktionelle Zuständigkeit des Betriebsrats, S. 238

12 Galperin/Löwisch, § 77 Rn 75; H/S/G, § 77 Rn 133; Richardi, § 77 Rn 240

Formulierung verwenden müssen, wie z.B. „vergleichbare“[13] oder „ähnliche“[14] Arbeitsbedingungen.

Ebenso zutreffend ist der Einwand von *Haug*[15], daß das systematische Argument nur dann schlüssig wäre, wenn man unter Arbeitsentgelt i.S.d. § 77 Abs. 3 BetrVG einschränkend nur Entgeltfragen im Sinne materieller Arbeitsbedingungen versteht, also insbesondere die Lohnhöhe und geldwerte Zusatzleistungen. Dann würde jedoch die gesamte Entgeltberechnung, somit Fragen der Lohnfindung und -technik, ausgegrenzt, weil diese trotz aller Schwierigkeiten bei der Abgrenzung von materiellen und formellen Arbeitsbedingungen unstreitig letzteren zugeordnet werden.[16] Die systematische Argumentation setzt also gerade das voraus, was es für § 77 Abs. 3 BetrVG zu entscheiden gilt, nämlich die Frage der Beschränkung auf materielle Arbeitsbedingungen. Sie ist somit zirkulär und unergiebig.

b) Partiell unveränderte Übernahme des Wortlauts von § 59 BetrVG 1952

Der Gesetzgeber hat die Formulierung „Arbeitsentgelte und sonstige Arbeitsbedingungen“ des § 59 BetrVG 1952 unverändert übernommen. Da er an anderen Stellen der h.M. zum BetrVG 1952 nicht gefolgt ist, z.B. bei der Einbeziehung der Geldfaktoren in § 87 Abs. 1 Nr. 1 BetrVG[17] oder beim Verbot tarifübernehmender Betriebsvereinbarungen[18], wird aus der unveränderten Übernahme des Wortlauts teilweise geschlossen, daß der Gesetzgeber die zu § 59 BetrVG 1952 vorherrschende Meinung, nämlich die Beschränkung auf materielle Arbeitsbedingungen[19], akzeptiert habe.[20]

Hiergegen wird berechtigterweise eingewandt, daß sich in den Gesetzesmaterialien keine diesbezüglichen Anhaltspunkte finden lassen, was die Vermutung nahelegt, daß sich der Gesetzgeber dieses Problems überhaupt nicht

---

[13] BAG vom 9.4.1991 - 1 AZR 406/90 - AP Nr. 1 zu § 77 BetrVG 1972 Tarifvorbehalt verweist auf diesen vom Gesetzgeber bei § 87 Nr. 11 BetrVG verwendeten Begriff.

[14] Fischer, Die tarifwidrigen Betriebsvereinbarungen, S. 191; F/K/H/E, § 77 Rn 63; v.Hoyningen-Huene/Meier-Krenz, NZA 1987, 793, 794; GK -Kreutz, § 77 Rn 73

[15] BB 1986, 1921, 1928

[16] D/K/K - Berg, § 77 Rn 63; F/K/H/E, § 77 Rn 63; Moll, Der Tarifvorrang, S. 49

[17] BT-Drucks. VI/1786, S. 49

[18] BT-Drucks. VI/1786, S. 47

[19] s. hierzu S. 28 ff.

[20] P. Hanau, RdA 1973, 281, 284; Konzen, BB 1977, 1307, 1311; Veit, Die funktionelle Zuständigkeit des Betriebsrats, S. 238

bewußt war, geschweige denn, es im Sinne einer Reduktion auf materielle Arbeitsbedingungen lösen wollte.[21]

Des weiteren hat § 77 Abs. 3 BetrVG gegenüber § 59 BetrVG 1952 durchaus wesentliche Änderungen erfahren, in dem die Regelungssperre nicht nur für solche Arbeitsbedingungen eingreift, die üblicherweise durch Tarifvertrag geregelt werden (so § 59 BetrVG 1952: „Soweit Arbeitsentgelte und sonstige Arbeitsbedingungen üblicherweise durch Tarifvertrag geregelt werden"), sondern auch die erstmals durch Tarifvertrag geregelten Arbeitsbedingungen erfaßt. Auf der Rechtsfolgenseite ist nicht mehr von der „Unzulässigkeit" die Rede, sondern es findet sich die neue Formulierung „können nicht Gegenstand einer Betriebsvereinbarung sein". Schließlich ist im Rahmen einer Gesamtschau zu beachten, daß der Gesetzgeber nicht nur den Umfang der Regelungssperre des § 77 Abs. 3 BetrVG, sondern gleichzeitig auch die Mitbestimmung des Betriebsrates in § 87 Abs. 1 BetrVG gegenüber § 56 BetrVG 1952 auf materielle Arbeitsbedingungen erweitert hat. Bei derart gravierenden Änderungen kommt dem partiell identischen Wortlaut keine Argumentationskraft mehr zu, sondern kann sich das Verständnis über die Vorschrift wandeln bzw. bereits geändert haben.

c) Existenz einer legislativen Gesamtkonzeption

Möglicherweise existiert eine gesetzgeberische Gesamtkonzeption, die die Restriktion des § 77 Abs. 3 BetrVG auf materielle Arbeitsbedingungen geboten erscheinen läßt.

aa) Die Lehre von der tatbestandlichen Ausschließlichkeit

Bereits zum BetrVG 1952 war der Umfang der Sperrwirkung des § 59 BetrVG 1952 - dem Vorgänger des heutigen § 77 Abs. 3 BetrVG - umstritten.[22] § 56 BetrVG 1952 - heute § 87 Abs. 1 BetrVG - gewährte dem Betriebsrat in den dort aufgezählten Angelegenheiten ein Mitbestimmungsrecht, soweit eine gesetzliche oder tarifliche Regelung nicht bestand, während § 59 BetrVG 1952 eine Sperrwirkung bereits bei Tarifüblichkeit normierte. Da die damals ganz h.M.[23] die Anwendbarkeit des § 59 BetrVG 1952 im Bereich des § 56 BetrVG 1952 bejahte, entwickelte sich für die Abgrenzung der §§ 56 Abs. 1 Einlei-

[21] Fischer, Die tarifwidrigen Betriebsvereinbarungen, S. 191; v.Hoyningen-Huene/Meier-Krenz, NZA 1987, 793, 794 f.; GK - Kreutz, § 77; Rn 73; Moll, Der Tarifvorrang, S. 48

[22] s. hierzu die umfangreichen Nachweise bei Moll, Der Tarifvorrang, S. 45 Fn 58-60

[23] s. die Nachweise bei Wiese, RdA 1968, 41, 42 Fn 11

tungssatz und 59 BetrVG 1952 die sog. Lehre von der tatbestandlichen Ausschließlichkeit[24] dieser beiden betriebsverfassungsrechtlichen Normen: Die Mitbestimmung des Betriebsrats im Rahmen des § 56 BetrVG 1952 bezog sich danach ausschließlich auf formelle Arbeitsbedingungen[25] während sich die Sperrwirkung des § 59 BetrVG 1952 auf materielle Arbeitsbedingungen beschränkte. Durch die Differenzierung zwischen formellen und materiellen Arbeitsbedingungen erreichte diese Lehre eine Zuständigkeitsabgrenzung, die Überschneidungen nahezu ausschloß.[26]

Die herrschende Lehre sah sich damals beachtlicher Kritik ausgesetzt, die die Beschränkung des § 56 BetrVG 1952 auf formelle Arbeitsbedingungen aus historischen und systematischen Erwägungen für unvertretbar hielt und auch als praktisch unzweckmäßig empfand.[27] Dieser Meinungsstreit zum BetrVG 1952 bedarf keiner Entscheidung, da § 87 BetrVG insgesamt ein differenzierteres Bild zeigt. Der Katalog des § 87 Abs. 1 BetrVG betrifft zwar überwiegend formelle Arbeitsbedingungen, allerdings finden sich auch materielle Arbeitsbedingungen. Hierzu zählen z.B. die Mitbestimmung des Betriebsrates bei der vorübergehenden Verkürzung oder Verlängerung der betrieblichen Arbeitszeit (§ 87 Abs. 1 Nr. 3 BetrVG), bei der betrieblichen Lohngestaltung (§ 87 Abs. 1 Nr. 10 BetrVG) und besonders deutlich hinsichtlich der Geldfaktoren bei der Festsetzung der Akkord- und Prämiensätze sowie vergleichbarer leistungsbezogener Entgelte (§ 87 Abs. 1 Nr. 11 BetrVG). Die Unterscheidung zwischen formellen und materiellen Arbeitsbedingungen ist für die Mitbestimmungstatbestände des § 87 Abs. 1 BetrVG dementsprechend nicht mehr maßgeblich.[28]

Die Lehre von der tatbestandlichen Ausschließlichkeit läßt sich daher für das BetrVG 1972 auch nicht aufrechterhalten. Gleichwohl wird in der Literatur diese Konsequenz jedoch teilweise nicht gezogen:

---

[24] s. hierzu z.B. Hilger, BB 1969, 448 sowie Erdmann/Jürging/Kammann (§ 77 Rn 51), die die Lehre auch für § 77 BetrVG aufrecht erhalten

[25] Richardi, § 87 Rn 32 m. zahlreichen w. Nachweisen; GK - Wiese, § 87 Rn 34

[26] BAG vom 31.3.1969 - 3 AZR 439/68 - AP Nr. 26 zu § 1 Feiertagslohnzahlungsgesetz; BAG vom 21.2.1967 - 1 ABR 2/66 - AP Nr. 25 zu § 59 BetrVG 1952; BAG vom 31.1.1969 - 1 ABR 11/68 - AP Nr. 5 zu § 56 BetrVG 1952 Entlohnung

[27] Farthmann, RdA 1966, 249 ff.; Herschel, AuR 1964, 257 ff,; ders., AuR 1969, 65 ff.

[28] BAG vom 29.3.1977 - 1 ABR 123/74 - AP Nr. 1 zu § 87 BetrVG 1972 Provision; BAG vom 8.3.1977 - 1 ABR 33/75 - AP Nr. 1 zu § 87 BetrVG 1972 Auszahlung; BAG vom 13.3.1973 - 1 ABR 16/72 - AP Nr. 1 zu § 87 BetrVG 1972 Werkmietwohnungen; F/K/H/E, § 87 Rn 20; Farthmann, RdA 1974, 65, 66; Galperin/Löwisch, § 87 Rn 2; Gester/Isenhardt, RdA 1974, 80, 83; H/S/G, § 87 Rn 12; ErfK - Hanau/Kania, § 87 Rn 2; P. Hanau, RdA 1973, 281, 282; D/K/K - Klebe, § 87 Rn 17; MünchArbR - Matthes, § 324 Rn 3; Stege/ Weinspach, § 87 Rn 14; Richardi, § 87 Rn 34

aaa) Verfassungskonformität des § 87 Abs. 1 BetrVG

Erdmann/Jürging/Kamann[29] sprechen sich gegen diese Schlußfolgerung mit der Begründung aus, die in § 87 Abs. 1 BetrVG geregelte Mitbestimmung bei materiellen Angelegenheiten sei wegen Verstoßes gegen die Art. 9 Abs. 3 S. 1, 14 Abs. 1 und 2 Abs. 1 GG verfassungswidrig.

Diese verfassungsrechtlichen Bedenken sind unbegründet. Die durch Art. 9 Abs. 3 GG geschützte koalitionsmäßige Betätigung wird durch den in § 87 Abs. 1 Einleitungssatz BetrVG ausdrücklich normierten Tarifvorrang gesichert. Das Mitbestimmungsrecht des Betriebsrats entfällt, soweit eine tarifliche Regelung besteht. Das Grundrecht auf Eigentum wird ebenfalls nicht verletzt. Inhalt und Schranken des Eigentums werden unbeschadet seines Wesengehaltes durch die Gesetze, wie z.B. das BetrVG 1972 bestimmt. Zudem ist das Eigentum gemäß Art. 14 Abs. 2 GG „sozialpflichtig". Selbst die Auferlegung von Geldleistungspflichten ist mit dem Grundgesetz vereinbar, soweit die Substanz des Unternehmens nicht beeinträchtigt wird, da Art. 14 GG das Vermögen als solches nicht schützt.[30] Das Grundrecht auf freie Entfaltung der Persönlichkeit (Art. 2 Abs. 1 GG) unterliegt einem Schrankenvorbehalt. Es wird u.a. durch den Sozialstaatsgedanken begrenzt, der auch die Berücksichtigung der Arbeitnehmerbelange fordert. Die unternehmerische Entscheidungsfreiheit kann vom Gesetzgeber aufgrund Art. 20 Abs. 1 GG und Art. 28 Abs. 1 GG zum Schutz der sozial Schwächeren beschränkt werden, soweit er dabei den Grundsatz der Verhältnismäßigkeit beachtet und nicht in den Kernbereich des Grundrechts (Art. 19 Abs. 2 GG) eingreift. Es existieren keine Hinweise, daß der Gesetzgeber des BetrVG 1972 diese verfassungsrechtlichen Schranken durch die Ausdehnung der Mitbestimmung des Betriebsrats auf bestimmte materielle Arbeitsbedingungen verletzt haben könnte. Die Mitbestimmung bezüglich materieller

---

29 § 77 Rn 51 und § 87 Rn 7 ff. m.w.N. aus der Diskussion während des Gesetzgebungsverfahrens

30 BVerfG vom 20.7.1954 - 1 BvR 459, 484, 548, 555, 623, 651, 748, 783, 801/52, 5, 9/53, 96, 114/54 - BVerfGE 4, 7, 17

Arbeitsbedingungen wird deshalb heute von der Rechtsprechung[31] und der ganz h.M.[32] im Ergebnis als verfassungskonform angesehen.

bbb) Materielle Annexregelungen

Konzen[33] beruft sich auf eine von *P. Hanau*[34] durchgeführte Analyse der Mitbestimmungstatbestände des § 87 Abs. 1 BetrVG und stellt fest, daß der Gesetzgeber materielle Arbeitsbedingungen in den Katalog des § 87 Abs. 1 BetrVG nur dort aufgenommen habe, wo ein enger Sachzusammenhang zwischen formellen und materiellen Arbeitsbedingungen bestehe oder vom Gesetzgeber angenommen werde. Die Ausdehnung der Mitbestimmung des Betriebsrats auf materielle Arbeitsbedingungen erfolge stets nur als Ergänzung von formellen Arbeitsbedingungen, so sei z.B. die Geldseite des Akkords der Annex der Zeitseite. Es handele sich um materielle Annexregelungen, die auch bei sonstigen formellen Arbeitsbedingungen vorkämen und dann mitbestimmungspflichtig seien. Systematisch sei daher nach wie vor zwischen formellen Arbeitsbedingungen einschließlich der materiellen Annexregelungen und den sonstigen materiellen Arbeitsbedingungen zu trennen. Die Trennungslinie sei nur verschoben aber nicht aufgehoben.

Dem Versuch *Konzen's,* mit Hilfe des auf *P. Hanau* zurückgehenden Begriffs der materiellen Annexregelungen die Lehre von der tatbestandlichen Ausschließlichkeit aufrecht zu erhalten, ist die Gefolgschaft zu versagen. Indem *Konzen*[35] letztlich die materiellen Annexregelungen dem § 77 Abs. 3 BetrVG zuordnet, wird bereits deutlich, daß sich auch unter Zugrundelegung seines neu gebildeten Gegensatzpaares (formelle Arbeitsbedingungen inkl. materieller Annexregelungen / materielle Arbeitsbedingungen) die Materien der §§ 77 Abs. 3 und 87 Abs. 1 BetrVG tatbestandlich weiterhin überschneiden. Die nicht unum-

---

31 BAG vom 29.3.1977 - 1 ABR 123/74 - AP Nr. 1 zu § 87 BetrVG 1972 Provision mit zustimmender Anmerkung von Schulze-Osterloh; BAG vom 5.3.1974 - 1 ABR 28/73 - AP Nr. 1 zu § 87 BetrVG 1972 Kurzarbeit mit zustimmender Anmerkung von Wiese; BAG vom 13.3.1973 - 1 ABR 16/72 - AP Nr. 1 zu § 87 BetrVG 1972 Werkmietwohnungen mit zustimmender Anmerkung von Richardi

32 Auffarth, AuR 1972, 33, 41; Dütz, DB 1972, 383, 390 f.; F/K/H/E, § 87 Rn 21; H/S/G, § 87 Rn 14; Gester/Isenhardt, RdA 1974, 80, 86 f.; Jäcker, Die Einigungsstelle, S. 58 ff.; Konzen, BB 1977, 1307, 1311; Moll, Die Mitbestimmung des Betriebsrats beim Entgelt, S. 46; Reuter/Streckel, Grundfragen, S. 66 ff.; Richardi, § 87 Rn 40; Simitis/Weiss, DB 1973, 1240, 1245 f.; GK - Wiese, § 87 Rn 45 f.

33 BB 1977, 1307, 1311 f.

34 RdA 1973, 281, 282 f.

35 BB 1977, 1307, 1312

strittene[36] Lehre von den materiellen Annexregelungen hat auch eine völlig andere Zielrichtung. Sie ist mit Blick auf die Einigungsstelle entwickelt worden und soll der Festlegung dienen, welche Regelungen die Einigungsstelle im Zusammenhang mit einer mitbestimmungspflichtigen Maßnahme treffen kann.[37]

Zusammenfassend bleibt somit festzuhalten, daß die zum BetrVG 1952 entwickelte Lehre von der tatbestandlichen Ausschließlichkeit für das BetrVG 1972 keine Existenzberechtigung mehr besitzt.

bb) Prinzipielle Zuständigkeitsverteilung zwischen Betriebs- und Tarifpartnern

Teilweise ist man der Auffassung, dem Betriebsverfassungsrecht läge ein durchgängiges Prinzip zugrunde, wonach die formellen Arbeitsbedingungen vordringlich von den Betriebspartnern zu regeln sind, während die Regelung der materiellen Arbeitsbedingungen den Tarifvertragsparteien übertragen ist.[38] Die Ausgestaltung der formellen Arbeitsbedingungen orientiere sich nämlich allein an den Bedürfnissen des jeweiligen Betriebs, die die Betriebspartner am besten kennen würden, so daß sichergestellt sei, daß sie im Betrieb nach den Kriterien der Vernünftig- und Zweckmäßigkeit erfolge. Dies sei jedenfalls keine vorrangige Sachaufgabe der Tarifvertragsparteien. Deshalb beziehe sich § 77 Abs. 3 BetrVG nur auf materielle Arbeitsbedingungen.

Dem BetrVG 1972 kann eine derartige Zuständigkeitsverteilung nicht entnommen werden, da § 87 Abs. 1 BetrVG unstreitig auch materielle Arbeitsbedingungen enthält und sich die Materien der §§ 77 Abs. 3 und 87 Abs. 1 BetrVG durchaus überschneiden. Wie soeben dargelegt gibt es keine tatbestandliche Ausschließlichkeit, somit auch kein dem BetrVG 1972 zugrundeliegendes Prinzip, wonach materielle Arbeitsbedingungen mitbestimmungsfrei sind.

Es ist allerdings nicht zu bestreiten, daß formelle Arbeitsbedingungen durch die Betriebspartner anders als in einem Verbandstarifvertrag konkret auf die Bedürfnisse und die spezifische Situation des einzelnen Betriebes zugeschnitten werden können. Die Tarifvertragsparteien müssen hingegen die Ge-

---

36 Bejahend: BAG vom 8.3.1977 - 1 ABR 33/75 - AP Nr. 1 zu § 87 BetrVG 1972 Auszahlung mit zustimmender Anmerkung von Wiedemann/Moll; Galperin/Löwisch, § 87 Rn 5; Gester/Isenhardt, RdA 1974, 80, 84; MünchArbR - Matthes, § 324 Rn 4 f.; Reuter, RdA 1981, 205, 207; Richardi, § 87 Rn 38
ablehnend: H/S/G, § 87 Rn 16; Huber, DB 1980, 1643; Mengel, DB 1982, 43, 44 f.; Stark, Leistungspflichten und betriebliche Mitbestimmung, S. 39 ff.; GK - Wiese, § 87 Rn 41

37 So ausdrücklich ihr Begründer P. Hanau, NZA 1985, Beilage Nr. 2, S. 9

38 Wiedemann/Stumpf, TVG § 4 Rn 293

samtsituation des Wirtschaftszweiges berücksichtigen. Die formellen Arbeitsbedingungen sind wegen ihrer Betriebsbezogenheit einer (verbands-)tariflichen Regelung daher nur beschränkt zugängig. Dieser Umstand erfordert jedoch keine rechtliche Zuständigkeitsverteilung zwischen Betriebs- und Tarifpartnern. Er steht - worauf *Moll*[39] zutreffend hinweist - solchen Überlegungen vielmehr entgegen. Ein formelle Arbeitsbedingungen beinhaltender (Verbands-)Tarifvertrag wird aus der Perspektive der einzelnen Betriebe lückenhaft und ausfüllungsbedürftig sein. Für die Betriebspartner verbleibt in der Regel die Möglichkeit, diese Lücken durch eine den betrieblichen Verhältnissen angepaßte Betriebsvereinbarung auszufüllen. Soweit die Tarifvertragsparteien auch Einzelheiten für die Betriebsebene geregelt haben, was theoretisch stets denkbar ist, praktisch jedoch nur beim Firmentarifvertrag relevant werden dürfte, ist den Betriebspartnern jegliche Regelungsmöglichkeit durch Betriebsvereinbarung genommen. Dieser eher seltene Fall ist als Konsequenz des vom Gesetzgeber verfolgten Schutzes der Tarifautonomie hinzunehmen.

d) Der Normzweck

Richtigerweise wird vielfach[40] darauf hingewiesen, daß die Ratio des § 77 Abs. 3 BetrVG keine Restriktion auf materielle Arbeitsbedingungen gebietet, sondern vielmehr für die Einbeziehung aller Arbeitsbedingungen spricht. Die Norm bezweckt den Schutz der ausgeübten und aktualisierten Tarifautonomie im allgemeinen sowie die Erhaltung und Stärkung der Funktionsfähigkeit der Koalitionen im besonderen.[41] Dieses Ziel wird am umfassendsten erreicht, wenn die Normsetzungsprärogative der Tarifvertragsparteien für sämtliche Arbeitsbedingungen gilt. Auch aus Art. 9 Abs. 3 GG ergibt sich keine Notwendigkeit, den Vorrang der Tarifautonomie auf materielle Arbeitsbedingungen zu beschränken. Der Begriff der Arbeitsbedingungen i.S.d. Art. 9 Abs. 3 S. 1 GG umfaßt nämlich auch formelle Normen. Bei konsequenter Beschränkung des Tarifvorbehalts auf materielle Arbeitsbedingungen könnten die Betriebspartner unabhängig von tariflichen Regelungen Entgeltsysteme kreieren, weil die Entgeltberechnung, mithin Fragen der Lohntechnik und -findung, den formellen Ar-

---

39 Die Mitbestimmung des Betriebsrates beim Entgelt, S. 47

40 BAG Urteil vom 9.4.1991 - 1 AZR 406/90 - AP Nr. 1 zu § 77 BetrVG 1972 Tarifvorbehalt; D/K/K - Berg, § 77 Rn 63; Haug, BB 1986, 1921, 1928 f.; v.Hoyningen-Huene/Meier-Krenz, NZA 1987, 793, 795; GK - Kreutz, § 77 Rn 74; Moll, Die Mitbestimmung des Betriebsrats beim Entgelt, S. 49; Schulin, Anm. zu BAG (24.11.1987); Weiss/Weyand, § 77 Rn 30

41 s. hierzu S. 15 ff., 17 ff., 23

beitsbedingungen zugeordnet wird.[42] Dies würde die Tarifautonomie im enorm wichtigen Bereich der Entgeltfragen unterminieren und dem Schutzzweck des § 77 Abs. 3 BetrVG eklatant zuwider laufen, da zur Tarifautonomie neben der Festsetzung der Mindestentgelte auch die Regelung der wesentlichen Entlohnungsgrundsätze und -methoden gehört.

Dies sehen auch die Befürworter der restriktiven Auslegung des Begriffs „sonstige Arbeitsbedingungen" und wollen daher § 77 Abs. 3 BetrVG auch auf methodische Elemente der Entgeltregelung angewandt wissen.[43] Sie müssen also Ausnahmen konzidieren, um überhaupt tragbare Ergebnisse zu erreichen. Diese Inkonsequenz zeigt deutlich, daß gerade im Hinblick auf den Normzweck des § 77 Abs. 3 BetrVG eine Beschränkung auf materielle Arbeitsbedingungen nicht geboten ist. Dabei wird nicht verkannt, daß bei der Regelung formeller Arbeitsbedingungen ein besonderes Bedürfnis nach einer auf die spezifischen Belange des jeweiligen Betriebs zugeschnittene normative betriebseinheitliche Gestaltung besteht, was - mit Ausnahme des Firmentarifvertrages - durch Regelungen der Tarifpartner häufig nicht zu erreichen sein wird. Aber auch dieses anzuerkennende Bedürfnis rechtfertigt keine teleologische Reduktion des § 77 Abs. 3 BetrVG auf materielle Arbeitsbedingungen. Die Sperrwirkung dieser Norm besteht nämlich nur dort, wo ein anwendbarer Tarifvertrag oder tarifübliche Regelungen existieren. Enthält der Tarifvertrag zu einer Materie aufgrund der betrieblichen Verhältnisse keine umfassende Regelung, sind für die Betriebspartner der Abschluß von Betriebsvereinbarungen zu dessen Ergänzung und Lückenausfüllung möglich. Sofern allerdings bei bloßer Tarifüblichkeit die einschlägige Tarifnorm eine Materie abschließend regelt, besteht für die Betriebspartner keine Möglichkeit zu einer betrieblich-kollektiven Regelung. Für die Arbeitnehmer hat dies zur Folge, daß sie bar jedes kollektiven Schutzes sind: Ein Tarifvertrag ist nicht in Kraft und der Abschluß einer Betriebsvereinbarung ist ausgeschlossen. Diese Folge des § 77 Abs. 3 BetrVG wirkt sich allerdings, worauf *Moll*[44] zu Recht hinweist, für die Arbeitnehmer am gravierendsten bei den materiellen Arbeitsbedingungen aus. Sie sind in Ermangelung kollektiver Vertretung auf ein individuelles Aushandeln der für sie grundlegenden Konditionen, wie z.B. Lohn, Urlaub, Arbeitszeit, mit dem Arbeitgeber angewiesen. Diese materiellen Arbeitsbedingungen sind für ihre Existenz bedeutsamer als Regelungen zum Betreten und Verlassen des Betriebs, des Abstellens von Privatfahrzeugen auf dem Firmengelände, der Benutzung von Wasch- und

---

[42] s. Fn 16

[43] LAG Berlin vom 15.6.1977 - 9 Ta BV 1/77 - DB 1978, 115, 116; P. Hanau, BB 1977, 350; Säcker, BB 1979, 1201, 1202

[44] Die Mitbestimmung des Betriebsrates beim Entgelt, S. 50

Umkleideräumen oder ähnlicher formeller Arbeitsbedingungen. Wenn jedoch der Tarifvorbehalt im wichtigen Bereich der materiellen Arbeitsbedingungen dem Schutzbedürfnis der Arbeitnehmer vorgeht und dieses unter bestimmten Voraussetzungen verdrängt, muß dies erst recht bei formellen Arbeitsbedingungen möglich sein. Für eine differenzierte Betrachtungsweise ist kein Raum.

Aus dem gleichen Grund ist auch eine Beschränkung der „sonstigen Arbeitsbedingungen" i.S.d. § 77 Abs. 3 BetrVG auf tarifliche Inhaltsnormen abzulehnen. Darüber hinaus ist eine Differenzierung zwischen Inhaltsnormen und anderen tarifvertraglichen Normen (betriebliche[45] und betriebsverfassungsrechtliche[46] Normen) kaum möglich und unzweckmäßig, weil viele der in Frage kommenden Tarifregelungen Doppelcharakter haben, also sowohl Inhaltsnormen als auch gleichzeitig betriebliche Normen sind. Einige Beispiele:

- Ein Einstellungsverbot ist im Verhältnis zu der Personengruppe, deren Einstellung verhindert werden soll, ein tarifliches Abschlußverbot und somit tarifliche Inhaltsnorm. Zudem kann es aber auch zum Schutz der Belegschaft oder Teilen davon erfolgen und wäre unter diesem Gesichtspunkt eine betriebliche Norm.

- Die gesamte Gruppe der sog. Systemnormen, die einen auf mehrere Arbeitnehmer bezogenen Maßstab aufstellen und dabei nach verschiedenen Kriterien wie z.B. Alter, Ausbildung, Tätigkeit usw. unterscheiden. Häufig findet sich dies bei Vergütungsordnungen (Eingruppierungssystem, Ruhegeldordnung). Diese sind Inhaltsnormen, aber meist auch Betriebsnormen, weil das jeweilige System betriebseinheitlich angewandt wird.

- Arbeitszeitregelungen sind Betriebsnormen, weil sie einheitlich für den gesamten Betrieb gelten, und gleichzeitig auch Inhaltsnormen.

Diese beispielhafte Aufzählung ließe sich beliebig fortsetzen. Die wenigen Beispiele zeigen jedoch bereits die Unpraktikabilität einer Unterscheidung zwischen Inhaltsnormen und sonstigen Tarifnormen im Rahmen des § 77 Abs. 3 BetrVG. Der entscheidende Gesichtspunkt ist allerdings auch hier, daß der

---

[45] Betriebsnormen regeln die betriebliche Ordnung (z.B. Torkontrollen), die Betriebsgestaltung, Maßnahmen des Schutzes oder der Fürsorge für die Belegschaft (z.B. Arbeitnehmerschutzeinrichtung), im Grunde alles, was üblicherweise betriebseinheitlich geregelt wird.

[46] Betriebsverfassung wird definiert als die Gesamtheit der Regeln über die Rechtsstellung der Arbeitnehmerschaft im Betrieb einschließlich ihrer Organe, ihrer Rechte und Pflichten und ihrer Stellung zum Arbeitgeber (Wiedemann/Stumpf, TVG § 1 Rn 248).

Normzweck des § 77 Abs. 3 BetrVG eine solche Unterscheidung gerade nicht gebietet.

II. Ergebnis

Zu den „sonstigen Arbeitsbedingungen“ i.S.d. § 77 Abs. 3 BetrVG zählen ohne Einschränkung alle Arbeitsbedingungen.

§ 4 Die tatbestandlichen Voraussetzungen des § 77 Abs. 3 BetrVG

A. Bestehen einer tarifvertraglichen Regelung

Im Unterschied zu seinem Vorgänger, dem § 59 BetrVG 1952, tritt die Sperrwirkung des § 77 Abs. 3 BetrVG nicht mehr allein bei Tarifüblichkeit ein, sondern bereits dann, wenn Arbeitsbedingungen (erstmals) durch Tarifvertrag geregelt sind.

I. Sperrwirkung nur innerhalb des Geltungsbereichs des Tarifvertrages

Eine tarifliche Regelung von Arbeitsbedingungen besteht, wenn der Betrieb bzw. die dort beschäftigten Arbeitnehmer unter den räumlichen, betrieblichen, fachlichen und persönlichen Geltungsbereich eines sich gegenwärtig in Kraft befindlichen Tarifvertrages fallen.[1]

Die Sperrwirkung bestehender tarifvertraglicher Regelungen greift somit ausschließlich im Rahmen des Geltungsbereichs des Tarifvertrages, denn nur dort aktualisieren die Tarifparteien ihre Regelungskompetenz und werden dann vor konkurrierenden betrieblichen Regelungen geschützt. Soweit sie allerdings selbst für bestimmte räumliche, fachliche oder persönliche Bereiche von ihrer Regelungsbefugnis keinen Gebrauch machen, bedarf es eines solchen Schutzes nicht und die Betriebspartner können sich der Materie annehmen.

1. Festlegung des Geltungsbereichs durch die Tarifparteien

Den Geltungsbereich des Tarifvertrages legen die Tarifvertragsparteien innerhalb ihrer Tarifzuständigkeit eigenverantwortlich nach ihrem tarifpolitischen Ermessen fest.[2] In Zweifelsfällen wird er - wie der gesamte Tarifvertragsinhalt auch - durch Auslegung des Tarifvertrages ermittelt[3], wobei hierfür die zur Tarifauslegung allgemein entwickelten Grundsätze[4] zur Anwendung gelangen. Im

---

1 BAG vom 21.12.1982 - 1 ABR 20/81 - DB 1983, 996; D/K/K - Berg, § 77 Rn 69; Braun, BB 1986, 1428, 1433; Brecht, § 77 Rn 25; Buchner, DB 1997, 573, 574; F/K/H/E, § 77 Rn 67; Galperin/Löwisch, § 77 Rn 78 ff.; Haug, BB 1986, 1921, 1927; v.Hoyningen-Huene/Meier-Krenz, NZA 1987, 793, 795; GK - Kreutz, § 77 Rn 81; Moll, Der Tarifvorrang, S. 40; Weiss/Weyand, § 77 Rn 31

2 Buchner, DB 1997, 573, 575; F/K/H/E, § 77 Rn 67; GK - Kreutz, § 77 Rn 82; Wiedemann/ Stumpf, TVG § 4 Rn 52

3 Buchner, wie vor; F/K/H/E, wie vor; GK - Kreutz, § 77 Rn 82; Wiedemann/ Stumpf, TVG § 4 Rn 46

4 s. hierzu Wiedemann/Stumpf, TVG § 1 Rn 397 ff.

Ergebnis ist es daher ohne Bedeutung, daß der herkömmlichen Unterscheidung nach räumlichen, betrieblichen, fachlichen und persönlichen Geltungsbereich in Tarifpraxis und Rechtswissenschaft z.T. ein unterschiedlicher Sinn beigemessen wird.[5] Entscheidend ist die Auslegung des Tarifvertrages und nicht die Terminologie.

2. Der räumliche Geltungsbereich des Tarifvertrages

In den räumlichen Bereich der Sperrwirkung eines Tarifvertrages bezog die Rechtsprechung zu § 59 BetrVG 1952 zunächst den gesamten Wirtschafts- und Gewerbezweig (z.B. Metallindustrie, Erzbergbau) auf dem Gebiet der Bundesrepublik Deutschland ein.[6] Ziel war es, durch eine weite Auslegung einen möglichst großen Bereich zu erfassen.

Heute besteht Einigkeit darüber, daß sich die Sperrwirkung auf den territorialen Raum beschränkt, für den Tarifvertrag abgeschlossen ist, d.h. auf dessen räumlichen Geltungsbereich.[7]

3. Der betriebliche Geltungsbereich des Tarifvertrages

Der betriebliche Geltungsbereich legt fest, für welche Unternehmen innerhalb eines Tarifgebietes der Tarifvertrag gelten soll. In Deutschland sind die Arbeitgeber und die Gewerkschaften meist nach Gewerbegruppen organisiert, so daß Branchentarifverträge die Regel sind, wie z.B. der Tarifvertrag für das Baugewerbe.

4. Der fachliche Geltungsbereich des Tarifvertrages

Der fachliche Geltungsbereich regelt, für welche Arbeitnehmergruppen innerhalb eines Betriebes der Tarifvertrag gelten soll. Es handelt sich um eine Konkretisierung des dem Tarifvertrag unterfallenden Personenkreises, z.B. Arbeiter, kaufmännische oder technische Angestellte, Teilzeitbeschäftigte, Aushilfskräfte, Auszubildende, Akkordarbeiter, Montage-Arbeiter usw.

---

5 s. hierzu Wiedemann/Stumpf, TVG § 4 Rn 44 f.

6 BAG vom 6.12.1963 - 1 ABR 7/63 - AP Nr. 23 zu § 59 BetrVG 1952; BAG vom 1.2.1963 - 1 ABR 6/61 - AP Nr. 8 zu § 59 BetrVG 1952; BAG vom 6.3.1958 - 2 AZR 230/57 - AP Nr. 1 zu § 59 BetrVG 1952

7 BAG vom 27.1.1987 - 1 ABR 66/85 - AP Nr. 42 zu § 99 BetrVG 1972; BAG vom 21.12.1982 - 1 ABR 20/81 - DB 1983, 996; D/K/K - Berg, § 77 Rn 69; F/K/H/E, § 77 Rn 67; H/S/G, § 77 Rn 140; Wiedemann/Stumpf, TVG § 4 Rn 57

5. Der persönliche Geltungsbereich des Tarifvertrages

Der persönliche Geltungsbereich konkretisiert ebenfalls den Personenkreis, auf den sich der Tarifvertrag erstreckt, in dem einzelne Personen von der Geltung des Tarifvertrages ausgenommen oder für dessen Geltung an die Arbeitnehmer gewisse Erfordernisse gestellt werden. Es geht dabei nicht um Merkmale, die in der Eigenart der betrieblichen Arbeit begründet sind, sondern um eine besondere Behandlung einzelner Personen oder Personengruppen aus ausschließlich personenbezogenen Kriterien, wie z.B. Alter, Familienstand, Geschlecht, Schwerbehinderung, Wohnsitz usw. Sieht der Tarifvertrag keine derartigen personenbezogenen Kriterien vor, decken sich im Ergebnis der fachliche und der persönliche Geltungsbereich.

6. Abgrenzung zwischen Geltungsbereich und Tarifgebundenheit

Der Geltungsbereich eines Tarifvertrages ist streng von der Tarifgebundenheit zu unterscheiden, was bereits aus § 4 Abs. 1 TVG folgt.

Die Tarifgebundenheit bezeichnet den Personenkreis, für den die Tarifvertragsparteien verbindliche Regelungen treffen können.[8] So legitimiert der einzelne Arbeitgeber durch seinen Beitritt zum Arbeitgeberverband diesen, für ihn verbindliche Regelungen zu vereinbaren. Die Tarifgebundenheit des Arbeitgebers folgt aus seiner Mitgliedschaft im Arbeitgeberverband, die der Arbeitnehmer aus ihrer Gewerkschaftszugehörigkeit.

Der Geltungsbereich legt hingegen fest, auf welche Rechtsverhältnisse sich ein konkreter Tarifvertrag tatsächlich erstreckt. Mit der Festlegung des Geltungsbereichs üben die Tarifvertragsparteien bereits die ihnen von ihren Mitgliedern eingeräumte Normsetzungskompetenz aus.

7. Abgrenzung des Geltungsbereichs von der Tarifzuständigkeit

Der Geltungsbereich ist ebenfalls von der Tarifzuständigkeit zu trennen.

Die Tarifzuständigkeit umreißt den Geschäftsbereich, innerhalb dessen eine Tarifvertragspartei zu einer verbindlichen Normsetzung legitimiert ist. Sie legt den äußersten tariflichen Geltungsbereich in räumlicher, betrieblicher, fachlicher und persönlicher Hinsicht fest.[9]

---

8 Wiedemann/Stumpf, TVG § 4 Rn 49

9 Wiedemann/Stumpf, TVG § 2 Rn 25

Der Geltungsbereich legt fest, für welchen Teil des Geschäftsbereichs die Tarifvertragsparteien von ihrer Normsetzungsbefugnis Gebrauch gemacht haben.

II. Tarifgebundenheit des Arbeitgebers

1. Die Rechtsprechung und h.M.

Nach der Rechtsprechung[10] und der weit überwiegenden Meinung im Schrifttum ist für das Eingreifen der Sperrwirkung nicht Voraussetzung, daß der Arbeitgeber tarifgebunden ist.[11]

a) Normzweck erfordert keine Tarifgebundenheit

Zutreffend wird dies mit dem Normzweck des § 77 Abs. 3 BetrVG begründet. Die Norm soll die durch Art. 9 Abs. 3 GG verfassungsrechtliche gewährleistete Tarifautonomie vor einer Beeinträchtigung oder gar Aushöhlung durch konkurrierende betrieblich-kollektive Regelungen schützen und ein leistungsfähiges und attraktives tarifautonomes Handlungssystem gewährleisten. Es geht um die Sicherung der ausgeübten und aktualisierten Tarifautonomie.[12] Deshalb räumt § 77 Abs. 3 BetrVG den Tarifpartnern eine Normsetzungsprärogative ein. Es soll vorrangig ihre Aufgabe sein, Arbeitsbedingungen kollektiv-rechtlich zu

---

10 BAG vom 24.1.1996 - 1 AZR 597/95 - AP Nr. 8 zu § 77 BetrVG 1972 Tarifvorbehalt

11 D/K/K - Berg, § 77 Rn 69; Bichler, DB 1979, 1939, 1940; Boewer, DB 1973, 522, 526; Braun, BB 1986, 1428, 1433; Brecht, § 77 Rn 25; Buchner, DB 1997, 573; Däubler, Gewerkschaftsrecht im Betrieb, S. 182; F/K/H/E, § 77 Rn 68; Fischer, Anm. zu BAG vom 24.1.1996; ders., Die tarifwidrigen Betriebsvereinbarungen, S. 203; v.Friesen, DB 1980, Beilage Nr. 1 S. 14; Galperin/Löwisch, § 77 Rn 81; Grunsky, DB 1990, 526; H/S/G, § 77 Rn 141; ErfK - Hanau/Kania, § 77 Rn 49; v.Hoyningen-Huene/Meier-Krenz, NZA 1987, 793, 795; Kempen/Zachert, TVG Grundl. Rn 255 u. 267; Konzen, BB 1977, 1307, 1311; Lederer, Das Initiativrecht des Betriebsrats in Lohnfragen, S. 66; Linnenkohl, BB 1994, 2077, 2078; Löwisch, § 77 Rn 49; ders., AuR 1978, 97, 107; MünchArbR - Matthes, § 318 Rn 66; Moll, Der Tarifvorrang, S. 41 f.; ders. Anm. zu BAG vom 29.1.1996; Veit, Die funktionelle Zuständigkeit des Betriebsrats, S. 226; Wank, RdA 1991, 129, 133; Weiss/Weyand, § 77 Rn 31; Wiedemann/Stumpf, TVG § 4 Rn 291; Wlotzke, § 77 III 2 c; Zöllner/Loritz, § 46 II 6 b
a.A.: Barwasser, DB 1975, 2275; Ehmann/Schmidt, NZA 1995, 193, 196; Fabricius, RdA 1973, 175, 176; Feudner, DB 1993, 2231, 2232; GK - Kreutz, § 77 Rn 83; Richardi, § 77 Rn 244; Schaub, § 231 II 5 d

12 s. S. 15 ff.

regeln. Die Betriebsräte sollen nicht zu Ersatzpartnern und die Betriebsvereinbarung nicht zum Ersatztarifvertrag für Nichtorganisierte oder zum Zusatzvertrag für überbetriebliche Leistungen werden können. Damit dient § 77 Abs. 3 BetrVG gleichzeitig auch der Erhaltung und Stärkung der Funktionsfähigkeit der Koalitionen.[13]

Die Funktionsfähigkeit der Tarifautonomie wird auch dann beeinträchtigt, wenn den nicht tarifgebundenen Arbeitgebern die Möglichkeit eingeräumt wird, für ihren Betrieb kollektiv-rechtliche Regelungen in Form von Betriebsvereinbarungen zu schaffen, die dann in Konkurrenz zu den tariflichen Regelungen stehen. In solchen Fällen werden die Betriebsräte zu Ersatztarifpartnern, was gerade durch § 77 Abs. 3 BetrVG verhindert werden soll. Die Attraktivität der Koalitionen und die Überzeugung innerhalb der Arbeitnehmerschaft und der Arbeitgeber von deren Nützlichkeit muß zwangsläufig schwinden, wenn es den nicht tarifgebundenen Arbeitgebern möglich ist, durch Betriebsvereinbarungen für die Arbeitnehmer gegenüber der tarifvertraglichen Regelung günstigere Arbeitsbedingungen zu schaffen oder eventuell mühsam erkämpfte tarifliche Errungenschaften per Betriebsvereinbarung zu übernehmen.

F/K/H/E[14] sehen bei der Beschränkung der Sperrwirkung des § 77 Abs. 3 BetrVG auf tarifgebundene Arbeitgeber die Funktionsfähigkeit der Tarifautonomie bedroht, weil dies die Gefahr heraufbeschwöre, daß für die Arbeitgeber ein Anreiz geschaffen werde, aus den Arbeitgeberverbänden auszuscheiden, um nach Ablauf der Tarifbindung gemäß § 3 Abs. 3 TVG mit dem Betriebsrat Arbeitsbedingungen normativ durch Betriebsvereinbarung regeln zu können. Diese Gefahr hat sich bereits in der Praxis realisiert, was daran deutlich wird, daß nicht nur die Gewerkschaften unter erheblichem Mitgliederschwund leiden, sondern auch die Meldungen über Verbandsaustritte der Arbeitgeber zunehmen. Im Schrifttum wird bereits über die sich für die Betriebspartner nach einem Austritt des Arbeitgebers aus dem Arbeitgeberverband ergebenden Chancen gestritten.[15] Selbst *Ehmann/Schmidt*[16] als Vertreter der M.M., die eine Tarifgebundenheit des Arbeitgebers fordert, konstatieren, daß die Arbeitgeber mit großer Zahl ihre Verbände verlassen, um „damit aus den Tarifverträgen zu flüchten". Daß dies negative Auswirkungen auf die Leistungsfähigkeit und Attraktivität des Tarifsystems hat, ist evident.

---

[13] s. S. 17 ff.

[14] § 77 Rn 68

[15] Siehe hierzu z.B. die Kontroverse zwischen Krauss, DB 1995, 1562; DB 1996, 528 f. und Hoß/Liebscher, DB 1995, 2525 ff.; DB 1996, 529 f.

[16] NZA 1995, 193, 194

b) Üblichkeit entfaltet bereits Sperrwirkung

Die h.M. kann als weiteres Argument anführen, daß im Fall des Fehlens einer tarifvertraglichen Regelung bereits deren Üblichkeit die Sperrwirkung entfaltet.[17] Unabhängig von der konkreten Geltung einer Tarifnorm auf ein bestimmtes Arbeitsverhältnis ist der Abschluß von Betriebsvereinbarungen schon dann nicht möglich, wenn bei unterstellter Tarifbindung die tarifliche Regelung einschlägig wäre. Bei dieser zweiten Alternative des § 77 Abs. 3 BetrVG - Üblichkeit - ist also eine Tarifbindung gerade nicht erforderlich. Dieser Fakt ist auch bei der Auslegung der ersten Alternative - Bestehen einer tariflichen Regelung - zu berücksichtigen. Für eine unterschiedliche Beurteilung ist kein Raum.

2. Die Mindermeinung

Innerhalb der M.M. finden sich verschiedene Begründungen:

a) Erfordernis einer restriktiven Interpretation der Tarifüblichkeit

Feudner[18] und *Kreutz*[19] halten eine restriktive Interpretation des Begriffs der Tarifüblichkeit für erforderlich, weil im Unterschied zu § 59 BetrVG 1952, bei dem der Tarifüblichkeit zentrale Bedeutung im Sperrtatbestand zukam, bei § 77 Abs. 3 BetrVG die Sperrwirkung bereits bei der erstmaligen Regelung von Arbeitsbedingungen eingreift. Die jetzige Formulierung weise „klar"[20] darauf hin, daß das Merkmal der Tarifüblichkeit nur mehr Auffangcharakter im Tatbestand des § 77 Abs. 3 BetrVG habe. Der Vorrang einer bindenden Tarifregelung sei „eindeutig"[21] betont; die Tarifüblichkeit sperre nur noch subsidiär. Deshalb sei sie heutzutage im Lichte und im Kontext zur tariflichen Regelung zu bestimmen. Aus der jetzigen Fassung des § 77 Abs. 3 BetrVG sei daher zu schließen, daß Tarifüblichkeit dann vorliege, wenn der fragliche Betrieb mindestens einmal in einen Tarifvertrag eingebunden war und davon auszugehen sei, daß die Tarifpartner auch zukünftig diese Arbeitsbedingungen wieder tarifvertraglich regeln werden, was wiederum nur im Zeitraum nach Ablauf eines Tarifvertrages der Fall sein könne, in dem dessen Normen gem. § 4 Abs. 5 TVG nur noch kraft Nachwirkung gelten. Bei dieser notwendigen engen Auslegung des Begriffs der

---

17 So v.Hoyningen-Huene/Meier-Krenz, NZA 1987, 793, 795; Wank, RdA 1991, 129, 133

18 DB 1993, 2231 f.

19 GK - Kreutz, § 77 Rn 95

20 Feudner, DB 1993, 2231

21 Feudner, wie vor

Tarifüblichkeit könne die Sperrwirkung für Betriebsvereinbarungen bei nicht tarifgebundenen Arbeitgebern von vornherein nicht greifen.[22]

Diese Begründung *Feudners* überzeugt in mehrfacher Hinsicht nicht:

Bereits ihre Prämisse, aus der Formulierung des § 77 Abs. 3 BetrVG ergebe sich lediglich ein subsidiärer Auffangtatbestand für das Kriterium der Tarifüblichkeit ist - vorsichtig formuliert - gewagt. Auch die Unbestreitbarkeit suggerierende Wortwahl *Feudners* („klar", „eindeutig") ersetzt keine nachvollziehbare Begründung, sondern deutet eher eine gewisse Unsicherheit an. Mit Fundstellen aus dem Gesetzgebungsverfahren können weder *Feudner* noch *Kreutz* ihre These belegen. Intention des Gesetzgebers kann es zumindest genauso gut gewesen sein, die vorrangige Regelungskompetenz der Tarifpartner zu stärken, indem nunmehr nicht nur tarifübliche Regelungen die Zulässigkeit von Betriebsvereinbarungen ausschließen, sondern es für die Sperrwirkung bereits ausreicht, wenn Arbeitsbedingungen erstmals durch Tarifvertrag geregelt werden. Dem Wortlaut des § 77 Abs. 3 BetrVG ist ein abgestuftes Verhältnis zwischen tariflicher und tarifüblicher Regelung jedenfalls nicht zu entnehmen. Beide Alternativen stehen dem Wortlaut nach gleichrangig nebeneinander. Von einer geringeren Bedeutung der Tarifüblichkeit kann keine Rede sein. Diese Einschätzung wird dadurch bestätigt, daß vom Bundesverfassungsgericht die Tarifüblichkeit sogar zur Bestimmung der Intensität des durch Art. 9 Abs. 3 GG für koalitionsmäßige Betätigungen gewährten Grundrechtsschutzes herangezogen wird. In seinem Beschluß vom 24.4.1996[23] hat das Bundesverfassungsgericht hierzu folgendes ausgeführt: *„Der Grundrechtsschutz ist nicht für alle koalitionsmäßigen Betätigungen gleich intensiv. Die Wirkkraft des Grundrechts nimmt vielmehr in dem Maße zu, in dem eine Materie aus Sachgründen am besten von den Tarifvertragsparteien geregelt werden kann. ... Die sachliche Nähe einer Materie im Bereich von Arbeits- und Wirtschaftsbedingungen zur Tarifautonomie wird äußerlich an dem Umfang erkennbar, in dem die Tarifvertragsparteien in der Praxis von ihrer Regelungsmacht Gebrauch machen. Nicht ohne Grund knüpft der Gesetzgeber in der bereits genannten Bestimmung des Betriebsverfassungsgesetzes[24] an die Tarifüblichkeit an."*

Moll[25] weist zutreffend darauf hin, daß bei einer Beschränkung der Sperrwirkung auf tarifgebundene Arbeitgeber die Tatbestandsalternative Üblichkeit auf einen marginalen und zudem praktisch bedeutungslosen Anwendungsbereich reduziert würde, nämlich auf den auch von *Feudner* und *Kreutz*

---

[22] Feudner, DB 1993, 2231, 2232

[23] - 1 BvR 712/86 - BB 1996, 1835

[24] Der Verfasser: Gemeint ist § 77 Abs. 3 BetrVG

[25] Anm. zu BAG (29.1.1996)

geschilderten Fall, daß eine tarifliche Regelung fehlt, weil die Tarifnorm im Zeitpunkt der Nachwirkung (§ 4 Abs. 5 TVG) keine zwingende Wirkung hat. Wird ein neuer Tarifvertrag geschlossen, so entfällt die Wirkung einer möglicherweise in diesem Zeitraum geschlossenen Betriebsvereinbarung unstreitig zumindest nachträglich wegen der dann wieder vorliegenden Tatbestandsalternative des Bestehens einer tariflichen Regelung. Folgt auf einen ausgelaufenen Tarifvertrag keine neue tarifvertragliche Regelung mehr, wäre fraglich, ob überhaupt noch eine Tarifüblichkeit besteht. Erst der Verzicht auf eine Tarifbindung des Arbeitgebers hat zur Folge, daß sich für die Tatbestandsalternative der Tarifüblichkeit überhaupt ein sinnvoller und bedeutender Anwendungsbereich ergibt. Dem Gesetzgeber kann nur wegen des gegenüber dem § 59 BetrVG 1952 geänderten Wortlauts des § 77 Abs. 3 BetrVG und der Einfügung der Alternative des Bestehens einer tariflichen Regelung nicht unterstellt werden, daß er dies verhindern wollte.

b) Interessenkonflikte bei fehlender Tarifbindung ausgeschlossen

Häufig findet sich innerhalb der M.M. das Argument, bei fehlender Tarifbindung im Betrieb sei ein Interessenkonflikt zwischen Betriebsrat und Gewerkschaft nicht zu befürchten und die betrieblichen Partner könnten mit denen der überbetrieblichen Ebene gar nicht konkurrieren, so daß der Normzweck des § 77 Abs. 3 BetrVG nicht berührt werde. Zum Schutz der Arbeitnehmer eines nicht tarifgebundenen Betriebes sei es im Gegenteil geradezu geboten, daß die Möglichkeit der normativen kollektiv-rechtlichen Regelung von Arbeitsbedingungen durch die Betriebspartner in vollem Umfang eröffnet wird. Ansonsten wären die Arbeitnehmer solcher Betriebe auf individualvertragliche Vereinbarungen mit dem Arbeitgeber angewiesen oder müßten, sofern der Arbeitgeber tarifgebunden ist, der jeweiligen Gewerkschaft beitreten, wenn sie ihre Arbeitsbedingungen kollektiv-rechtlich geregelt haben und kollektiven Schutz genießen möchten. Ebenso müßte umgekehrt der Arbeitgeber, der kollektivrechtliche Vereinbarungen wünscht, zwangsläufig im jeweiligen Arbeitgeberverband Mitglied werden, damit er zumindest zusammen mit seinen gewerkschaftlich organisierten Arbeitnehmern einem Tarifvertrag unterliegt. Dadurch würde ein nicht unerheblicher psychischer Druck bezüglich eines Beitritts zu den Koalitionen auf die Arbeitnehmer und Arbeitgeber ausgeübt, was die Frage aufwerfe, ob dies mit Art. 9 Abs. 3 GG in Ausprägung der negativen Koalitionsfreiheit noch vereinbar sei.[26]

[26] Barwasser, DB 1975, 2275; Ehmann/Schmidt, NZA 1995, 193, 196; Feudner, DB 1993, 2231, 2232

Richtig ist, daß in nicht tarifgebundenen Betrieben keinerlei kollektiv zwingenden Normen gelten; mangels Tarifbindung des Arbeitgebers keine Tarifnormen und wegen der Sperrwirkung des § 77 Abs. 3 BetrVG auch keine Betriebsvereinbarungen. Dies wird jedoch vom Gesetzgeber zum Schutz der Tarifautonomie in Kauf genommen. Die Argumentation der M.M. wäre allenfalls dann schlüssig, wenn die Koalitionsfreiheit des Art. 9 Abs. 3 GG die Bereitstellung des normativ wirkenden Gestaltungsmittels Betriebsvereinbarung für Nichtorganisierte geböte. Dies ist jedoch nicht der Fall. Zwar sind auch Koalitionen, die keine Gewerkschaften sind, durch Art. 9 Abs. 3 GG geschützt. Der Betriebsrat - als eine Partei der Betriebsvereinbarung - ist aber bereits keine Koalition i.S.d. Art. 9 Abs. 3 GG und damit auch der Abschluß von Betriebsvereinbarungen als mögliche koalitionsspezifische Tätigkeit nicht verfassungsrechtlich geschützt. Entsprechend dem allgemeinen Vereinigungsbegriff[27] kommen hierfür nur frei gebildete privatrechtliche Koalitionen in Betracht.[28] Darüber hinaus werden in ständiger Rechtsprechung des Bundesverfassungsgerichts als weitere Merkmale des Koalitionsbegriffs die Gegnerfreiheit, die Gegnerunabhängigkeit, soziale Mächtigkeit und Überbetrieblichkeit gefordert.[29] Diese Voraussetzungen erfüllt der Betriebsrat nicht. Zum einen fehlt ihm die überbetriebliche Organisation. Zum anderen mangelt es an einem freiwilligen privatrechtlichen Zusammenschluß. Zwischen dem Betriebsrat und dem einzelnen Arbeitnehmer sowie der Belegschaft insgesamt bestehen keine schuldrechtlichen oder sonstigen Dauerrechtsbeziehungen. Von einzelnen, im BetrVG konkret geregelten Ansprüchen und Antragsrechten der Arbeitnehmer oder der Belegschaft gegenüber dem Betriebsrat abgesehen (z.B. § 82 Abs. 2; § 83 Abs. 1 S. 2; § 85 Abs. 1; § 99 Abs. 1 S. 3), beschränken sich die Beziehungen auf das dem Betriebsrat erteilte betriebsverfassungsrechtliche Mandat (Wahlverhältnis), was die Belegschaft allerdings nicht dazu berechtigt, vom Betriebsrat ein be-

[27] Zusammenschluß natürlicher oder juristischer Personen, der auf Dauer angelegt ist, auf der Basis der Freiwilligkeit erfolgt, zur Verfolgung eines gemeinsamen Zwecks konstituiert ist und eine organisierte Willensbildung aufweist (Bonner Kommentar - Löwer, Art. 74 Nr. 3 Rn 24; v.Münch-Kunig, Art. 9 Rn 24; § 2 Abs. 1 Vereinsgesetz).

[28] v.Münch-Kunig-Löwer, Art. 9 Rn 62

[29] BVerfG vom 20.10.1981 - 1 BvR 404/78 - BVerfGE, 58, 233, 247; BVerfG vom 1.3.1979 - 1 BvR 532, 533/77, 419/78, 1 BvL 21/78 - BVerfGE, 50, 290, 368; BVerfG vom 26.2.1964 - 1 BvR 79/62 - BVerfGE, 18, 18, 28; BVerfG vom 18.11.1954 - 1 BvR 629/52 - BVerfGE, 4, 96, 106;
so auch die gesetzliche Regelung zur Tariffähigkeit im Vertrag über die Schaffung einer Währungs-, Wirtschafts- und Sozialunion zwischen der BRD und der DDR vom 18.5.1990, Abschnitt A.III 2. des gemeinsamen Protokolls über die Leitsätze. Darin heißt es, daß tariffähige Gewerkschaften und Arbeitgeberverbände frei gebildet, gegnerfrei, auf überbetrieblicher Grundlage organisiert und unabhängig sein müssen.

stimmtes Handeln zu verlangen. Dieser nimmt die ihm nach dem BetrVG zustehenden Rechte als eigene Rechte in eigenem Namen wahr. Die Arbeitnehmer sind allein durch ihre Betriebszugehörigkeit der Tätigkeit des Betriebsrates unterworfen. Sie können sich diesem nicht entziehen, selbst wenn sie es wollten. Zwischen dem Betriebsrat und dem Arbeitgeber geschlossene Betriebsvereinbarungen wirken unmittelbar und zwingend (§ 77 Abs. 4 S. 1 BetrVG) auf die Arbeitsverhältnisse ein. Die Arbeitnehmer können auch nicht autonom auf die ihnen durch eine Betriebsvereinbarung eingeräumten Rechte verzichten. Ein Verzicht bedarf vielmehr gemäß § 77 Abs. 4 S. 2 BetrVG der Zustimmung des Betriebsrats.

Die weitere These der M.M., in nicht tarifgebundenen Betrieben könnten die betrieblichen Partner mit den überbetrieblichen nicht konkurrieren, berücksichtigt nicht, daß § 77 Abs. 3 BetrVG keine Kollisionsnorm rivalisierender Zuständigkeiten ist.[30] Des weiteren ist sie auch unzutreffend. Die Attraktivität der Koalitionen würde, wie bereits dargelegt, durch die Möglichkeit des Abschlusses betrieblich-kollektiver Regelungen sehr wohl beeinträchtigt.

Schließlich darf nicht außer Acht gelassen werden, daß stets der Abschluß von Firmentarifverträgen als kollektives Gestaltungsmittel zur Verfügung steht und die Tarifpartner durch entsprechende tarifliche Öffnungsklauseln ergänzende Betriebsvereinbarungen zulassen können, wenn betriebsspezifische Regelungen notwendig erscheinen.

3. Zusammenfassung

Zusammenfassend bleibt festzuhalten, daß eine Tarifgebundenheit des Arbeitgebers nicht erforderlich ist. Entgegen der Auslegung durch *v.Hoyningen-Huene*[31] hat das BAG in seiner Entscheidung vom 23.6.1992[32] keine Tarifbindung des Arbeitgebers zur Auslösung der Sperrwirkung des § 77 Abs. 3 TVG gefordert. Es hat sich mit dieser Frage überhaupt nicht befaßt, sondern bereits aufgrund der von ihm vertretenen Vorrangtheorie[33] die Anwendbarkeit des Tarifvorbehalts des § 77 Abs. 3 BetrVG auf die obligatorischen Mitbestimmungsrechte des § 87 Abs. 1 BetrVG verneint. Für die Anwendbarkeit des Tarifvorrangs des § 87 Abs. 1 Einleitungssatz BetrVG hat er dann zumindest die Tarifgebundenheit des Arbeitgebers gefordert, was jedoch nicht die Schlußfolgerung rechtfertigt, dies müsse nach Auffassung des BAG auch bei § 77 Abs. 3 BetrVG

[30] s. S. 4 Fn 6
[31] DB 1994, 2026, 2027 f.
[32] - 1 ABR 9/92 - AP Nr. 55 zu § 77 BetrVG 1972
[33] s. hierzu S. 76 ff.

der Fall sein. Das hier gefundene Ergebnis steht somit nicht im Widerspruch zur Rechtsprechung des BAG.

III. Tarifgebundenheit der/des Arbeitnehmer(s) nicht erforderlich

Für die Sperrwirkung des § 77 Abs. 3 BetrVG ist es aus den o.g. Gründen nicht notwendig, daß die unter den Geltungsbereich des Tarifvertrages fallenden Arbeitnehmer tarifgebunden sind.[34] Es fällt auf, daß dies selbst von einem Großteil derjenigen, die die Tarifgebundenheit des Arbeitgebers für erforderlich erachten, nicht gefordert wird[35], wobei man vergeblich nach einer Begründung für die unterschiedliche Behandlung sucht. Die Differenzierung mag darin begründet sein, daß man die Arbeitgeber für nicht so schutzbedürftig hält wie die Arbeitnehmer. Sie ist jedenfalls inkonsequent und unterstreicht die Angreifbarkeit der von der M.M. eingenommenen Position zur Tarifgebundenheit des Arbeitgebers.

IV. Der Firmentarifvertrag

1. Rechtsprechung und h.L.: Firmentarifvertrag löst Sperrwirkung aus

Nach der ganz h.L.[36] lösen nicht nur Verbandstarifverträge, sondern auch Firmentarifverträge, die von der Gewerkschaft nicht mit einem Arbeitgeberverband, sondern mit einzelnen Arbeitgebern für deren gesamtes Unternehmen oder für einzelne Betriebe geschlossen werden, die Sperrwirkungen des § 77 Abs. 3 BetrVG aus. Auch das BAG teilt diese Auffassung, wie die Entscheidungen vom 27.1.1987[37] und 21.12.1982[38] zeigen.

Im ersten Fall hatte die Frauenhofer-Gesellschaft zur Förderung der angewandten Forschung e.V. (im folgenden FhG) ihren Antrag, die vom Betriebsrat verweigerte Zustimmung zur Eingruppierung einer wissenschaftlichen Mit-

---

[34] Kempen/Zachert, TVG Grundl. Rn 268; Moll, Der Tarifvorrang, S. 42; sowie alle übrigen in Fn 11 genannten Autoren, die keine Tarifgebundenheit des Arbeitgebers verlangen

[35] Ehmann/Schmidt, NZA 1995, 193, 196; GK - Kreutz, § 77 Rn 83; Richardi, § 77 Rn 245

[36] D/K/K - Berg, § 77 Rn 69; F/K/H/E, § 77 Rn 70; GK - Kreutz, § 77 Rn 85; MünchArbR - Matthes, § 318 Rn 67; Moll, Der Tarifvorrang, S. 40; Richardi, § 77 Rn 42; Wiedemann/Stumpf, TVG § 4 Rn 297
a.A.: H/S/G, § 77 Rn 145; Erdmann/Jürging/Kammann, § 77 Rn 57

[37] - 1 ABR 66/85 - AP Nr. 42 zu § 99 BetrVG 1972

[38] - 1 ABR 20/81 - DB 1983, 996

arbeiterin in eine bestimmte Vergütungsgruppe durch Gerichtsbeschluß zu ersetzen, u.a damit begründet, daß ein Mitbestimmungsrecht des Betriebsrates auch nach § 77 Abs. 3 BetrVG ausgeschlossen sei, weil die Vergütung ihrer Angestellten üblicherweise durch Tarifvertrag geregelt werde. Das BAG hatte diese Behauptung geprüft und dabei festgestellt, daß zwar keine Verbandstarifverträge mangels Zusammenschluß der privaten Forschungseinrichtungen zu einem Arbeitgeberverband existierten, im Bereich der privaten Forschungseinrichtungen jedoch Firmentarifverträge bestanden, die von einzelnen Forschungseinrichtungen mit den zuständigen Gewerkschaften abgeschlossen worden waren. Das BAG hat im Ergebnis eine übliche tarifliche Regelung "nur" deshalb verneint, weil die FhG nicht zu diesen Forschungseinrichtungen gehörte („Tarifverträge, von deren Geltungsbereich die FhG bei angenommener Tarifbindung erfaßt würde, bestehen aber nicht. Damit steht eine tarifliche Regelung dem Mitbestimmungsrecht des Betriebsrates bei der Änderung der Vergütungsordnung nicht entgegen"[39]). Mit anderen Worten: Wenn die FhG einen Firmentarifvertrag mit der zuständigen Gewerkschaft geschlossen hätte, wäre dies zur Auslösung der Sperrwirkung grundsätzlich - natürlich müssen die übrigen Voraussetzungen des § 77 Abs. 3 BetrVG vorliegen - ausreichend gewesen. Eines Verbandstarifvertrages hätte es hierfür nach Auffassung des BAG nicht bedurft.

Im zweiten Fall[40] hatte die Antragstellerin die Feststellung der Nichtigkeit eines Spruchs der Einigungsstelle beantragt, der die Antragstellerin verpflichtete, zu einem konkreten Datum die bargeldlose Lohn- und Gehaltszahlung einzuführen und den Arbeitnehmern zum Ersatz von Kontoführungsgebühren eine monatliche Pauschale zu zahlen. Für die Betriebe der Antragstellerin bestanden Firmentarifverträge. Das BAG lehnte die Anwendung des § 77 Abs. 3 BetrVG mit der Begründung ab, daß diese Firmentarifverträge - dies war unstreitig - keine Regelung über die Zahlung der Arbeitsvergütung enthielten und für die Frage der Geltung oder Üblichkeit einer tariflichen Regelung i.S.d. § 77 Abs. 3 BetrVG ausschließlich auf diese Firmentarifverträge abzustellen sei, und nicht etwa auf andere Tarifverträge, die nach ihrem Geltungsbereich die Betriebe der Antragstellerin nicht erfassen würden.

Diese etwas ausführlichere Wiedergabe der BAG-Entscheidungen scheint geboten, weil sie in der Literatur für die hier zu entscheidende Frage des Ausreichens eines Firmentarifvertrages offenbar nicht wahrgenommen werden. Le-

---

[39] III 4 b der Entscheidungsgründe

[40] BAG vom 21.12.1982, s. Fn 38

diglich *Matthes*[41] verweist in einer Fußnote zumindest auf die Entscheidung des BAG vom 21.12.1982.

Das BAG und die h.L. können sich auf den Wortlaut des § 77 Abs. 3 BetrVG stützen, der allgemein von Tarifverträgen spricht und keine Ausnahme für Firmentarifverträge macht.

2. M.M.: Firmentarifvertrag nicht ausreichend

H/S/G[42] sind der Ansicht, daß der Sinn und Zweck des § 77 Abs. 3 BetrVG eine Auslegung entgegen dem Wortlaut und die Herausnahme der Firmentarifverträge erfordert. Bei Einbeziehung der Firmentarifverträge würde lediglich das den Gewerkschaften eingeräumte Normsetzungsmonopol gewahrt, den Arbeitgeberverbänden jedoch ihre Monopolstellung entzogen und diese statt dessen einer verstärkten Konkurrenz der einzelnen Arbeitgeber durch Firmentarifverträge ausgesetzt, was wiederum die überbetriebliche Ordnung der Arbeitsbedingungen zerstören würde. Dem ist nicht zuzustimmen, weil der Normzweck des § 77 Abs. 3 BetrVG gerade nicht in der Erhaltung einer überbetrieblichen Ordnung besteht[43], sondern dem Schutz der ausgeübten und aktualisierten Tarifautonomie. Dieser Normzweck gebietet jedoch keine Auslegung entgegen dem Wortlaut.

Neuerdings wird im Schrifttum teilweise[44] auch *v.Hoyningen-Huene*[45] als Vertreter der M.M. genannt. Dies ist jedoch bei genauer Analyse seiner Ausführungen nicht der Fall. Zunächst[46] hält er fest, daß die von ihm für das Verhältnis von Betriebsvereinbarungen zum Verbandstarifvertrag entwickelten Grundsätze - ob diese richtig oder falsch sind bedarf für die hier in Rede stehende Frage der Gleichstellung von Verbandstarifvertrag und Firmentarifvertrag keiner Bewertung - an sich auch im Verhältnis von Betriebsvereinbarung zum Firmentarifvertrag, der mittelbar in § 2 Abs. 1 TVG gleichwertig genannt werde, gelten. So sei grundsätzlich eine Betriebsvereinbarung und damit auch die Übernahme des Firmentarifvertrages in den Angelegenheiten ausgeschlossen, die in dem Firmentarifvertrag geregelt sind. Somit differenziert auch *v.Hoyningen-Huene* allgemein nicht zwischen Verbands- und Firmentarifvertrag. Er vertritt dann[47] al-

41 MünchArbR - Matthes, § 318 Fn 75
42 § 77 Rn 145
43 s. hierzu S. 5 ff., 10
44 D/K/K - Berg, § 77 Rn 69; F/K/H/E, § 77 Rn 70
45 DB 1994, 2026, 2031
46 DB 1994, 2026, 2031 linke Spalte
47 DB 1994, 2026, 2031 rechte Spalte

lerdings die These, daß der Abschluß eines Firmentarifvertrages als solcher inzident stets eine ausdrückliche Öffnungsklausel i.S.v. § 77 Abs. 3 BetrVG darstelle, die den Abschluß von Betriebsvereinbarungen ermögliche, insbesondere auch die Übernahme eines Firmentarifvertrages durch eine Betriebsvereinbarung. Schließlich spricht er den Tarifpartnern aber wiederum das Recht zu, dies durch eine entsprechende Sperrklausel auszuschließen.[48] Jedenfalls dann besteht auch nach *v.Hoyningen-Huene* kein Unterschied zwischen einem solchen Firmentarifvertrag und einem Verbandstarifvertrag. Beide können in gleichem Maße die Sperrwirkung auslösen.

V. Repräsentatitivät der tariflichen Ordnung für den Geltungsbereich nicht Voraussetzung der Sperrwirkung

Anders als § 59 BetrVG 1952 greift die Sperrwirkung des § 77 Abs. 3 BetrVG nicht nur bei Tarifüblichkeit der Regelung von Arbeitsentgelten und sonstigen Arbeitsbedingungen ein, sondern bereits dann, wenn überhaupt ein Tarifvertrag besteht. Für diesen Fall gibt es keinen Anhaltspunkt im Gesetzestext, daß die tarifliche Ordnung für die Branche repräsentativ sein muß.[49]

Bezugnehmend auf die noch zu § 59 BetrVG 1952 ergangene Entscheidung des BAG vom 6.12.1963[50] verlangen *Löwisch*[51] und *Richardi*[52] dennoch, daß die in Rede stehende tarifvertragliche Regelung in ihrem betreffenden Geltungsbereich repräsentativ sein muß. Das sei der Fall, wenn die Zahl der in den tarifgebundenen Betrieben regelmäßig beschäftigten Arbeitnehmer größer ist als die Zahl der Arbeitnehmer, die regelmäßig in den nicht tarifgebundenen Betrieben beschäftigt werden. Man müsse berücksichtigen, daß die Tarifvertragsparteien im Rahmen ihrer Tarifzuständigkeit autonom den Geltungsbereich ihrer Normen festlegen und die Tarifzuständigkeit sich ausschließlich nach der Satzung der tarifschließenden Koalitionen richte. Tarifverträge zwischen einem bedeutungslosen Arbeitgeberverband und/oder einer mitgliederschwachen Gewerkschaft könnten bei fehlender Geltung im Betrieb keine Sperrwirkung für die Betriebsvereinbarung auslösen. Schließlich würde den Koalitionen die

[48] DB 1994, 2026, 2032 linke Spalte

[49] BAG vom 13.8.1980 - 5 AZR 325/78 - AP Nr. 2 zu § 77 BetrVG 1972; allg. M.

[50] - 1 ABR 7/63 - AP Nr. 23 zu § 59 BetrVG 1952

[51] AuR 1978, 97, 107; Galperin/Löwisch, § 77 Rn 82

[52] § 77 Rn 255, der aus Sicht der Rechtsprechung und h.L., die im Gegensatz zu ihm keine Tarifgebundenheit des Arbeitgebers fordert, zumindest Repräsentativität als notwendig erachtet.

Normsetzungsprärogative u.a. deshalb eingeräumt, weil die Gewerkschaften eher als die (mitunter abhängigen und damit schwächeren) Betriebsräte befähigt seien, die Interessen der Arbeitnehmer zu wahren.

Daß diese Auffassung zum Schutzzweck des § 77 Abs. 3 BetrVG nicht zutrifft, wurde bereits eingehend erörtert.[53] *Löwisch* und *Richardi* können daher den Normzweck nicht für ihre Auffassung heranziehen, sondern ganz im Gegenteil bedarf die ausgeübte und aktualisierte Tarifautonomie immer des Schutzes, soweit die Koalitionen ihre Normsetzungsbefugnisse (üblicherweise) ausüben. Dieser Schutz kann weder von der Anzahl der tatsächlich normativ betroffenen Arbeitsverhältnisse noch vom Organisationsgrad der Arbeitgeber oder der Arbeitnehmerschaft abhängig sein.[54] Zu Recht wird gegen die M.M. ins Feld geführt, daß sie in der Praxis zu einer erheblichen Rechtsunsicherheit führen würde[55], weil die Betriebspartner sich die im einzelnen zur Klärung ihrer Zuständigkeit notwendigen Sachinformationen nur außerordentlich schwierig und - von Ausnahmefällen abgesehen - nicht mit der erforderlichen Zuverlässigkeit beschaffen können. So müßte z.B. bei jeder beabsichtigten Betriebsvereinbarung vorab von den Betriebspartnern gemeinsam oder - bei einseitigen Initiativen - auch getrennt festgestellt werden, in welchem Umfang die branchengleichen Arbeitgeber tarifgebunden sind und welche Beschäftigungszahlen (regelmäßig beschäftigte Arbeitnehmer) deren Betriebe und die der nicht tarifgebundenen Arbeitgeber aufweisen. Es bedarf wenig Weitsicht, um zu prognostizieren, daß zuverlässiges Zahlenmaterial in der Praxis z.B. von den Betriebsräten kaum wird zusammengetragen werden können. *Zöllner*[56] ist im übrigen beizupflichten, daß auch die reinen Arbeitnehmerzahlen über den Umfang der Anwendung des Tarifvertrages im Betrieb keine genaue Auskunft geben. So ist denkbar, daß ein Großteil der Belegschaft eines tarifgebundenen Arbeitgebers nicht gewerkschaftlich organisiert ist und der einschlägige Tarifvertrag auch nicht durch eine arbeitsvertragliche Inbezugnahme für diese Arbeitnehmer Gültigkeit erlangt. Wenn allerdings die Sicherung und Besserung der wirtschaftlichen Lage der Arbeitnehmer Grund für das Repräsentativerfordernis sein soll, müßte konsequenterweise entscheidend sein, wie viele Arbeitnehmer von Tarifverträgen normativ erfaßt sind, und nicht wie viele Arbeitnehmer bei nicht tarifgebundenen Arbeitgebern tätig sind. § 77 Abs. 3 BetrVG stellt aller-

---

[53] s. S. 21 ff.

[54] H/S/G, § 77 Rn 151; Moll, Der Tarifvorrang, S. 41; Wiedemann/Stumpf, TVG § 4 Rn 292

[55] GK - Kreutz, § 77 Rn 84; Wiedemann/Stumpf, TVG § 4 Rn 292; zu § 59 BetrVG 1952 schon Zöllner, FS Nipperdey, S. 716

[56] FS Nipperdey, S. 715

dings nicht auf die Üblichkeit der Anwendung ab, sondern auf die Üblichkeit der Regelung, was die M.M. verwechselt.[57]

Im Ergebnis bleibt daher festzuhalten, daß weder der Wortlaut noch der Normzweck des § 77 Abs. 3 BetrVG erfordern, daß die tarifliche Ordnung für den betreffenden Geltungsbereich repräsentativ sein muß.[58]

VI. Nachwirkender Tarifvertrag

An einer Regelung durch Tarifvertrag fehlt es nach allg.M., wenn ein Tarifvertrag nur noch kraft Nachwirkung gemäß § 4 Abs. 5 TVG gilt, weil er in diesem Stadium seine zwingende Wirkung (§ 4 Abs. 1 TVG) verloren hat. Er kann dann jederzeit durch eine andere Abmachung, auch durch eine Betriebsvereinbarung, verdrängt werden.[59] Eine Sperrwirkung tritt aber auch dann bei Tarifüblichkeit der Regelung ein, was häufig der Fall sein dürfte.

VII. Einzelvertragliche Übernahme eines Tarifvertrages

Vereinbart ein Arbeitgeber, der vom Geltungsbereich eines Tarifvertrages nicht erfaßt wird, mit seinen Arbeitnehmern durch arbeitsvertragliche Inbezugnahme dessen Geltung, so sind die Arbeitsbedingungen nicht durch Tarifvertrag i.S.d. § 77 Abs. 3 BetrVG geregelt, d.h. die Sperrwirkung greift nicht ein. Der Arbeitgeber kann nicht unter Umgehung der Koalitionen den Geltungsbereich des Tarifvertrages einseitig erweitern. Eine wiederholte Inbezugnahme der Tarifregelung führt deshalb auch nicht zu einer Tarifüblichkeit i.S.d. § 77 Abs. 3 BetrVG.[60]

---

57 zutreffend: D/K/K - Berg, § 77 Rn 71; H/S/G, § 77 Rn 150

58 So die h.M.: D/K/K - Berg, § 77 Rn 71; F/K/H/E, § 77 Rn 69; Fischer, Die tarifwidrigen Betriebsvereinbarungen, S. 205 f.; H/S/G, § 77 Rn 150 f.; GK - Kreutz, § 77 Rn 84; MünchArbR - Matthes, § 318 Rn 66; Moll, Der Tarifvorrang, S. 40 f.; Richardi, § 77 Rn 255

59 LAG Berlin vom 15.6.1977 - 9 Ta BV 1/77 - EzA Nr. 6 zu § 87 BetrVG 1972; D/K/K - Berg, § 77 Rn 70; F/K/H/E, § 77 Rn 73; Galperin/Löwisch, § 77 Rn 70; GK - Kreutz, § 77 Rn 87; Wiedemann/Stumpf, TVG § 4 Rn 194

60 BAG vom 27.1.1987 - 1 ABR 66/85 - AP Nr. 42 zu § 99 BetrVG 1972; allg. M., s. nur: F/K/H/E, § 77 Rn 72; GK - Kreutz, § 77 Rn 86

B. Üblichkeit einer tarifvertraglichen Regelung

Die Sperrwirkung des § 77 Abs. 3 BetrVG tritt nicht nur ein, wenn eine tarifvertragliche Regelung besteht, sondern auch dann, wenn Arbeitsentgelte und sonstige Arbeitsbedingungen üblicherweise durch Tarifvertrag geregelt werden.

Nachfolgend werden die Voraussetzungen für eine Tarifüblichkeit behandelt.

I. Sperrwirkung nur im Geltungsbereich eines Tarifvertrages möglich

Tarifüblichkeit setzt voraus, daß überhaupt für den räumlichen, betrieblichen und fachlichen Tätigkeitsbereich des jeweiligen Betriebes Tarifverträge über die betreffenden Angelegenheiten abgeschlossen zu werden pflegen.[61] Mit anderen Worten: Maßgebend ist, ob der Betrieb - Tarifgebundenheit des Arbeitgebers und der Arbeitnehmer unterstellt - unter den Geltungsbereich des Tarifvertrages fallen würde. Hinsichtlich des räumlichen, betrieblichen, fachlichen und persönlichen Geltungsbereichs eines Tarifvertrages besteht kein Unterschied zur Alternative des Bestehens einer tariflichen Regelung, so daß insoweit auf die dortigen Ausführungen[62] verwiesen wird.

II. Beginn der Üblichkeit nicht von „Einbürgerung“ oder „Entstehungszeitraum“ abhängig

Häufig findet sich die Formulierung, daß eine tarifvertragliche Regelung dann üblich sei, wenn sie sich „eingebürgert“ habe.[63] Damit wird lediglich ein unbestimmter Begriff durch einen anderen ersetzt, ohne daß dies einen tieferen Erkenntnisstand brächte. Vielmehr stellt sich sogleich die Frage, wann von einer „Einbürgerung“ gesprochen werden kann. Vergeblich sucht man hierzu nach konkreten Aussagen oder Werten. *Richardi*[64] räumt ein, daß es sich nur um eine Faustregel handeln würde. *H/S/G*[65] konzidieren, daß im einzelnen der Zeitraum

---

61 BAG vom 21.12.1982 - 1 ABR 20/81 - DB 1983, 996; D/K/K - Berg, § 77 Rn 71; H/S/G, § 77 Rn 146; GK - Kreutz, § 77 Rn 100; Moll, Der Tarifvorrang, S. 40; Richardi, § 77 Rn 52 ff.; Wiedemann/Stumpf, TVG § 4 Rn 291

62 s. S. 38 f.

63 LAG Berlin vom 15.6.1977 - 9 Ta BV 1/77 - EzA Nr. 6 zu § 87 BetrVG 1972; Fischer, Die tarifwidrigen Betriebsvereinbarungen, S. 197; H/S/G, § 77 Rn 148; Moll, Der Tarifvorrang, S. 40; Richardi, § 77 Rn 257

64 s. Fn 63

65 s. Fn 63

nur schwer zu bestimmen sei. Das Kriterium der „Einbürgerung“ ist daher zur Bestimmung der Tarifüblichkeit unergiebig und folglich auch überflüssig.

Einigkeit besteht darin, daß Tarifüblichkeit vorliegt, wenn mehrere aufeinander folgende Tarifverträge die gleichen Arbeitsbedingungen erfaßt haben. Aber auch der einmalige Abschluß eines Tarifvertrages, insbesondere eines Manteltarifvertrages, soll hierfür ausreichend sein, wenn er lange genug zwischen den Tarifvertragsparteien gilt.[66] Einen Zeitraum von 3 Jahren und 7 Monaten hat das BAG[67] zur Bejahung der Tarifüblichkeit als ausreichend angesehen. *Zöllner*[68] setzt für die Tarifüblichkeit denjenigen Zeitraum an, „binnen dessen bei Zugrundelegung der durchschnittlichen Laufdauer von Lohntarifverträgen normalerweise ein dreimaliger Abschluß erfolgt wäre“. Dies ist bereits deshalb bedenklich, weil die Laufzeit, insbesondere bei Lohntarifverträgen, im wesentlichen von der Einschätzung des Konjunkturverlaufs durch die Tarifpartner abhängt.

Das bereits angesprochene Kriterium der „Einbürgerung“ einer tarifvertraglichen Norm geht auf die Rechtslage zu § 59 BetrVG 1952 zurück. Dort war die Tarifüblichkeit einer Regelung die alleinige Voraussetzung für den Eintritt der Sperrwirkung. Von daher ist verständlich, daß dafür eine gewisse Dauer der Regelung gefordert wurde, was in dem Kriterium der „Einbürgerung“ zum Ausdruck kommen sollte. Nach geltendem Recht wird die Sperrwirkung allerdings bereits ausgelöst, wenn Arbeitsbedingungen erstmals tariflich geregelt sind. Bei der Auslegung des Begriffs der Tarifüblichkeit ist diese gegenüber § 59 BetrVG 1952 wesentlich veränderte Rechtslage zu berücksichtigen. Würde man weiterhin eine mehrfache tarifliche Regelung verlangen, käme man zu nicht mehr nachvollziehbaren Ergebnissen. Ein Beispiel:

Die Koalitionen schließen für eine Branche erstmals einen Lohntarifvertrag mit einer zwölfmonatigen Laufzeit. Der Betrieb X fällt unter den Geltungsbereich dieses Lohntarifvertrages. Nach Ablauf des Jahres verhandeln die Koalitionen hart über die Konditionen eines neuen Lohntarifvertrages, der dann nach drei Monaten geschlossen wird und wieder eine Laufzeit von einem Jahr hat.

Für die Zeit des sich verbindlich in Kraft befindlichen Lohntarifvertrages, auch des erstmaligen, wäre unstreitig nach allen Auffassungen der Abschluß einer Betriebsvereinbarung über die im Tarifvertrag geregelten Lohnfragen wegen der dann eingreifenden Sperrwirkung des § 77 Abs. 3 BetrVG nicht mög-

---

66 BAG vom 6.12.1963 - 1 ABR 7/63 - AP Nr. 23 zu § 59 BetrVG 1972; H/S/G, § 77 Rn 148; Richardi, § 77 Rn 257

67 BAG vom 1.2.1963 - 1 ABR 6/61 - AP Nr. 8 zu § 59 BetrVG 1952

68 FS Nipperdey, S. 708; im folgend: H/S/G, § 77 Rn 149

lich. Für die dreimonatige Verhandlungsphase gilt aber etwas anderes. Eine tarifliche Regelung fehlt, weil der Tarifvertrag nur noch gemäß § 4 Abs. 5 TVG nachwirkt und daher jederzeit durch eine Betriebsvereinbarung ersetzt werden kann. Tarifüblichkeit läge nicht vor, weil bis dato erst ein Lohntarifvertrag abgeschlossen war, es somit an mehreren aufeinander folgenden Tarifverträgen mangelt. Für die Phase der Verhandlung zwischen zwei Tarifverträgen wäre den Betriebspartner die Möglichkeit eröffnet, per Betriebsvereinbarung Lohnfragen normativ zu regeln, wobei diese Betriebsvereinbarung bei Inkrafttreten des neuen (zweiten) Lohntarifvertrages durch diesen abgelöst würde.

Dieses Beispiel zeigt, daß es für die Tarifüblichkeit keines „Entstehungszeitraums“[69] bedarf. Tarifüblichkeit liegt vielmehr vor, wenn eine Angelegenheit tariflich geregelt ist - zumindest ein entsprechender Tarifabschluß ist unerläßlich - und anzunehmen ist, daß die Tarifvertragsparteien sie auch künftig wieder tarifvertraglich regeln wollen.[70] Tarifüblichkeit ist nicht gegeben, wenn die Tarifvertragsparteien lediglich ankündigen, bestimmte Arbeitsbedingungen in Zukunft erstmals durch Tarifvertrag zu regeln. Ebensowenig reicht es aus, daß tariflich regelbare Gegenstände von den Tarifvertragspartnern während Tarifverhandlungen erörtert werden, ohne daß es zu einer diesbezüglichen tarifvertraglichen Regelung kommt.[71]

III. Keine festen Zeiträume für Entfall der Tarifüblichkeit

Eine einmal erwachsene Tarifüblichkeit kann auch wieder fortfallen. Die Tarifüblichkeit endet, wenn mit Sicherheit festgestellt werden kann, daß eine Angelegenheit nicht mehr tariflich geregelt werden soll. Diese Feststellung bereitet keine Schwierigkeiten, wenn die Tarifvertragsparteien dies ausdrücklich erklären. Schwierigkeiten entstehen dort, wo es an einer solchen ausdrücklichen Erklärung der Tarifpartner fehlt und die Frage im Raum steht, ob von einem - rechtlich möglichen - konkludenten Verzicht der Tarifvertragsparteien gesprochen werden kann. Die Frage tritt z.B. dann auf, wenn die Tarifpartner einen Tarifvertrag abgeschlossen haben, der die entsprechenden Arbeitsbedingungen

69 So aber H/S/G, § 77 Rn 149

70 F/K/H/E, § 77 Rn 80; v.Hoyningen-Huene/Meier-Krenz, NZA 1987, 793, 795; Münch-ArbR - Matthes, § 318 Rn 65
im Ergebnis auch: Feudner, DB 1993, 2231, 2232 und GK - Kreutz, § 77 Rn 96 f., wobei jedoch deren These, die Tarifüblichkeit habe nunmehr Auffangcharakter, unzutreffend ist (s. hierzu S. 42 f.).

71 BAG vom 23.10.1985 - 4 AZR 119/84 - AP Nr. 33 zu § 1 TVG Tarifverträge: Metallindustrie; BAG vom 22.5.1979 - 1 ABR 100/77 - AP Nr. 13 zu § 118 BetrVG 1972

nicht mehr regelt, wenn über eine längere Zeit kein Tarifvertrag abgeschlossen worden ist oder wenn sich die Verhandlungen über einen größeren Zeitraum hinziehen. Es handelt sich um eine im jeweiligen Einzelfall zu entscheidende Tatfrage, die u.a. auch Umfang und Schwierigkeit der Regelungsmaterie zu berücksichtigen hat. Besonders bei der Neufassung von Manteltarifverträgen und Rahmenabkommen können langwierige, sogar mehrjährige Verhandlungen erforderlich sein und sind in der Praxis keineswegs selten. Bei einer schwierigen Regelungsmaterie steht ein über mehrere Jahre dauernder tarifloser Zustand der Bejahung einer Tarifüblichkeit nicht entgegen, wenn die Tarifvertragsparteien erkennbar und ernsthaft eine neue Regelung anstreben.[72] Das BAG[73] hat deshalb im konkreten Fall zu Recht einen Zeitraum bis zu 18 Monaten zur Aufnahme von Neuverhandlungen als angemessen angesehen.

Feste Zeiträume, nach deren Verstreichen die Tarifüblichkeit endet, lassen sich nach h.M.[74] nicht aufstellen. Anderer Ansicht sind *H/S/G*[75], die die Zeitspanne abhängig von der Dauer der Tarifüblichkeit machen (z.B. bis 5 Jahre Tarifüblichkeit Entfall nach 1 Jahr, bis 10 Jahre Tarifüblichkeit Entfall nach 2 Jahren). Abgesehen vom bisher Gesagten ist dem entgegenzuhalten, daß die gezogenen Zeitgrenzen frei gegriffen und nicht begründet sind.

Nach *Zöllner*[76] soll die Tarifüblichkeit dann beendet sein, wenn derjenige Zeitraum abgelaufen ist, der zur Begründung der Tarifüblichkeit erforderlich war. Dem ist zu entgegnen, daß es - wie soeben dargelegt - keinen Entstehungszeitraum für die Tarifüblichkeit gibt.[77]

Mangels Aussicht auf einen neuerlichen Tarifvertragsabschluß endet die Tarifüblichkeit auch dann, wenn eine Tarifvertragspartei fortfällt (z.B. Auflösung eines Arbeitgeberverbandes) oder durch Satzungsänderung ihre Tarifunzuständigkeit oder Tarifunfähigkeit herbeiführt.

---

[72] LAG Berlin vom 15.6.1977 - 9 Ta BV 1/77 - EzA Nr. 6 zu § 87 BetrVG 1972

[73] BAG vom 24.2.1987 - 1 ABR 18/85 - AP Nr. 21 zu § 77 BetrVG 1972

[74] D/K/K - Berg, § 77 Rn 72; F/K/H/E, § 77 Rn 83; GK - Kreutz, § 77 Rn 98; Richardi, § 77 Rn 258

[75] § 77 Rn 158

[76] FS Nipperdey, S. 709

[77] s. S. 53 ff.

IV. Repräsentatitivät des Tarifvertrags / Tarifgebundenheit nicht erforderlich

Bezüglich der Tarifgebundenheit und Repräsentatitivät gilt das zur Sperrwirkung aufgrund einer bestehenden tariflichen Regelung Gesagte entsprechend.[78] Im Ergebnis ist für den Eintritt der Sperrwirkung bei Tarifüblichkeit nicht Voraussetzung, daß der Arbeitgeber oder die Arbeitnehmer, die unter den Geltungsbereich der die Tarifüblichkeit begründenden Tarifverträge fallen, tarifgebunden sind. Ebensowenig ist die Repräsentatitivät der Tarifverträge, die zur Bestimmung der Tarifüblichkeit berücksichtigt werden können, von Bedeutung.

V. Firmentarifvertrag ist ausreichend

Tarifüblichkeit kann auch durch den Abschluß von Firmentarifverträgen herbeigeführt werden. Es bedarf hierzu nicht unbedingt Verbandstarifverträge. Regelt der Firmentarifvertrag, dessen Geltungsbereich ein Betrieb unterfällt, eine Angelegenheit nicht, so kommt § 77 Abs. 3 BetrVG nicht deshalb zur Anwendung, weil diese Angelegenheit in einem oder mehreren Branchentarifverträgen eine Regelung erfahren hat.[79]

Firmentarifverträge können eine Tarifüblichkeit nur für die Betriebe begründen, für die sie abgeschlossen sind, nicht auch für andere Betriebe, die in einem räumlichen Gebiet liegen, in dem Regelungen durch Firmentarifverträge erfolgen.[80]

C. Keine Geltung des Tarifvorbehalts für betriebseinheitliche Regelungen auf individualrechtlicher Ebene

Nach heute einhelliger Auffassung[81] werden individualautonome Regelungen von der Sperrwirkung des § 77 Abs. 3 BetrVG nicht erfaßt. In dem durch § 4

---

[78] s. S. 40 ff., 50 f.

[79] BAG vom 21.12.1982 - 1 ABR 20/81 - DB 1983, 969

[80] BAG vom 27.1.1987 - 1 ABR 66/85 - AP Nr. 42 zu § 99 BetrVG 1972

[81] BAG vom 13.8.1980 - 5 AZR 325/78 - AP Nr. 2 zu § 77 BetrVG 1972; BAG vom 24.7.1958 - 2 AZR 404/55 - AP Nr. 6 zu § 611 BGB Akkordlohn; Boewer, DB 1973, 522, 526; F/K/H/E, § 77 Rn 89; Fischer, Die tarifwidrigen Betriebsvereinbarungen, S. 216; Galperin/Löwisch, § 77 Rn 89; Haug, BB 1986, 1921, 1929; GK - Kreutz, § 77 Rn 113; Moll, Der Tarifvorrang, S. 53; Richardi, § 77 Rn 279; Wiedemann/Stumpf, TVG § 4 Rn 294

Abs. 3 (Günstigkeitsprinzip) und Abs. 5 (Nachwirkung) TVG abgesteckten Rahmen sind Vereinbarungen über tariflich geregelte oder üblicherweise geregelte Arbeitsbedingungen sowohl einzelvertraglich als auch in Form Allgemeiner Arbeitsbedingungen durch arbeitsvertragliche Einheitsregelung[82], Gesamtzusage[83] oder betriebliche Übung[84] stets zulässig. Derartige Regelungen haben keinen normativen Charakter und können, sofern sie nicht als sog. betriebsvereinbarungsoffene Regelung unter dem ausdrücklichen oder konkludenten Vorbehalt einer späteren Änderung durch eine Betriebsvereinbarung stehen, grundsätzlich nur mit den Mitteln des Arbeitsvertragsrechts geändert oder aufgehoben werden.

D. Geltung des Tarifvorbehalts für formlose Regelungsabreden

Klärungsbedürftig ist die Frage, ob sich die Sperrwirkung des § 77 Abs. 3 BetrVG ausschließlich auf Betriebsvereinbarungen beschränkt oder sich auch auf formlose Regelungsabreden / Betriebsabsprachen erstreckt.

---

[82] Der Arbeitgeber unterbreitet allen oder zumindest einem Teil der Arbeitnehmer des Betriebs ein Angebot, welches von den Arbeitnehmern ausdrücklich angenommen wird.

[83] Das an alle Beschäftigen des Betriebs oder an bestimmte Gruppen von ihnen gerichtete Angebot des Arbeitgebers wird in allgemeiner Form bekannt gemacht, z.B. durch Aushang am Schwarzen Brett. Auf welche Weise die einseitig vom Arbeitgeber zugesagten Leistungen (z.B. Weihnachts- oder Urlaubsgeld) zum Inhalt des einzelnen Arbeitsverhältnisses werden, ist umstritten. Die Rechtsprechung (BAG vom 26.5.1992 - 9 AZR 174/91 - NZA 1993, 67, 68) geht von einer stillschweigenden Annahme durch die Arbeitnehmer gemäß § 151 S. 1 BGB aus. Im Ergebnis besteht allerdings Einigkeit über die Verbindlichkeit derartiger Gesamtzusagen, so daß dem Meinungsstreit keine große praktische Bedeutung zukommt und er jedenfalls im Rahmen der vorliegenden Bearbeitung nicht entschieden werden muß.

[84] Der Arbeitgeber hat durch regelmäßige Wiederholung bestimmter Verhaltensweisen den objektiven Tatbestand einer verbindlichen Zusage gesetzt und der Arbeitnehmer hat diese Zusage stillschweigend gemäß § 151 BGB angenommen (so die von der Rechtsprechung vertretene Vertragstheorie; BAG vom 24.3.1993 - 5 AZR 16/92 - NZA 1993, 749; BAG vom 16.4.1997 - 10 AZR 705/96 - NZA 1998, 423; BAG vom 13.11.1986 - 6 AZR 567/83 - AP Nr. 27 zu § 242 BGB Betriebliche Übung; BAG vom 23.6.1988 - 6 AZR 137/86 - AP Nr. 33 zu § 242 BGB Betriebliche Übung) oder er durfte nach Treu und Glauben auf die Fortsetzung vertrauen (so die Vertrauenshaftungstheorie; s. hierzu MünchArbR - Richardi, § 13 Rn 19; MünchKomm-Müller-Glöge, § 611 Rn 239 ff.; Zöllner/Loritz, § 6 I 7). Auch dieser Theorienstreit bedarf hier keiner Entscheidung.

I. Begriffsbestimmung

§ 77 BetrVG spricht in Abs. 1 allgemein von Vereinbarungen zwischen Betriebsrat und Arbeitgeber und befaßt sich dann in den Abs. 2-6 mit der Betriebsvereinbarung. Schon an dieser systematischen Anordnung wird deutlich, daß die Betriebsvereinbarung lediglich eine Art der Vereinbarung zwischen Betriebsrat und Arbeitgeber ist. An anderen Stellen des Gesetzes werden Übereinstimmungen zwischen den Betriebspartnern häufig als „Einigung"[85] bezeichnet. Daneben spricht das Gesetz auch von einem „Einverständnis"[86], von einem „Einvernehmen"[87], von einem „Interessenausgleich"[88] oder von einer „Vereinbarung"[89]. Ein Formzwang besteht insoweit lediglich für den Interessenausgleich (§ 112 Abs. 1 S. 1 BetrVG) und für die Einigung über den Sozialplan (§ 112 Abs. 1 S. 2 BetrVG). Ansonsten ist keine Form vorgeschrieben. In Anbetracht dessen ist es unstreitig, daß neben der Betriebsvereinbarung auch eine formlose Einigung zwischen Arbeitgeber und Betriebsrat eine rechtlich bindende Vereinbarung der Betriebspartner ist. Im Gesetz mangelt es jedoch an einer allgemeinen Regelung und einer Bezeichnung für diese Absprachen zwischen Arbeitgeber und Betriebsrat, die keine Betriebsvereinbarung sind. Durchgesetzt hat sich in Rechtsprechung und Rechtslehre die Bezeichnung als Regelungsabrede.[90] Gelegentlich werden sie aber auch Betriebsabsprache[91] genannt.

II. Der Meinungsstand

Es ist heftigst umstritten, ob die Sperrwirkung des § 77 Abs. 3 BetrVG auch die Regelungsabrede erfaßt.[92]

---

85 z.B. § 37 Abs. 6; § 38 Abs. 2; § 39 Abs. 1; § 87 Abs. 2; § 91; § 94 Abs. 1; § 112 Abs. 2, 3 und 4

86 § 76 Abs. 2

87 § 44 Abs. 2

88 § 112 Abs. 1, 2 und 3; § 113 Abs. 1 und 3

89 § 80 Abs. 3

90 BAG vom 10.3.1992 - 1 ABR 31/91 - AP Nr. 1 zu § 77 BetrVG 1972 Regelungsabrede; D/K/K - Berg, § 77 Rn 79; F/K/H/E, § 77 Rn 182; Galperin/ Löwisch, § 77 Rn 100; GK - Kreutz, § 77 Rn 7 ff.; MünchArbR - Matthes, § 319 Rn 90; Nikisch, § 109 I 1

91 Fischer, Die tarifwidrigen Betriebsvereinbarungen, S. 217; Richardi, Kollektivgewalt, S. 279; Weiss/Weyand, § 77 Rn 36; GK - Wiese, § 87 Rn 86

92 Bejahend: D/K/K - Berg, § 77 Rn 78; Bichler, DB 1979, 1939, 1940; Däubler, Tarifvertragsrecht, Rn 249; Galperin/Löwisch, § 77 Rn 91; P.Hanau, Betriebsvereinbarung, S. 106; ders. BB 1977, 350; ders. RdA 1973, 281, 285; Krauss, DB 1995, 1562, 1564 Fn 33;

1. Der Wortlaut

Im Lager derjenigen, die den Tarifvorbehalt nicht auf Regelungsabreden angewandt wissen wollen, wird häufig auf den Wortlaut „können nicht Gegenstand einer Betriebsvereinbarung sein“ des § 77 Abs. 3 BetrVG verwiesen, der insoweit eindeutig sei.[93]

Unbestreitbar ist in § 77 Abs. 3 BetrVG expressis verbis "nur“ die Betriebsvereinbarung genannt. Allerdings schließt das allein die Einbeziehung der Regelungsabrede in die Sperrwirkung des § 77 Abs. 3 BetrVG nicht aus, wenn letzteres vom Zweck des Gesetzes geboten ist[94], was sogleich näher untersucht wird. Zu berücksichtigen ist, daß nirgends im Gesetz die Regelungsabrede ausdrücklich erwähnt wird.

Ebenso bemerkenswert ist in diesem Zusammenhang die Tatsache, daß sich trotz des Wortlauts des § 77 Abs. 5 BetrVG („Betriebsvereinbarungen können ...“) und des § 77 Abs. 6 BetrVG („Nach Ablauf einer Betriebsvereinbarung ...“) die Rechtsprechung nicht gehindert sieht, diese gesetzlichen Regelungen über die Kündigung und Nachwirkung einer Betriebsvereinbarung analog auf die Regelungsabrede anzuwenden[95], und diese über den bloßen Wortlaut hinausgehende Rechtsprechung u.a. auch von Autoren getragen wird, die sich bei der hier zur Entscheidung stehenden Frage auf den „eindeutigen“ Wortlaut des § 77 Abs. 3 BetrVG berufen.[96]

MünchArbR - Matthes, § 318, Rn 71; Richardi, § 77 Rn 277; Veit, Die funktionelle Zuständigkeit des Betriebsrats, S. 229; Weiss/Weyand, § 77 Rn 36; Zachert, RdA 1996, 140, 145

Verneinend: Belling/Hartmann, NZA 1998, 673, 680; Braun, BB 1986, 1428, 1433; F/K/H/E, § 77 Rn 90; Fischer, Die tarifwidrigen Betriebsvereinbarungen, S. 218 f. Haug, BB 1986, 1921, 1929; Heinze, NZA 1995, 5, 6; Jahnke, Tarifautonomie und Mitbestimmung, 150; Kempen/Zachert, Grundl. Rn 275; Kort, NJW 1997, 1476, 1480; Kreutz, Betriebsautonomie, S. 221; ders. GK - Kreutz, § 77 Rn 114; Kirchner, BB 1972, 1279, 1282; Küchenhoff, § 77 Rn 15; Moll, Der Tarifvorrang, S. 55; Waltermann, RdA 1996, 129, 132; Wiedemann/Stumpf, TVG § 4 Rn 295; Zöllner/Loritz, § 47 IV 5 d

93 F/K/H/E, § 77 Rn 90; Haug, BB 1986, 1921, 1929; Kempen/Zachert, Grundl. Rn 275; Kreutz, Betriebsautonomie, S. 221; ders. GK - Kreutz, § 77 Rn 114; Wiedemann/Stumpf, TVG, § 4 Rn 295

94 Zum Verhältnis von Wortlaut und Zweck des Gesetzes siehe Larenz, Methodenlehre, S. 332 f.

95 BAG vom 10.3.1992 - 1 ABR 31/91 - AP Nr. 1 zu § 77 BetrVG 1972 Regelungsabrede; BAG vom 23.6.1992 - 1 ABR 53/91 - AP Nr. 51 zu § 87 BetrVG 1972 Arbeitszeit

96 So F/K/H/E, § 77 Rn 191 f.; GK - Kreutz, § 77 Rn 19

2. Der Normzweck

Die Befürworter der Einbeziehung von Regelungsabreden unter den Tarifvorbehalt des § 77 Abs. 3 BetrVG begründen ihre Auffassung mit dem Zweck der Norm, die ausgeübte und aktualisierte Tarifautonomie vor einer konkurrierenden betrieblichen Regelungskompetenz zu schützen. Von diesem Normzweck ausgehend könne es nicht davon abhängen, in welcher Form bzw. mit welcher rechtlichen Konstruktion die betriebliche Konkurrenzordnung errichtet werde. Entscheidend sei allein, daß die Regelungsabrede als kollektive Vereinbarung auf betrieblicher Ebene den Arbeitgeber gegenüber dem Betriebsrat bindet und ggf. verpflichtet, auch einen tarifvertraglich geregelten oder üblicherweise geregelten Komplex im Verhältnis zu den Arbeitnehmern umzusetzen.[97] Die Regelungsabrede könne als funktionales Äquivalent zur Betriebsvereinbarung bezeichnet werden.[98] Insbesondere der Schutz der tariflichen Lohnpolitik vor betrieblicher Konkurrenz verlange die Einbeziehung der Regelungsabrede. Bei der Entgeltauszahlung mache es aus Sicht der Arbeitnehmer nämlich keinen Unterschied, ob das Entgelt aufgrund einer Betriebsvereinbarung oder Regelungsabrede gewährt werde. In beiden Fällen handele es sich um Lohnpolitik des Betriebsrates, die § 77 Abs. 3 BetrVG verhindern soll.[99]

Diejenigen, die die Sperrwirkung des § 77 Abs. 3 BetrVG auf die Betriebsvereinbarung beschränken, räumen zwar ein, daß mit der Regelungsabrede wirtschaftlich die gleichen Ergebnisse wie mit einer Betriebsvereinbarung erzielt werden können, sehen jedoch die durch § 77 Abs. 3 BetrVG geschützte Normsetzungsprärogative der Tarifvertragsparteien durch die Möglichkeit der Regelungsabrede nicht tangiert, weil bei dieser keine Normsetzung stattfinde, sondern die Gestaltungsmittel praktisch und rechtsdogmatisch völlig wesensverschieden seien. Während die Betriebsvereinbarung gemäß § 77 Abs. 4 BetrVG unmittelbar auf die einzelnen Arbeitsverhältnisse einwirke, müsse die Regelungsabrede erst noch individualautonom arbeitsvertraglich umgesetzt werden.[100] *Kempen/Zachert*[101] weisen darauf hin, daß der durch die Regelungsabrede erzielbare wirtschaftliche Effekt auch individualrechtlich durch Allgemeine Arbeitsbedingungen (arbeitsvertragliche Einheitsregelung, Gesamtzusa-

---

97 Richardi, § 77 Rn 277; Veit, Die funktionelle Zuständigkeit des Betriebsrats, S. 251

98 D/K/K - Berg, § 77 Rn 78

99 P.Hanau, Betriebsvereinbarung, S. 106; ders. BB 1977, 350

100 F/K/H/E, § 77 Rn 90; Haug, BB 1986, 1921, 1929; Moll, Der Tarifvorrang, S. 55; Wiedemann/Stumpf, TVG, § 4 Rn 295

101 TVG, Grundl. Rn 275

ge, betriebliche Übung) erreicht werden könne, was nach allg.M. zulässig sei.[102] *Moll*[103] hält es angesichts dieser Möglichkeit zum Schutz der Arbeitnehmer für geboten, den Betriebsrat zu beteiligen, weil andernfalls der Arbeitgeber ein faktisches Alleinbestimmungsrecht erhalte.

a) Gemeinsamkeiten / Unterschiede zwischen Betriebsvereinbarung und Regelungsabrede

Die Frage, ob der Normzweck des § 77 Abs. 3 BetrVG bei Zulassung von Regelungsabreden gefährdet ist, kann erst nach einer Gegenüberstellung der Gemeinsamkeiten und Unterschiede zwischen der Betriebvereinbarung und der Regelungsabrede entschieden werden, weil für die Entscheidung die Wirkungsweise beider Instrumentarien ausschlaggebend ist. Deshalb wird nachstehend zumindest kursorisch eine solche Gegenüberstellung erfolgen.

aa) Inhalt und Anwendungsbereich

Die Regelungsabrede ist für Angelegenheiten zulässig, die zwar durch eine Betriebsvereinbarung geregelt werden könnten, aber nach dem Wunsch der Betriebsparteien "nur" durch eine Regelungsabrede geregelt werden sollen.[104] Von besonderer Bedeutung ist hierbei, daß nach ständiger Rechtsprechung[105] und allg. M.[106], das Mitbestimmungsrecht in den in § 87 Abs. 1 aufgeführten sozialen Angelegenheiten sowohl durch Betriebsvereinbarung als auch durch Regelungsabreden ausgeübt werden kann. Inhalt und Anwendungsbereich der beiden Regelungsinstrumentarien sind somit deckungsgleich.

bb) Abschluß

Die Betriebsvereinbarung ist gemäß § 77 Abs. 2 S. 1 und 2 BetrVG schriftlich niederzulegen und von beiden Seiten zu unterzeichnen. Bei dieser Vorschrift

---

102 s. hierzu S. 57

103 Der Tarifvorrang, S. 54 f.

104 ErfK - Hanau/Kania, § 77 Rn 32

105 BAG vom 10.3.1992 - 1 ABR 31/91 - AP Nr. 1 zu § 77 BetrVG 1972 Regelungsabrede; BAG GS vom 3.12.1991 - GS 2/90 - AP Nr. 4 zu § 77 BetrVG 1972 Tarifvorbehalt; BAG vom 14.2.1991 - 2 AZR 415/90 - AP Nr. 4 zu § 615 BGB Kurzarbeit; BAG GS vom 16.9.1986 - GS 1/82 - AP Nr. 17 zu § 77 BetrVG 1972

106 z.B. bei D/K/K - Berg, § 77 Rn 79; F/K/H/E, § 77 Rn 189; Heinze, NZA 1994, 580, 583 ff. GK - Kreutz, § 77 Rn 18; MünchArbR - Matthes, § 324 Rn 34; Richardi, § 77 Rn 209

handelt es sich um eine konstitutive Formbestimmung. Erst mit der schriftlichen Niederlegung und der Unterzeichnung beider Parteien ist die Betriebsvereinbarung geschlossen.

Die Regelungsabrede zwischen Arbeitgeber und Betriebsrat kann hingegen grundsätzlich formlos abgeschlossen werden. Eine Ausnahme besteht für den Interessenausgleich, bei dem das BetrVG in § 112 Abs. 2 die Schriftform fordert. Eine weitere Ausnahme macht *P. Hanau*[107] für die Fälle, in denen sich Arbeitgeber und Betriebsrat zu einem bestimmten Verhalten gegenüber den Arbeitnehmern verpflichten. Im Rahmen dieser als Entscheidungsgrundlage für die Eingangsfrage dienenden kursorischen Gegenüberstellung von Betriebsvereinbarung und Regelungsabrede braucht diese Auffassung nicht vertieft zu werden. Insoweit reicht die Feststellung, daß die Regelungsabrede jedenfalls grundsätzlich formfrei ist. Sie setzt allerdings auf Seiten des Betriebsrats immer einen ordnungsgemäß zustandegekommenen Beschluß voraus.[108] Der Betriebsrat muß sich eindeutig erklären. In Ausnahmefällen kann hierfür sogar die widerspruchslose Hinnahme der vom Arbeitgeber einseitig angeordneten Kollektivmaßnahme ausreichend sein.[109]

cc) Rechtswirkungen

Die Betriebsvereinbarung hat eine zweifache Wirkungsweise:

Charakteristisch ist ihre normative Wirkung. Da § 77 Abs. 4 BetrVG ausdrücklich von der unmittelbaren und zwingenden Wirkung der Betriebsvereinbarung spricht, erkennt die ganz h.M. der Betriebsvereinbarung wie dem Tarifvertrag eine normative, gesetzesgleiche Wirkung für die Arbeitsverhältnisse zu.[110] Unabhängig vom Willen des einzelnen Belegschaftsmitglieds wirkt sie wie ein Gesetz auf den Inhalt des Arbeitsverhältnisses ein. Allerdings hat der Große Senat des BAG am 16.9.1986[111] entschieden, daß die Regelung in § 77 Abs. 4 S. 1 BetrVG unvollständig sei und durch das Günstigkeitsprinzip ergänzt werde. Die Regelungen einer Betriebsvereinbarung sind nach der Rechtsprechung nur einseitig zwingend und haben zu Gunsten der Arbeitnehmer stets

---

107 RdA 1989, 207, 209

108 LAG Frankfurt vom 17.3.1983 4 Ta BV 130/82 - DB 1984, 882; D/K/K - Berg, § 77 Rn 82 GK - Kreutz, § 77 Rn 10;

109 LAG Düsseldorf vom 26.2.1992 - 12 Sa 1341/91 - LAGE § 87 Nr. 7; F/K/H/E, § 77 Rn 185; Galperin/Löwisch, § 77 Rn 103; Richardi, § 77 Rn 211

110 Kritisch gegenüber der weitgehend unreflektierten Gleichstellung von Tarifvertrag und Betriebsvereinbarung: P. Hanau, RdA, 1989, 207 ff.

111 - GS 1/82 - AP Nr. 17 zu § 77 BetrVG 1972

dispositiven Charakter. [112] Betriebsvereinbarungen können demnach die Arbeitsverhältnisse nur insoweit unmittelbar und zwingend gestalten, als im Betrieb keine günstigeren arbeitsvertraglichen Regelungen bestehen, es sei denn, die Arbeitsverträge selbst sind ausnahmsweise für verschlechternde Betriebsvereinbarungen offen. Die normative Wirkung der Betriebsvereinbarung wird durch das Günstigkeitsprinzip beschränkt.

Zu dieser normativen Wirkung tritt eine obligatorische Wirkung hinzu. Sie folgt aus § 77 Abs. 1 BetrVG, wonach der Arbeitnehmer die zwischen ihm und dem Betriebsrat getroffenen Vereinbarungen durchführt, falls im Einzelfall nicht etwas anderes vereinbart ist. Der Arbeitgeber ist nicht nur berechtigt, sondern auch verpflichtet, die mit dem Betriebsrat getroffene Vereinbarung durchzuführen. Kommt er dieser Verpflichtung nicht nach, so hat der Betriebsrat die Möglichkeit, im arbeitsgerichtlichen Beschlußverfahren die Feststellung der Durchführungspflicht zu beantragen oder auch in Form eines Leistungsantrages die Verurteilung des Arbeitgebers zu den für die Durchführung der Vereinbarung notwendigen Handlungen oder Unterlassungen zu verfolgen.[113] Ob dieses Recht aus § 77 Abs. 1 BetrVG oder der Betriebsvereinbarung unmittelbar hergeleitet werden kann, braucht hier nicht entschieden zu werden.

Mangels normativer Wirkung sind zur Umsetzung der Regelungsabrede auf die Arbeitsverhältnisse arbeitsvertragliche Maßnahmen notwendig, wie beispielsweise eine durch das Direktionsrecht getragene Weisung des Arbeitgebers. Wo dies nicht möglich ist, bedarf es zur Vertragsänderung einer einvernehmlichen vertraglichen Vereinbarung zwischen Arbeitgeber und Arbeitnehmer oder einer Änderungskündigung.

Die Regelungsabrede begründet keine Rechte des Arbeitgebers im Verhältnis zu den Arbeitnehmern. Die Durchführung der Regelungsabrede kann vom Betriebsrat durch Leistungsantrag im Beschlußverfahren durchgesetzt werden, wobei das BAG offenläßt, ob dieses Recht aus § 77 Abs. 1 BetrVG oder direkt aus der Regelungsabrede selbst folgt.[114] Hat der Arbeitgeber sich in einer Regelungsabrede zu näher definierten Leistungen an die Belegschaft be-

---

[112] BAG GS vom 7.11.1989 - GS 3/85 - AP Nr. 46 zu § 77 BetrVG 1972; BAG vom 18.8.1987 - 1 ABR 30/86 - AP Nr. 23 zu § 77 BetrVG 1972; BAG GS vom 16.9.1986 - GS 1/82 - AP Nr. 17 zu § 77 BetrVG 1972

[113] BAG vom 17.10.1989 - 1 ABR 75/88 - BB 1990, 489, 490; BAG vom 10.11.1987 - 1 ABR 55/86 - AP Nr. 24 zu § 77 BetrVG 1972; BAG vom 13.10.1987 - 1 ABR 51/86 - AP Nr. 2 zu § 77 BetrVG 1972 Auslegung; BAG vom 24.2.1987 - 1 ABR 18/85 - AP Nr. 21 zu § 77 BetrVG 1972; BAG vom 10.3.1992 - 1 ABR 31/91 - AP Nr. 1 zu § 77 BetrVG 1972 Regelungsabrede

[114] BAG vom 13.10.1987 - 1 ABR 51/86 - AP Nr. 2 zu § 77 BetrVG 1872 Auslegung; BAG vom 24.2.1987 - 1 ABR 18/85 - AP Nr. 21 zu § 77 BetrVG 1972

reit erklärt, so kann der Betriebsrat im Beschlußverfahren einfordern, daß der Arbeitgeber den Arbeitnehmern entsprechende Angebote unterbreitet.[115]

dd) Beendigung

Betriebsvereinbarung und Regelungsabrede enden mit Ablauf der Zeit, für die sie eingegangen sind oder mit Zweckerreichung.

Eine Betriebsvereinbarung kann jederzeit per Aufhebungsvertrag zwischen den Betriebspartnern beendet werden. Der Aufhebungsvertrag bedarf der in § 77 Abs. 2 BetrVG vorgesehenen Schriftform. Eine Aufhebung durch eine Regelungsabrede ist nach nicht ganz unumstrittener Rechtsprechung[116] nicht möglich. Eine Regelungsabrede kann hingegen jederzeit nach einhelliger Auffassung durch eine Betriebsvereinbarung ersetzt werden. Besteht eine Regelungsabrede in einer mitbestimmungspflichtigen Angelegenheit, so kann der Betriebsrat den Abschluß einer Betriebsvereinbarung über diese Materie vom Arbeitgeber verlangen.[117]

Sofern in ihr nichts anderes bestimmt ist oder sich aus ihrem Zweck nichts anderes ergibt, ist die Betriebsvereinbarung kündbar. Gemäß § 77 Abs. 5 BetrVG beträgt die Kündigungsfrist bei fehlender anderweitiger Vereinbarung drei Monate. Die Regelungsabrede kann im Gegensatz zur Betriebsvereinbarung durch eine andere Regelungsabrede abgelöst werden. § 77 Abs. 5 BetrVG findet nach der Rechtsprechung auf die Regelungsabrede analog Anwendung.[118]

Regelt die Betriebsvereinbarung eine mitbestimmte Angelegenheit, so gelten ihre Regelungen auch nach ihrem Ablauf gemäß § 77 Abs. 6 BetrVG solange weiter, bis sie durch eine andere Abmachung ersetzt werden. Diese die Nachwirkung betreffende Norm findet nach einem Beschluß des BAG vom

---

115 ErfK - Hanau/Kania, § 77 Rn 111

116 BAG vom 20.11.1990 - 1 AZR 643/89 - BB 1991, 835, 836; BAG vom 27.6.1985 - 6 AZR 329/81 - AP Nr. 14 zu § 77 BetrVG 1972; ebenso: D/K/K - Berg, § 77 Rn 82; F/K/H/E, § 77 Rn 128
a.A.: Galperin/Löwisch, § 77 Rn 64a;
differenzierend: ErfK - Hanau/Kania, § 77 Rn 116; P. Hanau, Betriebsvereinbarung, S. 106 f., die die Aufhebung von Betriebsvereinbarungen durch solche Regelungsabreden zulassen wollen, die sich nicht auf die normative Wirkung der Betriebsvereinbarung, sondern auf deren Wirkung unter den Betriebspartnern beziehen.

117 BAG vom 8.8.1989 - 1 ABR 62/88 - AP Nr. 3 zu § 87 BetrVG 1972 Initiativrecht

118 BAG vom 10.3.1992 - 1 ABR 31/91 - AP Nr. 1 zu § 77 BetrVG 1972 Regelungsabrede; zustimmend: ErfK - Hanau/Kania, § 77 Rn 131

23.6.1992[119] analog auch auf Regelungsabreden über mitbestimmungspflichtige Angelegenheiten Anwendung.

b) Stellungnahme

Die vorstehenden Ausführungen haben gezeigt, daß Betriebsvereinbarung und Regelungsabrede zwei wichtige Funktionen gemeinsam haben: Sie regeln das Verhältnis zwischen Betriebsrat und Arbeitgeber und sind Gestaltungsmittel für die Ausübung der Mitbestimmung in den sozialen Angelegenheiten des § 87 Abs. 1 BetrVG. Durch die neuere Rechtsprechung des BAG zur analogen Anwendung der Kündigungs- und Nachwirkungsregelungen des § 77 Abs. 5 und Abs. 6 BetrVG auf die Regelungsabrede ist eine Aufwertung und weitere Annäherung der Regelungsabrede an die Betriebsvereinbarung erfolgt.

Es existiert jedoch weiterhin ein wesentlicher Unterschied: Die Betriebsvereinbarung hat eine - durch das Günstigkeitsprinzip beschränkte - normative Wirkung für die Arbeitsverhältnisse der Belegschaft, während die Regelungsabrede stets noch der arbeitsvertraglichen Umsetzung bedarf, um Rechte zwischen Arbeitgeber und dem einzelnen Arbeitnehmer zu begründen. Die Regelungsabrede eröffnet den Betriebspartnern daher keine mit den Tarifvertragsparteien konkurrierende Normsetzungsbefugnis auf betrieblicher Ebene. Die Normsetzungsprärogative der Tarifvertragsparteien bleibt unangetastet, weil die Regelungsabrede gerade keine normative Wirkung hat. Insoweit ist den Autoren,[120] die die Sperrwirkung des § 77 Abs. 3 BetrVG aus diesem Grund auf Betriebsvereinbarungen beschränken, zuzustimmen.

Es fragt sich jedoch, ob diese streng dogmatische und formaljuristische Sichtweise dem Anliegen des § 77 Abs. 3 BetrVG, die ausgeübte und aktualisierte Tarifautonomie vor einer Beeinträchtigung durch konkurrierende kollektiv-betriebliche Regelungen zu schützen und ein leistungsfähiges und attraktives tarifautonomes Handlungssystem zu gewährleisten sowie die Funktionsfähigkeit der Koalitionen zu erhalten und zu stärken, gerecht wird. Mit der Regelungsabrede lassen sich die gleichen wirtschaftlichen Ergebnisse erzielen wie mit einer Betriebsvereinbarung. Genau betrachtet ist die Rechtsposition der Arbeitnehmer bei einer umgesetzten Regelungsabrede sogar günstiger als bei einer normativ wirkenden Betriebsvereinbarung. Der Arbeitgeber kann eine Änderung der geschaffenen Rechtsposition bei fehlender Zustimmung des Arbeit-

---

119 - 1 ABR 53/91 - AP Nr. 51 zu § 87 BetrVG 1972 Arbeitszeit; zustimmend: ErfK - Hanau/ Kania, § 77 Rn 132

120 F/K/H/E, § 77 Rn 90; Haug, BB 1986, 1921, 1929; Moll, Der Tarifvorrang, S. 55; Wiedemann/Stumpf, TVG § 4 Rn 295

nehmers und mangels ausreichendem Direktionsrecht nur noch auf den in der Praxis langwierigen und schwierigen Weg der Änderungskündigung, die vom Arbeitnehmer gerichtlich angegriffen werden kann, herbeiführen.

Die Attraktivität der Gewerkschaft und der Anreiz zum Gewerkschaftsbeitritt kann auch durch das Instrument der Regelungsabrede stark beeinträchtigt werden. Der Betriebsrat kann mit dem Arbeitgeber per Regelungsabrede vereinbaren, daß der Arbeitgeber der Belegschaft gegenüber der bestehenden oder üblichen Tarifregelung bessere Arbeitsbedingungen gewährt, also übertarifliche Leistungen erbringt. Es steht wohl außer Zweifel, daß die Arbeitnehmer entsprechende Angebote des Arbeitgebers zur einzelvertraglichen Umsetzung annehmen werden, da dies für sie mit keinen Risken verbunden ist und sie keinerlei Nachteile befürchten müssen, sondern im Gegenteil noch eine gegenüber einer Betriebsvereinbarung stärkere Rechtsposition erhalten. Zögern könnte da eher schon der Arbeitgeber mit der Umsetzung einer solchen Regelungsabrede, die übertarifliche Leistungen seinerseits vorsieht. Für diesen Fall kann der Betriebsrat im arbeitsgerichtlichen Beschlußverfahren durchsetzen, daß der Arbeitgeber entsprechende Angebote an die Arbeitnehmer unterbreitet. Für die Zwangsvollstreckung ist in solchen Fällen dann § 894 ZPO i.V.m. § 85 ArbGG einschlägig[121] mit der Folge, daß das notwenige Angebot des Arbeitgebers durch den arbeitsgerichtlichen Beschluß ersetzt wird. Zur einzelvertraglichen Umsetzung bedarf es keiner weiteren Handlung des Arbeitgebers mehr, sondern nur noch der Annahme durch die Arbeitnehmer. Aus einem solchen Prozeß geht der Betriebsrat gestärkt hervor. Sein Ansehen in der Belegschaft wird deutlich zunehmen. Im Gegenzug werden Zweifel gesät, warum die mit finanziellem Aufwand (Mitgliedsbeitrag) und dem Arbeitskampfrisiko verbundene Gewerkschaftszugehörigkeit überhaupt sinnvoll ist, wenn übertarifliche Leistungen auch vom Betriebsrat initiiert und ggf. gerichtlich durchgesetzt werden können. Die weitaus überwiegende Zahl der Arbeitnehmer wird sich kaum Gedanken über die dogmatische Differenzierung zwischen Betriebsvereinbarung und Regelungsabrede und den juristischen Weg des Zustandekommens übertariflicher Leistungen machen, vielmehr interessiert sie nur das letztlich de facto erzielte Ergebnis. Die Arbeitnehmer stellen eine wirtschaftliche, keine juristische Betrachtungsweise an. Aus ihrer Sicht ist die vom Arbeitgeber zu gewährende Leistung durch eine Einschaltung des Betriebsrats vermittelt worden. Der Betriebsrat tritt deshalb auch durch den Abschluß von Regelungsabreden, die übertarifliche Leistungen des Arbeitgebers vorsehen, in Konkurrenz zu den Gewerkschaften und kann bei erfolgreicher Tätigkeit durchaus deren Werbungskraft Schaden zufügen. Dies gilt vor allem für den gesamten Entgeltbe-

---

121 ErfK - Hanau/Kania, § 77 Rn 111

reich, dem besondere Bedeutung zukommt, was der Gesetzgeber durch die ausdrückliche Hervorhebung der Arbeitsentgelte in § 77 Abs. 3 BetrVG unterstreicht. Die Betriebspartner können in Form der Regelungsabrede eine von den Tarifvertragsparteien abweichende eigene Lohnpolitik betreiben, wenn die Sperrwirkung des § 77 Abs. 3 BetrVG nicht auch dieses Instrumentarium erfaßt. Dadurch erhöht sich der Anreiz für die Arbeitgeber zum Austritt aus ihren Verbänden, können sie dann doch in Form der Regelungsabrede mit dem Betriebsrat einen Konsens über ggf. auch untertarifliche Leistungen finden.[122] Die betriebliche Praxis hat in der Vergangenheit gezeigt, daß die Chancen des Arbeitgebers auf eine einzelvertragliche Umsetzung einer solchen Regelungsabrede unter gewissen Rahmenbedingungen, wie z.B. wirtschaftlich schwierige Lage des Betriebs, durchaus gegeben sind. Die Betriebspraxis der letzten Jahre hat gezeigt, daß die Arbeitnehmer durchaus bereit sind, auf tariflich vorgesehene Lohnerhöhungen und Entgelte (z.B. Urlaubs- und Weihnachtsgeld) zumindest teilweise zu verzichten, wenn sie dadurch zum Erhalt des Betriebs und damit auch zum Erhalt ihres Arbeitsplatzes beitragen können. Die einzelvertragliche Umsetzung untertarifliche Leistungen vorsehender Regelungsabreden erscheint in der heutigen Zeit, insbesondere im mittelständischen Bereich, unter bestimmten Randbedingungen jedenfalls möglich. Die Umsetzung wird überall dort unproblematisch sein, wo den Betriebspartnern gegenüber den Arbeitnehmern die Überzeugungsarbeit gelingt, daß die in der Regelungsabrede getroffene Vereinbarung letztlich für sie günstiger ist, sei es z.B. infolge einer Abwägung zwischen Lohnverzicht und Arbeitsplatzsicherung. Für übertarifliche Entgeltleistungen stellt sich das Problem der Umsetzung praktisch ohnehin nicht. Gerade durch solch übertarifliche Leistungen vorsehene Regelungsabreden wird jedoch die Werbungskraft der Koalitionen besonders stark gefährdet.

Zusammenfassend bleibt festzuhalten, daß der Normzweck des § 77 Abs. 3 BetrVG die Einbeziehung der Regelungsabrede in die Sperrwirkung dieser Norm trotz der dogmatischen Unterschiede zur Betriebsvereinbarung gebietet. Anderenfalls gäbe man den Betriebspartnern ein Instrumentarium an die Hand, mit dem sie auf legale Weise de facto die Tarifautonomie und die Werbungskraft der Koalitionen erheblich beeinträchtigen können. Gegen das hier gefundene Ergebnis läßt sich auch nicht einwenden, daß der Arbeitgeber - unstreitig - stets individualautonome Vereinbarungen mit den Arbeitnehmern abschließen kann.[123] Zum einen ist es bereits nicht logisch zwingend, von der Zu-

[122] Daß der Austritt aus dem Arbeitgeberverband nicht per sofort diese Möglichkeit eröffnet, sondern sich hierfür insbesondere aus § 3 Abs. 3 TVG und § 4 Abs. 5 TVG zumindest zeitliche Schranken ergeben, wird später noch ausführlicher erörtert werden.

[123] So Haug, BB 1985, 1921, 1928; Moll, Der Tarifvorrang, S. 54 f.

lässigkeit der einen Gestaltungsform auch auf die Erlaubtheit der anderen zu schließen.[124] Zum anderen ist entscheidend, daß bei individualvertraglichen Regelungen, die auf einer Regelungsabrede basieren, eine gemeinsame Vereinbarung zwischen Betriebsrat und Arbeitgeber existiert, die den Arbeitgeber gegenüber dem Betriebsrat zu entsprechenden Angeboten an die Arbeitnehmer verpflichtet.

E. Übernahme einer tariflichen Regelung durch Betriebsvereinbarung

Zu § 59 BetrVG 1952 hatte sich ganz überwiegend die Auffassung gebildet, daß eine tarifvertragliche Regelung inhaltlich unverändert durch eine Betriebsvereinbarung übernommen und dadurch auf die Arbeitsverhältnisse der nicht tarifgebundenen ausgedehnt werden kann.[125] Zu § 77 Abs. 3 BetrVG hat sich das Meinungsbild gewandelt und die Befürworter der Übernahmemöglichkeit sind in der Minderheit.[126] Die Vorschläge des DGB zur Novellierung des Betriebsverfassungsgesetzes[127] und der „Entwurf eines Gesetzes zur Neuregelung der Betriebsverfassung" der Bundestagsfraktion der SPD vom 16.12.1968[128] sahen folgende ausdrückliche Formulierung vor:

„Betriebsvereinbarungen, welche die Anwendung tariflicher Regelungen auf nichttarifgebundene Arbeitnehmer ausdehnen, sind unzulässig."[129]

Der Gesetzgeber hat darauf verzichtet, eine solche Bestimmung zu übernehmen. Daraus kann allerdings nicht geschlossen werden, daß er tarifübernehmende Betriebsvereinbarungen zulassen wollte. Aus den Begründungen ergibt sich vielmehr, daß der Gesetzgeber die jetzige Formulierung des § 77 Abs. 3 S. 1 BetrVG „können nicht Gegenstand einer Betriebsvereinbarung sein" für ausreichend erachtete, um zu verhindern, „daß der persönliche Geltungsbereich von Tarifverträgen auf einem anderen als dem hierfür vorgesehenen Weg

---

124 So zu Recht der Einwand von Veit/Waas, BB 1991, 1329, 1333

125 BAG vom 27.3.1963 - 4 AZR 72/62 - AP Nr. 9 zu § 59 BetrVG 1952; BAG vom 15.5.1964 - 1 ABR 15/63 - AP Nr. 5 zu § 56 BetrVG 1952 Akkord; Monjau, BB 1965, 632, 633; Säcker, RdA 1967, 370, 373; Zöllner, FS Nipperdey, S. 719
a.A.: Richardi, Kollektivgewalt, S. 274 ff.

126 ArbG Siegburg vom 3.8.1977 - 2 Ca 1689/76 - DB 1978, 1281; Fabricius, RdA 1973, 125, 126; H/S/G, § 77 Rn 162; Stege/Weinspach, § 77 Rn 21

127 AuR 1968, 145, 146

128 BT-Drucks. V/3658, abgedruckt in RdA 1969, 35 ff.

129 SPD-Entwurf in RdA 1969, 35, 40

der Allgemeinverbindlichkeitserklärung nach dem Tarifvertragsgesetz ausgedehnt wird".[130]

Mit dem Ausschluß der Möglichkeit, den Inhalt eines Tarifvertrages durch Betriebsvereinbarung übernehmen zu können, sollte die Tarifautonomie geschützt werden.[131] Der jetzige Wortlaut legt das Verbot tarifübernehmender Tarifvereinbarungen nahe, wobei er nicht so gravierend von dem des § 59 BetrVG 1952 abweicht, daß die zu letzterer Norm damals h.M. zwangsläufig aufgegeben werden müßte.[132] Allerdings war auch die zu § 59 BetrVG 1952 h. M. nicht mit dessen Wortlaut zu begründen.[133]

Neben Entstehungsgeschichte und Wortlaut spricht auch die Ratio des § 77 Abs. 3 BetrVG für die Unzulässigkeit tarifübernehmender Betriebsvereinbarungen. Ansonsten würde die Attraktivität der Koalitionen erheblich leiden, da die nicht organisierten Arbeitnehmer des Betriebs als sog. "Trittbrettfahrer" gegenüber den tarifgebundenen Arbeitnehmern besser gestellt würden. Sie sparen den Mitgliedsbeitrag und unterliegen keinerlei Verpflichtungen gegenüber den Gewerkschaften, insbesondere tragen sie kein Arbeitskampfrisiko. Wie angesichts dieser offenkundigen Vorteile der "Trittbrettfahrer" das Arbeitsgericht Siegburg[134] ohne nähere Begründung dennoch behaupten kann, den Koalitionen drohe kein Attraktivitätsverlust, ist nicht nachvollziehbar. Schließlich gebietet der Schutz der Tarifautonomie den Kompetenzverlust der Betriebspartner. Soweit die Tarifvertragsparteien von ihrer Normsetzungsbefugnis Gebrauch gemacht haben, fehlt den Betriebspartnern generell die Zuständigkeit zur Regelung von Arbeitsbedingungen durch eine Betriebsvereinbarung.

Aus den genannten Gründen ist der ganz h.M. zuzustimmen, daß der Tarifvorbehalt des § 77 Abs. 3 BetrVG auch die vollständige oder teilweise in-

---

130 BT-Drucks. VI/1786, S. 47; vgl. auch den schriftlichen Bericht des BT-Ausschusses für Arbeit und Sozialordnung, zu BT-Drucks. VI/2729, S. 11

131 BAG GS vom 3.12.1991 - GS 2/90 - AP Nr. 51 zu § 87 BetrVG 1972 Lohngestaltung

132 So zu Recht: Hablitzel, DB 1971, 2158, 2163; H/S/G, § 77 Rn 61

133 H/S/G, § 77 Rn 161; Richardi, Kollektivgewalt, S. 274

134 s. Fn 126

haltliche Übernahme eines Tarifvertrages durch eine Betriebsvereinbarung ausschließt.[135]

135 D/K/K - Berg, § 77 Rn 67; Braun, BB 1986, 1428, 1433; Brecht, § 77 Rn 28; F/K/H/E, § 77 Rn 87; Frauenkron, § 77 Rn 20; Galperin/Löwisch, § 77 Rn 85; P.Hanau, RdA 1973, 281, 284; Haug, BB 1986, 1921, 1925 f.; v.Hoyningen-Huene/Meyer-Krenz, NZA 1987, 793, 795; Jahnke, Tarifautonomie und Mitbestimmung, S. 149; GK - Kreutz, § 77 Rn 10; Linnenkohl, BB 1994, 2077, 2079; MünchArbR - Matthes, § 318 Rn 63; Moll, Der Tarifvorrang, S. 52 f.; Richardi, § 77 Rn 274; Schaub, § 231 II 5 e; Säcker, ZfA, 1972, Sonderheft, 41, 42; Vetter, DB 1991, 1833; Weiss/Weyand, § 77 Rn 33; Wiedemann/Stumpf, TVG, § 4 Rn 299

§ 5 Ausnahmen von der Regelungssperre des § 77 Abs. 3 BetrVG

A. Sozialplanregelungen, §§ 112, 112 a BetrVG

Sozialpläne (§§ 112, 112 a BetrVG) haben zwar gem. § 112 Abs. 1 S. 3 BetrVG die Wirkung einer Betriebsvereinbarung, in § 112 Abs. 1 S. 4 BetrVG ist jedoch ausdrücklich normiert, daß § 77 Abs. 3 BetrVG auf diese keine Anwendung findet. Arbeitgeber und Betriebsrat können deshalb ohne Rücksicht auf bestehende oder übliche Tarifverträge per Sozialplan Regelungen für die Arbeitnehmer vereinbaren.

B. Maßnahmen zur Förderung der Vermögensbildung gemäß § 88 Nr. 3 BetrVG

Während in § 87 BetrVG die Angelegenheiten beschrieben sind, in denen dem Betriebsrat ein erzwingbares Mitbestimmungsrecht zusteht, verdeutlicht § 88 BetrVG, daß über den Katalog des § 87 Abs. 1 BetrVG hinaus weitere Angelegenheiten von den Betriebspartnern durch Betriebsvereinbarung geregelt werden können, wenn auch ausschließlich auf freiwilliger Basis. Die Vorschrift enthält keine abschließende Aufzählung der möglichen Regelungsmaterien, was bereits aus dem Wortlaut „insbesondere“ folgt, sondern nennt nur Beispiele für denkbare freiwillige Betriebsvereinbarungen. § 88 BetrVG entspricht bis auf seiner Nr. 3 dem § 57 BetrVG 1952. Die Nr. 3 wurde auf Vorschlag des Bundestagsausschusses für Arbeit und Sozialordnung zusätzlich eingefügt. Damit wollte der Ausschuß die Bedeutung der Vermögensbildung unterstreichen und klarstellen, daß auch andere als die im 3. VermBG vom 27.6.1970 vorgesehenen Maßnahmen zur Vermögensbildung von den Betriebspartnern vereinbart werden können.[1]

In seiner Entscheidung vom 24.2.1987 hat das BAG[2] § 77 Abs. 3 BetrVG auf freiwillige Betriebsvereinbarungen über Maßnahmen zur Förderung der Vermögensbildung nach § 88 Nr. 3 BetrVG für nicht anwendbar erklärt und seine Auffassung damit begründet, daß dies weitgehend angenommen werde. Es beruft sich allerdings lediglich auf eine Literaturstelle[3], ohne sich mit der auch dort angesprochenen Gegenmeinung auseinanderzusetzen. Dabei ist die Literatur bei der Frage, ob sich die Sperrwirkung des § 77 Abs. 3 BetrVG auch auf freiwillige Betriebsvereinbarungen nach § 88 Nr. 3 BetrVG erstreckt, in zwei

---

1 Vgl. BT-Drucks. VI/2729, S. 4

2 - 1 ABR 18/85 - AP Nr. 21 zu § 77 BetrVG 1972

3 Galperin/Löwisch, § 77 Rn 76 a

nahezu gleich starke Lager gespalten[4], wobei man häufig vergeblich nach einer Argumentation für die eine oder andere Meinung sucht.

Nach *Richardi*[5] verlangt der vom Gesetzgeber mit der Aufnahme des § 88 Nr. 3 BetrVG verfolgte Zweck unbedingt eine restriktive Interpretation des § 77 Abs. 3 BetrVG.[6] In die gleiche Richtung zielen *Galperin/Löwisch*[7], nach deren Auffassung es sich bei den vermögenswirksamen Leistungen um einen Randbereich der Lohnpolitik handelt, in dem der Zweck des § 77 Abs. 3 BetrVG gegenüber der in § 88 Nr. 3 BetrVG erkennbaren Absicht des Gesetzes, Betriebsvereinbarungen über Fragen der Vermögensbildung zu begünstigen, nicht mehr durchschlage.

Entgegen dieser durch keinerlei Zahlenmaterial belegten These sind vermögenswirksame Leistungen sehr wohl ein wichtiges Segment der Lohnpolitik. Dies wird u.a. daran deutlich, daß auch nach Inkrafttreten des 3. VermBG die Beteiligung der Arbeitnehmer am Produktivvermögen stets in der Diskussion stand und der Gesetzgeber bemüht war (und ist), moderne sozialpolitische Erkenntnisse hinsichtlich der gesellschaftspolitischen Notwendigkeit einer gerechten Verteilungspolitik für das erwirtschaftete Produktivvermögen unter dem besonderen Aspekt einer gleichmäßigeren und breiteren Eigentumsstreuung umzusetzen, indem er den Anlagenkatalog des 3. VermBG durch das 4. und inzwischen 5. VermBG stets den neueren Erkenntnissen und Entwicklungen angepaßt und erweitert hat. Beispielhaft sei auf die Möglichkeiten der stillen Beteiligung sowie des Erwerbs von GmbH- und Genossenschaftsanteilen verwiesen. Angesichts der gesetzgeberischen Aktivitäten und der breiten politischen Diskussion können die vermögenswirksamen Leistungen nicht zu einem unbedeutenden Randbereich der Lohnpolitik degradiert werden.

---

4 Bejahend: H/S/G, § 88 Rn 11; Konzen, BB 1977, 1307, 1312; Küchenhoff, § 88 Rn 8; Schaub, § 236 II 3; Stege/Weinspach, § 88 Rn 9; Weiss/Weyand, § 88 Rn 7; GK - Wiese, § 88 Rn 25
Verneinend: D/K/K - Buschmann, § 88 Rn 13; F/K/H/E, § 88 Rn 21; Galperin/Löwisch, § 77 Rn 76 a und § 88 Rn 14; Kamman/Hess/Schlochauer, § 88 Rn 13; Moll, Der Tarifvorrang, S. 58; Richardi, § 88 Rn 24; Schimana/Frauenkron, DB 1980, 445, 448
Loritz, DB 1985, 531, 538 f. differenziert danach, ob es sich um vom Arbeitgeber zu erbringende Geldleistungen handelt (§ 77 Abs. 3 BetrVG findet Anwendung) oder Beteiligungen der Arbeitnehmer am arbeitgebenden Unternehmen in Rede stehen (die Sperrwirkung des § 77 Abs. 3 BetrVG greift nicht ein).
Die Rechtsprechung hatte sich - soweit erkennbar - zuvor noch nicht mit dieser Frage beschäftigt.

5 § 88 Rn 24

6 Ihm folgend Schimana/Frauenkron, DB 1980, 445, 448: § 88 Nr. 3 BetrVG würde sonst zur Bedeutungslosigkeit verurteilt.

7 § 77 Rn 76 a

Dagegen spricht auch, daß den Tarifverträgen in der Praxis sowohl für die Erbringung als auch für die Verwendung von vermögenswirksamen Leistungen eine außerordentliche Bedeutung zukommt. *Wiedemann/Stumpf*[8] berichten von einer Untersuchung des Wirtschafts- und Sozialwissenschaftlichen Instituts des Deutschen Gewerkschaftsbundes vom Januar 1974, wonach Mitte des Jahres 1973 nahezu 13 Mio. Arbeitnehmer durch Tarifverträge über vermögenswirskame Leistungen begünstigt wurden.[9]

Ein besonders anschauliches Beispiel ist der zwischen den Chemie-Tarifpartnern geschlossene und seit dem 1.1.1999 in Kraft getretene „Tarifvertrag über vermögenswirksame Leistungen und Altersvorsorge". Dieser Tarifvertrag ermöglicht es den Betrieben und Beschäftigen, auf freiwilliger Basis die vermögenswirksamen Leistungen zum Aufbau einer zusätzlichen betrieblichen Altersvorsorge einzusetzen. Gemäß diesem Tarifvertrag kann der Arbeitgeber entscheiden, ob er eine betriebliche Altersvorsorge durch Entgeltumwandlung anbieten will. Der Arbeitnehmer hat ein Wahlrecht, ob er das Angebot annehmen und seinen tariflichen (!) Anspruch von 936,00 DM für den Aufbau einer zusätzlichen Altersvorsorge einsetzen will. Das Unternehmen kann somit ohne zusätzliche finanzielle Belastungen eine betriebliche Altersvorsorge anbieten und der Arbeitnehmer eine - je nach Alter - beträchtliche Zusatzrente aufbauen. Zur besonders effektiven Umsetzung wurde ein Gruppenversicherungsvertrag mit einem Konsortium bedeutender und ertragstarker Lebensversicherungen unter Führung der Allianz Leben abgeschlossen. Dadurch können die in den Chemie-Arbeitgeberverbänden organisierten rd. 1.700 westdeutschen Betriebe (ca. 590.000 Beschäftige) ihren Mitarbeitern Direktversicherungen mit besonders günstigen Tarifen dieses Gruppenvertrages anbieten. Durch den Tarifvertrag werden insbesondere mittelständische Betriebe, die über keine eigenen Versorgungseinrichtungen verfügen, in die Lage versetzt, ohne zusätzlichen Aufwand eine Zusatzrente für ihre Mitarbeiter anzubieten. Ein wahrlich innovativer Weg, den Arbeitnehmern eine Alternative zur unbestreibar immer wichtiger werdenden privaten Altersvorsorge zu eröffnen.

Wenn *F/K/H/E*[10] meinen, wegen der besonderen Bedeutung der Vermögensbildung in Arbeitnehmerhand ergänzende verbessernde Betriebsvereinbarungen zulassen zu müssen, vermißt man eine nachvollziehbare Begründung. Man könnte genauso gut gerade wegen der besonderen Bedeutung den Tarif-

---

8 TVG § 1 Rn 183

9 Zur Höhe der Leistungen im Jahre 1975 vgl. die statistischen Angaben in RdA 1976, 255, wonach für 79 % aller Arbeitnehmer in Tarifverträgen vermögenswirksame Leistungen des Arbeitgebers vereinbart waren

10 § 88 Rn 13

partnern das Recht zugestehen, in diesem wichtigen Bereich ihre Normsetzungsprärogative in Anspruch zu nehmen. *F/K/H/E* unterstellen indirekt, daß die Tarifpartner nicht in der Lage sind, diesen Themenbereich befriedigend zu lösen. Solange jedoch keine konkreten anderslautenden Erkenntnisse vorliegen, sollte man den Tarifpartnern die Regelungskompetenz nicht ohne Grund abstreiten. Der oben dargestellte zwischen den Chemie-Tarifpartnern geschlossene Tarifvertrag spricht eher für das Gegenteil.

Galperin/Löwisch[11] und *Richardi*[12] unterstellen einen gesetzgeberischen Willen, der in der Entstehungsgeschichte keine Grundlage findet. Der Gesetzgeber wollte durch die Einfügung der Nr. 3 in § 88 BetrVG lediglich auf die Bedeutung der Vermögensbildung aufmerksam machen und klarstellen, daß die Betriebspartner frei sind, auch andere Wege zu beschreiten, als im 3. VermBG vorgesehen sind. Nirgends findet sich eine Aussage zum Verhältnis zwischen (üblicher) tariflicher Regelung und der Möglichkeit zum Abschluß von Betriebsvereinbarungen. Da § 77 Abs. 3 BetrVG ansonsten nach einhelliger Meinung auf freiwillige Betriebsvereinbarungen Anwendung findet, wäre zu erwarten gewesen, daß der Gesetzgeber, wollte er dies für die freiwilligen vermögensbildenden Maßnahmen anders regeln, auch angesprochen hätte. Dies muß man umso mehr verlangen, als die Ziffern 1-3 des § 88 BetrVG keine abschließende enumerative Aufzählung der durch freiwillige Betriebsvereinbarungen regelbaren Materien enthalten, sondern nur beispielhaft genannt werden. Eine restriktive Interpretation des § 88 Nr. 3 BetrVG ist durch die Entstehungsgeschichte nicht begründbar.[13]

Zu Recht wird die Anwendbarkeit des § 77 Abs. 3 BetrVG teilweise mit dem Hinweis darauf begründet, daß es an einem ausdrücklichen Ausschluß, wie in § 112 Abs. 1 S. 4 BetrVG für den Sozialplan geschehen, fehlt.[14] Es liegt nahe, daß der Gesetzgeber die Nichtanwendbarkeit des § 77 Abs. 3 BetrVG für § 88 Nr. 3 BetrVG ebenso wie bei § 112 Abs. 1 S. 4 BetrVG explizit normiert hätte, wenn dies denn sein Wille gewesen wäre.

Schließlich sei noch auf die Regelung in § 10 Abs. 5, 5. VermBG hingewiesen. Danach kann der Arbeitgeber die im Kalenderjahr aufgrund einer Betriebsvereinbarung gewährten betrieblichen Sozialleistungen, die den Arbeitnehmern als vermögenswirksame Leistungen erbracht wurden, auf tarifvertraglich vereinbarte vermögenswirksame Leistungen anrechnen, sofern die Betriebsvereinbarung kein Wahlrecht des Arbeitnehmers zwischen vermögens-

---

11 § 77 Rn 76 a

12 § 88 Rn 24

13 Loritz, DB 1985, 531, 538; GK - Wiese, § 88 Rn 25

14 H/S/G, § 88 Rn 11; GK - Wiese, § 88 Rn 25

wirksamen Leistungen und anderen Arten der betrieblichen Sozialleistungen, insbesondere eine Barleistung, vorsah. Hier schlägt also auch die tarifvertragliche Regelung auf bestehende Betriebsvereinbarungen durch, um zu verhindern, daß der Arbeitgeber doppelt belastet wird, nämlich durch die bestehende (Betriebsvereinbarung) und die neue (Tarifvertrag) Regelung.

Zusammenfassend bleibt festzuhalten, daß der Auffassung des BAG, § 88 Nr. 3 BetrVG sei eine Ausnahme gegenüber § 77 Abs. 3 BetrVG, nicht gefolgt werden kann. Weder Entstehungsgeschichte noch Wortlaut oder Zweck des § 88 Nr. 3 BetrVG sprechen für eine derartige restriktive Anwendung des § 77 Abs. 3 BetrVG. Bezeichnenderweise hat der Große Senat des BAG in seiner Entscheidung vom 3.12.1991[15], in der er die des BAG vom 24.2.1987[16] im Ergebnis ausführlich und ausdrücklich bestätigt hat, § 88 Nr. 3 BetrVG mit keinem Wort erwähnt.

C. Die sozialen Angelegenheiten des § 87 Abs. 1 BetrVG - Vorrangtheorie oder Zweischranken-Theorie? -

§ 87 Abs. 1 BetrVG enthält eine enumerative Aufzählung von sozialen Angelegenheiten, in denen ein Mitbestimmungsrecht des Betriebsrates besteht. Über Maßnahmen und Entscheidungen in den genannten Angelegenheiten müssen sich Arbeitgeber und Betriebsrat einig sein. Kommt keine Einigung zustande, so entscheidet gemäß § 87 Abs. 2 BetrVG die Einigungsstelle, deren Spruch die fehlende Einigung zwischen Arbeitgeber und Betriebsrat ersetzt. Die Mitbestimmung in den sozialen Angelegenheiten des § 87 Abs. 1 BetrVG wird deshalb „obligatorische Mitbestimmung" genannt.[17]

Es ist höchst strittig, ob § 77 Abs. 3 BetrVG auch im Anwendungsbereich des § 87 Abs. 1 BetrVG gilt. Die Vertreter der sog. Vorrangtheorie verneinen dies, weil sie in § 87 Abs. 1 Einleitungssatz BetrVG eine den § 77 Abs. 3 BetrVG verdrängende lex-specialis sehen[18], während nach der sog. Zweischran-

15 - GS 2/90 - AP Nr. 51 zu § 87 BetrVG 1972 Lohngestaltung

16 s. Fn 2

17 F/K/H/E, § 87 Rn 1

18 D/K/K - Berg, § 77 Rn 66; Birk, Anm zu BAG (14.11.1974); Däubler, Gewerkschaftsrechte im Betrieb, Rn 183; Ehmann/Schmidt, NZA 1995, 193, 197; Fabricius, RdA 1973, 125, 126; Farthmann, RdA 1974, 65, 71; v.Friesen, DB 1983, 1871, 1873; Gast, Tarifautonomie und Normsetzung durch Betriebsvereinbarung, S. 39; ders., Anm. zu BAG (24.3.1987); Gaul, Anm zu BAG (3.12.1991); Gnade/Kehrmann/Schneider/Blanke/Klebe, § 77 Rn 6; Hoß/Liebscher, DB 1995, 2525, 2529 f.; v.Hoyningen-Huene/Meyer- Krenz, NZA 1987, 793, 799; Hümmerich, DB 1996, 1182, 1184; Jene, Kurzarbeit und betriebliche Mitbestimmung, S. 304; Kempen/Zachert, TVG Grundl. Rn 257; D/K/K - Klebe, § 87

ken-Theorie § 77 Abs. 3 BetrVG ohne Einschränkung auch im Rahmen des § 87 Abs. 1 BetrVG Anwendung findet.[19] Das BAG hat sich, nachdem es die Frage lange Zeit offengelassen hat[20], erstmals in seinem Beschluß vom 24.2.1987[21] für die Vorrangtheorie entschieden, die es seitdem in ständiger Rechtsprechung vertritt.[22] Rechtsprechung und Literatur sind einer kritischen Würdigung zu unterziehen.

Rn 32; Kübler/Schmidt/Simitis, Mitbestimmung als gesetzgebungspolitische Aufgabe, S. 221 ff.; Lederer, Das Initiativrecht des Betriebsrats in Lohnfragen, S. 67 ff.; Löwisch, § 77 Rn 46; MünchArbR - Matthes, § 318 Rn 68 f.; Oetker, Die Mitbestimmung der Betriebs- und Personalräte bei der Durchführung von Berufsbildungsmaßnahmen, S. 248; Pleyer, Anm. zu BAG (24.11.1987); Reuter/Streckel, Grundfragen der betriebsverfassungsrechtlichen Mitbestimmung, S. 33; Säcker, BB 1979, 1201, 1202; ders., ZfA-Sonderheft 1972, 41, 64 ff.; Schmidt, Das Günstigkeitsprinzip, S. 103; Schulin, Anm. zu BAG (9.4.1991); Simitis/ Weiss, DB 1973, 1240, 1247; Trittin, AuR 1991, 329, 331 f.; Weiss/Weyand, § 77 Rn 29; Weyand, AuR 1989, 193, 195; Wlotzke, § 77 Anm. III 2 a und § 87 Anm. 3 b; Zachert, NZA 1988, 185, 188

19 Auffarth, AuR 1972, 33, 38; Boewer, DB 1973, 522, 526; Conze, DB 1978, 490, 492; Dietz/Richardi, § 77 Rn 180 ff.; Dütz, DB 1972, 383, 391; Eich, DB 1980, 1340, 1342; F/K/H/E, § 77 Rn 98; Frauenkron, § 87 Rn 10; Galperin/Löwisch, § 77 Rn 76; P. Hanau, BB 1977, 350; ders., RdA 1973, 281, 284; ders., BB 1972, 499; Haug, BB 1986, 1921, 1931; H/S/G, § 77 Rn 136; Hromadka, DB 1987, 1991 f.; Jäcker, Die Einigungsstelle nach dem Betriebsverfassungsgesetz 1972, S. 49; Jahnke, Tarifautonomie und Mitbestimmung, S. 167 ff.; Kirchner, BB 1972, 1279, 1280 f.; Konzen, BB 1977, 1307, 1311 f.; GK - Kreutz, § 77 Rn 118 f.; ders., Grenzen der Betriebsautonomie, S. 220 f.; Lappe, Die Mitbestimmung in sozialen Angelegenheiten, S. 83; Lieb, Anm. zu BAG (3.12.1991); Löwisch, AuR 1978, 97, 106; Matthießen, DB 1988, 285, 289 Fn 91; Mengel, DB 1982, 43; Misera, Anm. zu BAG (3.8.1982); Moll, Der Tarifvorrang, S. 34 ff.; Raatz, DB 1972, Beilage Nr. 1, 1, 13; Richardi, ZfA 1976, 1, 4; ders., Anm. zu BAG (21.2.1987); Schwarze, Der Betriebsrat im Dienst der Tarifvertragsparteien, S. 203; v.Stebut, RdA 1974, 332, 339 f.; Stege/Rinke, DB 1991, 2386, 2388; Stege/ Weinspach, § 87 Rn 35; Waltermann, NZA 1996, 357, 359; Wank, RdA 1991, 129, 139; Wiedemann/Stumpf, TVG § 4 Rn 277 ff.; GK - Wiese, § 87 Rn 48; ders., FS 25 Jahre BAG, 661, 664; ders., SAE 1989, 6 ff.

20 BAG vom 17.12.1985 - 1 ABR 6/84 - AP Nr. 5 zu § 87 BetrVG 1972 Tarifvorrang; BAG vom 31.3.1984 - 1 ABR 46/81 - AP Nr. 3 zu § 87 BetrVG 1972 Tarifvorrang; BAG vom 22.1.1980 - 1 ABR 48/77 - AP Nr. 3 zu § 87 BetrVG 1972 Lohngestaltung; BAG vom 5.3.1974 - 1 ABR 28/73 - AP Nr. 1 zu § 87 BetrVG 1972 Kurzarbeit

21 - 1 ABR 18/85 - AP Nr. 21 zu § 77 BetrVG 1972

22 BAG vom 24.1.1996 - 1 AZR 597/95 - AP Nr. 8 zu § 77 BetrVG 1972 Tarifvorbehalt; BAG vom 22.6.1993 - 1 ABR 62/92 - AP Nr. 22 zu § 23 BetrVG 1972; BAG vom 22.9.1992 - 1 AZR 461/90 - AP Nr. 58 zu § 87 BetrVG 1972 Lohngestaltung; BAG vom 23.6.1992 - 1 ABR 9/92 - AP Nr. 55 zu § 77 BetrVG 1972; BAG vom 20.8.1991 - 1 AZR 326/90 - AP Nr. 50 zu § 87 BetrVG 1972 Lohngestaltung; BAG vom 10.2.1988 - 1 ABR 56/86 - AP Nr. 33 zu § 87 BetrVG 1972 Lohngestaltung; BAG vom 24.11.1987 - 1 ABR

I. Vergleich der Voraussetzungen und Wirkungen der §§ 87 Abs. 1 Einleitungssatz und 77 Abs. 3 BetrVG

Um Aussagen zum Konkurrenzverhältnis zwischen § 77 Abs. 3 BetrVG und § 87 Abs. 1 Einleitungssatz BetrVG treffen zu können, ist es zunächst erforderlich, sich zu vergegenwärtigen, inwieweit zwischen diesen Normen Gemeinsamkeiten und Unterschiede in Bezug auf den Vorrang des Tarifvertrags bestehen.

Für § 77 Abs. 3 BetrVG sind dessen Voraussetzungen und Wirkungen bereits eingehend erörtert worden[23], weshalb der Verfasser sich auf eine Wiedergabe der gefundenen Ergebnisse beschränken kann. Im Rahmen der notwendigen Gegenüberstellung ist in bezug auf § 87 Abs. 1 Einleitungssatz BetrVG die Darstellung der Rechtsprechung und h.M. ausreichend.

1. Tarifbindung des Arbeitgebers oder der/des Arbeitnehmer(s)

Im Unterschied zu § 77 Abs. 3 BetrVG greift der Tarifvorrang bei § 87 Abs. 1 Einleitungssatz BetrVG nur ein, wenn für den Betrieb ein Tarifvertrag tatsächlich gilt. Dazu ist nach allg.M. zunächst Voraussetzung, daß der Betrieb bzw. die dort beschäftigen Arbeitnehmer unter den räumlichen, fachlichen und persönlichen Geltungsbereich des Tarifvertrags fallen.[24] Streitig ist - abgesehen vom Fall der Allgemeinverbindlichkeitserklärung des Tarifvertrags - hingegen, ob die Tarifbindung des Arbeitgebers genügt oder ob auf Arbeitnehmerseite weitere Bedingungen erfüllt sein müssen.

Nach Ansicht des BAG[25] und der ganz h.M.[26] ist die Tarifgebundenheit des Arbeitgebers ausreichend.

57/86 - AP Nr. 31 zu § 87 BetrVG 1972 Lohngestaltung; BAG vom 24.11.1987 - 1 ABR 25/86 - AP Nr. 6 zu § 87 BetrVG 1972 Auszahlung; BAG GS vom 3.12.1991 - GS 2/90 - AP Nr. 51 zu § 87 BetrVG 1972 Lohngestaltung

23 s. S. 37 ff., 57 ff.

24 vgl. statt aller: ErfK - Hanau/Kania, § 87 Rn 15; D/K/K - Klebe, § 87 Rn 30; Richardi, § 87 Rn 159

25 BAG vom 10.8.1993 - 1 ABR 21/93 - AP Nr. 12 zu § 87 BetrVG 1972 Auszahlung; BAG vom 20.12.1988 - 1 ABR 57/87 - AP Nr. 9 zu § 87 BetrVG 1972 Auszahlung; BAG vom 24.2.1987 - 1 ABR 18/85 - AP Nr. 21 zu § 77 BetrVG 1972

26 Boewer, DB 1973, 522, 525; F/K/H/E, § 87 Rn 42; Farthmann, RdA 1974, 65, 70; Fischer, Die tarifwidrigen Betriebsvereinbarungen, S. 226; H/S/G, § 87 Rn 55; ErfK - Hanau/Kania, § 77 Rn 54 u. § 87 Rn 15; v.Hoyningen-Huene/Meyer-Krenz, NZA 1987, 793, 796 f.; D/K/K - Klebe, § 87 Rn 30; MünchArbR - Matthes, § 324 Rn 16; Moll, Der

Die M.M. legt einen quantitativen Ansatz zugrunde, der allerdings erheblich variiert: Teilweise wird für das Eingreifen des Tarifvorrangs gefordert, daß neben dem Arbeitgeber wenigstens ein Arbeitnehmer tarifgebunden ist.[27] Andere Autoren halten die Tarifgebundenheit des Arbeitgebers und der/des Arbeitnehmer(s) für erforderlich, wobei nach einer Auffassung[28] das Mitbestimmungsrecht ganz entfallen soll, wenn nur ein Arbeitnehmer nicht tarifgebunden ist, während nach anderer Meinung[29] nur für die tatsächlich tarifgebundenen Arbeitsverhältnisse die Mitbestimmung entfällt, für die übrigen Arbeitsverhältnisse im Betrieb jedoch erhalten bleibt. Nach dritter Auffassung soll die Mitbestimmung nur dann entfallen, wenn unter Bezugnahme auf den Tarifvertrag im wesentlichen alle in Betracht kommenden Arbeitnehmer tarifgemäß behandelt werden.[30]

Da betriebliche und betriebsverfassungsrechtliche Normen eines Tarifvertrags gemäß § 3 Abs. 2 TVG ohnehin für alle Betriebe gelten, deren Arbeitgeber tarifgebunden sind, ohne daß es auf eine Tarifgebundenheit der/des Arbeitnehmer(s) ankommt, beschränkt sich der Meinungsstreit auf die - allerdings wichtigen - Inhaltsnormen eines Tarifvertrages. Da diese Inhaltsnormen gemäß den §§ 3 Abs. 1, 4 Abs. 1 S. 1 TVG nur dann Tarifgeltung erlangen, wenn Arbeitgeber und Arbeitnehmer tarifgebunden sind, ist innerhalb der M.M. nur die Auffassung konsequent, die die Tarifgebundenheit von Arbeitgeber und Arbeitnehmer fordert. Allerdings kann ihr im Ergebnis nicht gefolgt werden. Die Ansicht *Wiese's*[31] führt, worauf das BAG[32] zutreffend hingewiesen hat, dazu, daß der Tarifvorrang des § 87 Abs. 1 Einleitungssatz BetrVG praktisch leerläuft. Neben tariflichen Regelungen wären nämlich mitbestimmte Regelungen stets möglich, wenn auch nur ein einziger Arbeitnehmer des Betriebs nicht tarifgebunden wäre. Die Lösung von *Gast*[33] würde zwar die Arbeitnehmer vollumfänglich vor einseitigen Maßnahmen des Arbeitgebers schützen, erscheint aber wenig praktikabel. Sie hätte zur Folge, daß im Betrieb bezüglich der gleichen Angelegenheit eine tarifliche und eine mitbestimmte Regelung nebeneinander Anwendung finden würde. Die Aufteilung der Arbeitsverhältnisse könnte sich

---

Tarifvorrang, S. 22; Säcker, ZfA-Sonderheft 1972, 41, 68; Stege/ Weinspach, § 87 Rn 33; Weiss/Weyand, § 87 Rn 13

27 Rumpff, AuR 1972, 65, 78

28 Hueck/Nipperdey II/2 S. 1360, 1395; Wiese, FS 25 Jahre BAG, S. 671 f.; ders. in GK, § 87 Rn 67

29 Gast, BB 1987, 1249, 1252

30 Richardi, § 87 Rn 156; Wiedemann/Stumpf, TVG § 4 Rn 284

31 s. Fn 28

32 BAG vom 24.2.1987 - 1 ABR 18/85 - AP Nr. 21 zu § 77 BetrVG 1972

33 s. Fn 29

täglich ändern, z.B. durch Stellenwechsel oder Gewerkschaftsbeitritte sowie -austritte von Arbeitnehmern. *v.Hoyningen-Huene/ Meyer-Krenz*[34] melden berechtigterweise Bedenken an, falls durch Betriebsvereinbarung geregelte mitbestimmte Angelegenheiten in ihrer Wirkung nur auf die nicht tarifgebundenen Arbeitnehmer beschränkt werden. Aufgrund des in § 75 Abs. 1 S. 1 BetrVG normierten Verbots der Differenzierung nach Gewerkschaftsangehörigkeit, kann die Wirkung einer Betriebsvereinbarung weder auf Gewerkschaftsmitglieder noch auf nicht organisierte Arbeitnehmer reduziert werden. Das Mittel der Betriebsvereinbarung zur Mitbestimmung scheidet also aus, sobald nur ein Teil der Arbeitnehmer tarifgebunden ist.

Entscheidend ist jedoch, daß der Zweck des § 87 Abs. 1 Einleitungssatz BetrVG[35] nicht die beiderseitige Tarifgebundenheit erfordert.[36] Dem Schutzbedürfnis der Arbeitnehmer ist bereits genüge getan, wenn infolge der Tarifbindung des Arbeitgebers im Betrieb eine kollektive Regelung besteht, da die Arbeitnehmer den unabdingbaren Schutz der vorhandenen tariflichen Regelung jederzeit durch den Betritt zur tarifvertragsschließenden Gewerkschaft erhalten können.

Im Einklang mit dem BAG und der h.M. hält der Verfasser daher die Tarifbindung des Arbeitgebers zur Auslösung des Tarifvorrangs des § 87 Abs. 1 Einleitungssatz BetrVG für ausreichend. Dennoch besteht ein Unterschied zu § 77 Abs. 3 BetrVG, da dort die Sperrwirkung noch nicht einmal die Tarifbindung des Arbeitgebers voraussetzt.

2. Nachwirkende Tarifverträge

Nach zutreffender Rechtsprechung[37] und fast einhelliger Meinung[38] wird die Mitbestimmung des Betriebsrats bei einem bloß nachwirkenden Tarifvertrag nicht durch § 87 Abs. 1 Einleitungssatz BetrVG ausgeschlossen. Dies folgt dar-

---

34 NZA 1987, 793, 796 f.

35 s. hierzu S. 96 ff.

36 So zutreffend: BAG vom 24.2.1987, s. Fn 32; v.Hoyningen-Huene/Meyer-Krenz, NZA 1987, 793, 797; D/K/K - Klebe, § 87 Rn 30; Richardi, § 87 Rn 155

37 BAG vom 14.2.1989 - 1 AZR 97/88 - AP Nr. 8 zu § 87 BetrVG 1972 Akkord; BAG vom 24.2.1987, s. Fn 32

38 F/K/H/E, § 87 Rn 41; Galperin/Löwisch, § 87 Rn 46; H/S/G, § 87 Rn 53; ErfK - Hanau/ Kania, § 87 Rn 15; Herschel, ZfA 1976, 89, 100 f.; Kempen/ Zachert, TVG Grundl. Rn 284; D/K/K - Klebe, § 87 Rn 31; Moll, Der Tarifvorrang, S. 23; Simitis/Weiss, DB 1973, 1240, 1250; Veit, Die funktionelle Zuständigkeit des Betriebsrats, S. 252 f.; Wiedemann/Stumpf, TVG § 4 Rn 283; GK - Wiese, § 87 Rn 64
a.A. nur Farthmann, RdA 1974, 65, 71

aus, daß ein nachwirkender Tarifvertrag zwar noch existiert und auf die Arbeitsverhältnisse der tarifgebundenen Arbeitnehmer unmittelbar einwirkt, dessen Normen allerdings ihren Charakter als zwingendes Recht verloren haben und nur noch dispositiv wirken.[39] In Anbetracht des allgemein anerkannten Grundsatzes, daß dispositive gesetzliche oder tarifliche Regelungen das Mitbestimmungsrecht des Betriebsrats nicht ausschließen, kann zwangsläufig ein lediglich nachwirkender Tarifvertrag die Mitbestimmung des Betriebsrats nicht sperren.

Auch bei § 77 Abs. 3 BetrVG wird ein bloß nachwirkender Tarifvertrag nicht als bestehender Tarifvertrag qualifiziert.[40] Allerdings tritt die Sperrwirkung des § 77 Abs. 3 BetrVG dann in der Regel wegen Tarifüblichkeit ein, falls die Angelegenheit wieder durch Tarifvertrag geregelt werden soll.

3. Wirkung

§ 77 Abs. 3 BetrVG nimmt den Betriebspartnern die Möglichkeit, Arbeitsbedingungen - und zwar materielle wie formelle[41] -, die tariflich geregelt sind oder üblicherweise geregelt werden, im Wege einer Betriebsvereinbarung oder - nach der hier vertretenen Auffassung[42] - auch "nur" durch eine formlose Regelungsabrede zu regeln. Dabei gilt § 77 Abs. 3 BetrVG ausnahmslos sowohl für freiwillige wie erzwingbare Betriebsvereinbarungen.

Ist eine im Katalog des § 87 Abs. 1 BetrVG enthaltene soziale Angelegenheit durch Tarifvertrag geregelt, so besteht nach § 87 Abs. 1 Einleitungssatz BetrVG kein Mitbestimmungsrecht des Betriebsrats. Da sich der Tarifvorrang des § 87 Abs. 1 Einleitungssatz BetrVG ausschließlich auf das Mitbestimmungsrecht bezieht, betrifft er allein die Erzwingbarkeit, nicht die Zulässigkeit der Betriebsvereinbarung. Eine freiwillige Betriebsvereinbarung über die tarifvertraglich geregelte Angelegenheit wird nach ganz h.M. durch § 87 Abs. 1 Einleitungssatz BetrVG nicht ausgeschlossen.[43] *Wiese*[44] hat dies überzeugend

---

39 s. hierzu Wiedemann/Stumpf, TVG § 4 Rn 181 ff.

40 s. S. 52

41 s. hierzu S. 24 ff., 36

42 s. S. 58 ff., 66 ff.

43 Boewer, DB 1973, 522, 525; Conze, DB 1978, 490, 492; F/K/H/E, § 87 Rn 39; Galperin/Löwisch, § 87 Rn 43; Gast, BB 1987, 1249, 1252; H/S/G, § 87 Rn 62; Haug, BB 1986, 1921, 1926; v.Hoyningen-Huene/Meyer-Krenz, NZA 1987, 793, 797; D/K/K - Klebe, § 87 Rn 30; Konzen, BB 1977, 1307, 1310; Kreutz, Grenzen der Betriebsautonomie, S. 221; MünchArbR - Matthes, § 324 Rn 22; Moll, Der Tarifvorrang, S. 32; Richardi, § 87 Rn 169; Schmidt, Das Günstigkeitsprinzip, S. 103 f.; Wiedemann/Stumpf, TVG § 4 Rn 287; Wiese, FS 25 Jahre BAG, 669

mit dem gegenüber § 77 Abs. 3 BetrVG unterschiedlichen Wortlaut, der systematischen Stellung des § 87 Abs. 1 Einleitungssatz BetrVG als Bestandteil aller sozialen Angelegenheiten sowie dem Wesen der Tarifnormen, die nur einen Mindestschutz gewähren, begründet. Da § 87 Abs. 1 Einleitungssatz BetrVG das Mitbestimmungsrecht ausschließt, gilt die Sperrwirkung generell für alle Formen der Mitbestimmung, also sowohl für die Betriebsvereinbarung als auch die Regelungsabrede.

4. Zusammenfassung

§ 77 Abs. 3 BetrVG schränkt die Möglichkeit zum Abschluß von Betriebsvereinbarungen und formlosen Regelungsabreden insoweit weiter als § 87 Abs. 1 Einleitungssatz BetrVG ein, als die Sperrwirkung auch gegenüber nicht tarifgebundenen Arbeitgebern ausgelöst wird, schon bei lediglich nachwirkenden Tarifverträgen (Üblichkeit) eingreift und sich generell auf freiwillige Betriebsvereinbarungen erstreckt. Gravierende Unterschiede existieren somit im Verhältnis der beiden Normen zueinander bei

- nachwirkenden Tarifverträgen,
- Außenseitertarifverträgen und
- freiwilligen Betriebsvereinbarungen.

Die beiden Vorschriften sind auch darüber hinaus nie deckungsgleich. Selbst in dem Fall, daß ein sich in Kraft befindlicher Tarifvertrag soziale Angelegenheiten des Katalogs des § 87 Abs. 1 BetrVG regelt, der Arbeitgeber tarifgebunden ist und der Betrieb bzw. die Arbeitnehmer unter den räumlichen, fachlichen und persönlichen Geltungsbereich dieses Tarifvertrages fallen, sind trotz § 87 Abs. 1 Einleitungssatz BetrVG noch (günstigere) freiwillige Betriebsvereinbarungen und Regelungsabreden über die tariflich geregelten Angelegenheiten möglich, während § 77 Abs. 3 BetrVG auch diese Möglichkeit unterbindet. Hier führen Vorrangtheorie und Zweischranken-Theorie ebenso zu unterschiedlichen Ergebnissen wie in den Fällen, wo eine tarifliche Regelung über einen Gegenstand der Mitbestimmung "nur" üblich ist oder eine tarifliche Regelung wegen fehlender Tarifbindung des Arbeitgebers im Betrieb keine Anwendung findet. Nach der Vorrangtheorie besteht dann ein Mitbestimmungs-

---

a.A.: Säcker, BB 1979, 1201, 1202 (ohne Begründung); ders., ZfA-Sonderheft 1972, 41, 66 f. (Dort offenlassend, ob sich dieses Ergebnis aus dem Zweck des § 87 Abs. 1 Einleitungssatz BetrVG begründet oder unter Zuhilfenahme des § 77 Abs. 3 BetrVG. Soweit eine fakultative Betriebsvereinbarung möglich wäre, müsse jedenfalls § 77 Abs. 3 BetrVG eingreifen. Das ist jedoch nicht die hier zur Entscheidung anstehende Frage.)

[44] FS 25 Jahre BAG, 669

recht des Betriebsrats, welches er in Form des Abschlusses einer Betriebsvereinbarung ausüben kann, während die Zweischranken-Theorie den Abschluß von Betriebsvereinbarungen und formlosen Regelungsabreden ausschließt.

II. Die Auslegung des § 77 Abs. 3 BetrVG und des § 87 Abs. 1 Einleitungssatz BetrVG im Hinblick auf das Konkurrenzverhältnis

Da sowohl das BAG als auch die große Mehrzahl der Autoren ihre Entscheidung für die Vorrangtheorie oder die Zweischranken-Theorie mit Hilfe der Auslegung der §§ 77 Abs. 3 und 87 Abs. 1 Einleitungssatz BetrVG zu begründen versuchen, sollen nachstehend diese Normen unter dem Blickwinkel des Konkurrenzpro-blems ausgelegt werden.

1. Der Gesetzeswortlaut

a) Die Rechtsprechung des BAG

Das BAG hat in seiner grundlegenden Entscheidung vom 24.2.1987[45] den Wortlaut des § 77 Abs. 3 BetrVG zur Stütze seiner Auffassung herangezogen. Dieser rechtfertige nicht die Annahme, daß die tarifübliche Regelung einer Angelegenheit Mitbestimmungsrechte des Betriebsrats entfallen lasse. § 77 Abs. 3 BetrVG untersage lediglich den Abschluß von Betriebsvereinbarungen und enthalte keine Regelung über Mitbestimmungsrechte des Betriebsrats. Die aus § 77 Abs. 6 BetrVG folgende und in § 88 BetrVG erwähnte Möglichkeit des Abschlusses freiwilliger Betriebsvereinbarungen zeige, daß Mitbestimmungsrechte des Betriebsrates nicht Betriebsvereinbarungen gleichgesetzt werden könnten und daß umgekehrt Regelungen über die Zulässigkeit von Betriebsvereinbarungen nicht gleichzeitig Regelungen über den Ausschluß von Mitbestimmungsrechten darstellen könnten. Der Große Senat des BAG[46] hat im gleichen Sinne mit dem Wortlaut des § 77 Abs. 3 BetrVG argumentiert.

b) Die Literaturmeinungen

Klebe[47] stellt unter zustimmender Bezugnahme auf die dargelegte Rechtsprechung des BAG lediglich fest, daß der Wortlaut des § 77 Abs. 3 BetrVG gegen einen Ausschluß der Mitbestimmungsrechte bei Tarifüblichkeit spreche.

---

45 s. Fn 32

46 BAG GS vom 3.12.1991 - GS 2/90 - AP Nr. 51 zu § 87 BetrVG 1972 Lohngestaltung

47 D/K/K - Klebe, § 87 Rn 32

Andere Befürworter der Vorrangtheorie berufen sich auf den Wortlaut des § 87 Abs. 1 Einleitungssatz BetrVG. Nach *Reuter/ Streckel*[48] lasse dieser „schlicht keinen Zweifel“ daran, daß das Mitbestimmungsrecht des Betriebsrats nur durch bestehende Tarifverträge ausgeschlossen sein soll. Auch für *Birk*[49] spricht der Wortlaut des § 87 Abs. 1 Einleitungssatz BetrVG „eindeutig“ dafür, diese Norm als lex-specialis zu § 77 Abs. 3 BetrVG anzusehen. *Säcker*[50] und *Lederer*[51] gelangen zum gleichen Ergebnis mit der Begründung, daß ansonsten die Eingangsformulierung des § 87 Abs. 1 BetrVG mißverständlich wäre, weil bei Anwendung des § 77 Abs. 3 BetrVG bereits die übliche tarifliche Regelung einer mitbestimmungspflichtigen Angelegenheit das Mitbestimmungsrecht des Betriebsrates entfallen ließe und es auf die von § 87 Abs. 1 Einleitungssatz BetrVG für einen solchen Ausschluß geforderte konkrete Geltung des Tarifvertrags im Betrieb nicht mehr ankäme. Nach *Lederer*[52] wäre die Eingangsformulierung des § 87 Abs. 1 BetrVG ansonsten sogar überflüssig, weil durch sie lediglich etwas wiederholt würde, was sich bereits aus der Anwendung des § 77 Abs. 3 BetrVG ergebe, jedenfalls sofern man dessen Sperrwirkung nicht auf materielle Arbeitsbedingungen beschränke.

Einzig *Wiese*[53] interpretiert den Gesetzeswortlaut zugunsten der Zweischranken-Theorie. Dieser zwinge zu einer scharfen Trennung zwischen der Mitbestimmung des Betriebsrats und der Betriebsvereinbarung als Mittel zu deren Verwirklichung. Bei Anwendung des § 77 Abs. 3 BetrVG im Rahmen des § 87 Abs. 1 BetrVG beschränke sich die Sperrwirkung auf Betriebsvereinbarungen und die Mitbestimmung könne und müsse weiterhin durch Regelungsabreden / Betriebsabsprachen ausgeübt werden. Diese Auslegung orientiere sich streng am Wortlaut und lasse auch den gegen die Zweischranken-Theorie gerichteten Einwand des BAG ins Leere gehen, daß Regelungen über die Zulässigkeit von Betriebsvereinbarungen nicht gleichzeitig Regelungen über den Ausschluß von Mitbestimmungsrechten sein könnten.

c) Stellungnahme

Weder § 77 Abs. 3 BetrVG noch § 87 Abs. 1 Einleitungssatz BetrVG enthalten eine ausdrückliche Aussage zu der Frage, ob neben dem Tarifvorrang des § 87

---

48 Grundfragen der betriebsverfassungsrechtlichen Mitbestimmung. S. 33

49 Anm. zu BAG (14.11.1974)

50 ZfA-Sonderheft 1972, 41, 65

51 Das Initiativrecht des Betriebsrats in Lohnfragen, S. 68

52 wie vor

53 Anm. zu BAG (24.2.1987)

Abs. 1 Einleitungssatz BetrVG auch § 77 Abs. 3 BetrVG allgemein oder auch nur in bestimmten Fällen Anwendung finden soll. Soweit laut *Birk*[54] und *Reuter/Streckel*[55] hingegen der Wortlaut des § 87 Abs. 1 Einleitungssatz BetrVG für ein lex-specialis-Verhältnis sprechen soll, wirkt dies angesichts der von ihnen gewählten Formulierungen („eindeutig“[56], „schlicht keinen Zweifel“[57]) und dem Fehlen jeglicher näherer Begründung wenig überzeugend. *Moll*[58] hat zutreffend darauf hingewiesen, daß diese Argumentation gerade das Ergebnis voraussetzt, das es zu beweisen gilt. Der Einleitungssatz des § 87 Abs. 1 BetrVG ist auch bei Geltung des § 77 Abs. 3 BetrVG für mitbestimmte Angelegenheiten keinesfalls überflüssig, weil der Ausschluß des Mitbestimmungsrechts des Betriebsrats gemäß § 87 Abs. 1 Einleitungssatz BetrVG nichts über die Zulässigkeit einer Betriebsvereinbarung aussagt, was sich daran zeigt, daß nach fast einhelliger Meinung[59] trotz bestehenden Tarifvertrags in einer mitbestimmungspflichtigen Angelegenheit der Abschluß einer freiwilligen (günstigeren) Betriebsvereinbarung zulässig ist. *Wiese*[60] ist insofern zuzustimmen, daß der Wortlaut für eine scharfe Trennung zwischen Mitbestimmung und Betriebsvereinbarung als Mittel zu deren Verwirklichung spricht. Mit dieser Feststellung allein ist jedoch noch nicht das Verhältnis der beiden Tarifsperren der §§ 77 Abs. 3 BetrVG und 87 Abs. 1 Einleitungssatz BetrVG zueinander geklärt. Den gleichen Einwand muß sich das BAG entgegenhalten lassen, welches ähnlich wie *Wiese* den Unterschied im Wortlaut zwischen § 77 Abs. 3 BetrVG und § 87 Abs. 1 Einleitungssatz BetrVG deutlich hervorhebt und hieraus - im Gegensatz zu *Wiese* - ein Argument für die Vorrangtheorie ableiten will. Die zutreffende Erkenntnis, daß zwischen der Zulässigkeit von Betriebsvereinbarungen und der Frage, wann dem Betriebsrat in sozialen Angelegenheiten ein Mitbestimmungsrecht züsteht, welches er gegebenenfalls durch Abschluß einer Betriebsvereinbarung ausüben kann, gibt keinen Aufschluß über das Konkurrenzverhältnis der Tarifsperren zueinander. Damit verdienen die Autoren Zu-

---

54 s. Fn 49
55 s. Fn 48
56 Birk, s. Fn 49
57 Reuter/Streckel, s. Fn 48
58 Der Tarifvorrang, S. 36
59 s. Fn 43
60 s. Fn 53

stimmung, die mehrheitlich den Gesetzeswortlaut für die hier zur Entscheidung anstehende Frage als unergiebig ansehen.[61]

2. Die Entstehungsgeschichte

Das Verhältnis von § 77 Abs. 3 BetrVG zu § 87 Abs. 1 Einleitungssatz BetrVG war Gegenstand der Beratungen im Gesetzgebungsverfahren. Von den zuständigen Ausschüssen war die Empfehlung ausgesprochen worden, hinter § 87 Abs. 1 BetrVG folgenden Absatz 1a einzufügen: „§ 77 Abs. 3 ist anzuwenden."[62] Zur Begründung verwies man darauf, daß der Grundsatz des Vorrangs der Tarifüblichkeit auch in diesen Fällen Anwendung finden müsse. Der Bundesrat ist in seiner Stellungnahme dem Ergänzungsvorschlag der Ausschüsse ausdrücklich gefolgt.[63] Die Bundesregierung hat sich in ihrer Gegenäußerung nicht speziell mit diesem Vorschlag auseinandergesetzt, sondern allgemein sämtlichen Änderungswünschen mit der Begründung eine Absage erteilt, daß „Änderungen des Entwurfs im Sinne dieser Vorschläge die Ausgewogenheit der Gesamtkonzeption des Entwurfs beeinträchtigen würden".[64]

Die Entstehungsgeschichte wird unterschiedlich beurteilt:

Klebe[65] schließt aus der Nichtberücksichtigung des Bundesratsvorschlags, daß der Gesetzgeber einen Ausschluß der Mitbestimmungsrechte bei Tarifüblichkeit nicht gewollt habe und § 87 Abs. 1 Einleitungssatz BetrVG deshalb die speziellere Norm sei.

Andere Autoren sehen in der Entstehungsgeschichte ein Argument für die Zweischranken-Theorie.[66] Die pauschale Begründung der Bundesregierung lasse nicht den Rückschluß zu, § 77 Abs. 3 BetrVG solle im Rahmen des § 87 BetrVG keine Anwendung finden. Eine Ergänzung des § 87 BetrVG i.S. des vorgeschlagenen Abs. 1 a sei vielmehr überflüssig gewesen, weil sich bereits aus der gegenüber § 59 BetrVG 1952 geänderten systematischen Stellung des

---

61 v.Hoyningen-Huene/Meyer-Krenz, NZA 1987, 793, 798; Hromadka, DB 1987, 1991, 1992; Jäcker, Die Einigungsstelle, S. 49; Kirchner, BB 1972, 1279; Moll, Der Tarifvorrang, S. 35; Richardi, Anm. zu BAG (24.2.1987); Wank, RdA 1991, 129, 134

62 Vgl. BR-Drucks. 715/1/70, S. 10 Nr. 20

63 Vgl. Stellungnahme des Bundesrates zum Entwurf eines Betriebsverfassungsgesetzes, BT-Drucks. VI/1786, S. 460

64 Gegenäußerung der Bundesregierung zu der Stellungnahme des Bundesrates zum Entwurf eines Betriebsverfassungsgesetzes, BT-Drucks. VI/1786, S. 2

65 D/K/K - Klebe, § 87 Rn 32

66 F/K/H/E, § 77 Rn 98; P. Hanau, RdA 1973, 281, 284; GK - Kreutz, § 77 Rn 121; Wiese, Anm. zu BAG (24.2.1987)

§ 77 Abs. 3 BetrVG im Allgemeinen Teil[67] dessen Geltung für alle Mitbestimmungsrechte ergebe.[68] *P. Hanau*[69] verweist darauf, daß ihm der Generalreferent für das BetrVG 1972, Herr Ministerialdirektor Fitting, am 8.6.1973 schriftlich bestätigt habe, daß der Vorschlag des Bundesrats wegen der geänderten systematischen Stellung des § 77 Abs. 3 BetrVG nicht übernommen worden sei.

Zudem argumentiert *P. Hanau*[70] mit einem Wortwechsel zwischen dem Sachverständigen Dr. Mertz und dem Abgeordneten Dr. Farthmann während eines Hearings des zuständigen Bundestagsausschusses über den Entwurf des BetrVG 1972.[71] Der Sachverständige Dr. Mertz verwies auf die ständige Rechtsprechung zu § 56 BetrVG 1952, nach der nachwirkende Tarifverträge nicht vom Tarifvorrang erfaßt wurden, so daß nach Ablauf eines Tarifvertrags die Mitbestimmungsrechte des Betriebsrats wieder auflebten. Da § 87 Abs. 1 BetrVG nunmehr auch die Minutenfaktoren beim Akkordlohn der obligatorischen Mitbestimmung unterstellt, sah Dr. Mertz die Gefahr, daß möglicherweise während laufender Tarifverhandlungen die Einigungsstelle verbindlich über eine Forderung des Betriebsrats z.B. nach Erhöhung der Minutenfaktoren und damit der Akkordrichtsätze entscheidet. Die Zwischenfrage des Abgeordneten Dr. Farthmann, ob Dr. Mertz § 59 BetrVG 1952 kenne, beantwortete dieser mit dem Hinweis, daß sich zwar § 59 BetrVG 1952 in § 77 Abs. 3 des Regierungsentwurfs zum BetrVG 1972 wiederfinde, aber das Verhältnis zwischen § 56 BetrVG 1952 und § 59 BetrVG 1952 bekanntlich heftig umstritten sei. Darauf entgegnete Dr. Farthmann, Dr. Mertz möge zur Kenntnis nehmen, daß die Sperrwirkung des § 59 BetrVG 1952 unbestritten (!) sei.

Der Große Senat des BAG[72] und die h.M.[73] sind der Auffassung, daß die Entstehungsgeschichte für das Verhältnis der §§ 77 Abs. 3 und 87 Abs. 1 Einleitungssatz BetrVG unergiebig ist. *Wank*[74] hält diese Einschätzung vor dem politischen Hintergrund des Gesetzgebungsverfahrens für geboten. Der Bundes-

---

67 § 59 BetrVG 1952 stand dagegen im Abschnitt über „Soziale Angelegenheiten"

68 Wiese, s. Fn 66; P.Hanau, s. Fn 66

69 RdA 1973, 281, 284 Fn 27

70 RdA 1973, 281, 284

71 Deutscher Bundestag, 6. Wahlperiode, Ausschuß für Arbeit und Sozialordnung, Protokolle Nr. 45/46, S. 114

72 Großer Senat vom 3.12.1991 - GS 2/90 - AP Nr. 51 zu § 87 BetrVG 1972 Lohngestaltung

73 Eickelberg, Probleme der Betriebsvereinbarung, S. 148 Fn 5; Haug, BB 1986, 1921, 1922; v.Hoyningen-Huene/Meyer-Krenz, NZA 1987, 793, 798; Jahnke, Tarifautonomie und Mitbestimmung, S. 170; Moll, Der Tarifvorrang, S. 35 Fn 5; Säcker, ZfA-Sonderheft 1972, 41, 65; Wank, RdA 1991, 129, 136

74 s. Fn 73

regierung sei angesichts einer ungewissen politischen Entwicklung an einem möglich raschen Abschluß des Gesetzgebungsverfahrens gelegen gewesen und habe deshalb auf Änderungsvorschläge nicht eingehen können. *Eickelberg*[75] verweist auf die lediglich formelhafte Begründung, der man keine ausschlaggebende Bedeutung zumessen könne. *Haug*[76] und *Moll*[77] begründen ihre Auffassung von der Unergiebigkeit der Entstehungsgeschichte mit heftigen Auseinandersetzungen und vielfach divergierenden Äußerungen im Gesetzgebungsverfahren sowie dem kompromißbefrachteten Charakter des Gesetzes.

Die Einwände der h.M. haben zumindest teilweise ihre Berechtigung. Die pauschale Begründung der Bundesregierung für die Ablehnung aller Änderungsvorschläge rechtfertigt nicht den Schluß, der Gesetzgeber habe konkret die Anwendung des § 77 Abs. 3 BetrVG auf die mitbestimmten Angelegenheiten des § 87 BetrVG ausschließen wollen. An der formelhaften Begründung wird auch der Zeitdruck ersichtlich, unter dem das Gesetz zustandekam. Daß die im Gesetzgebungsverfahren geäußerten Ansichten mit Zurückhaltung zu bewerten sind, zeigt sich exemplarisch am Abgeordneten Dr. Farthmann. Vertrat er im Hearing des Ausschusses für Arbeit und Sozialordnung noch vehement die Position der Zweischranken-Theorie („Die Sperrwirkung des § 59 ist unbestritten!“[78]), setzte er sich bereits kurze Zeit später mit Nachdruck für die Vorrangtheorie ein.[79] Deshalb sind auch das von *P. Hanau* geschilderte Intermezzo sowie die ihm gegenüber erfolgte Bestätigung *Fitting's* zurückhaltend zu bewerten. Diese Umstände deuten an, daß der Gesetzgeber die Vorstellung hatte, die Sperrwirkung des § 77 Abs. 3 BetrVG erstrecke sich auch auf die mitbestimmten Angelegenheiten. Sie sind aber nicht von solcher Argumentationskraft, daß man die Entstehungsgeschichte deshalb als eindeutig für die Zweischranken-Theorie sprechend qualifizieren könnte.

---

75 s. Fn 73

76 s. Fn 73

77 s. Fn 73

78 s. Fn 71

79 RdA 1974, 65, 72

3. Die systematische Auslegung

a) Die Stellung im Abschnitt „Allgemeines" des 4. Teils (äußere Systematik)[80]

Die §§ 56 und 59 BetrVG 1952 standen gemeinsam im 4. Teil „Mitwirkung und Mitbestimmung der Arbeitnehmer", und dort im 2. Abschnitt über „Soziale Angelegenheiten". Die ergänzte Regelung des § 59 BetrVG 1952 findet sich in § 77 Abs. 3 BetrVG, die im Gesetzgebungsverfahren aus „rechtssystematischen Gründen"[81] in den ersten Abschnitt („Allgemeines") des 4. Teils aufgenommen worden ist.

Aus seiner Stellung im Allgemeinen Teil wird vielfach gefolgert, daß § 77 Abs. 3 BetrVG als allgemeine Regelung für alle nachfolgenden Beteiligungsangelegenheiten des 4. Teils des Gesetzes gelte.[82] So wie die in § 87 Abs. 2 BetrVG erwähnte Einigungsstelle ihre Regelung in der allgemeinen Bestimmung des § 76 BetrVG findet, so sei nach den gleichen Grundsätzen die generelle Zuständigkeitsverteilung zwischen Tarifvertrag und Betriebsvereinbarung in der allgemeinen Bestimmung des § 77 Abs. 3 BetrVG erfolgt und somit eine für die nachfolgenden besonderen Vorschriften geltende Regelung getroffen worden. Nicht anders etwa als die §§ 74 Abs. 2 S. 1 und 77 Abs. 2 S. 1 BetrVG gelte § 77 Abs. 3 BetrVG allgemein für die Tätigkeit des Betriebsrats.[83]

Es entspricht in der Tat gängiger Gesetzessystematik, daß den besonderen Bestimmungen eines Gesetzes allgemeine Vorschriften in einem geschlossenen Allgemeinen Teil vorangestellt werden, die dann generell und ohne spezielle Bezugnahme für die besonderen Bestimmungen gelten. Das Bürgerliche Gesetzbuch ist hierfür ein anschauliches Beispiel. Eine allgemeine Regelung kann allerdings durch eine Sondervorschrift oder einen ausdrücklichen Zusatz in einer Norm des Besonderen Teils verdrängt werden. Die Vorrangtheorie sieht in der Vorschrift des § 87 Abs. 1 Einleitungssatz BetrVG eine solche spezielle, die

---

80 s. zur Unterscheidung zwischen äußerer und innerer Systematik Bydlinski, Juristische Methodenlehre und Rechtsbegriff, S. 443 ff.

81 vgl. die Begründung zum Entwurf eines Betriebsverfassungsgesetzes, BT-Drucks. VI/1786, S, 47

82 Eickelberg, Probleme der Betriebsvereinbarung, S. 153; F/K/H/E, § 77 Rn 98; Galperin/ Löwisch, § 77 Rn 76; P. Hanau, RdA 1973, 281, 284; Jäcker, Die Einigungsstelle, S. 49; Kirchner, BB 1972, 1279, 1280; GK - Kreutz, § 77 Rn 121; ders., Grenzen der Betriebsautonomie, S. 219 f.; Moll, Der Tarifvorrang, S. 36; Stege/Weinspach, § 87 Rn 35 c; Wiedemann/ Stumpf, TVG § 4 Rn 280; Wiese, Anm. zu BAG (24.2.1987)

83 Moll, s. Fn 82

allgemeine Regelung des § 77 Abs. 3 BetrVG verdrängende Norm. Das BAG[84] hat dies wie folgt begründet: § 77 Abs. 3 BetrVG verbiete lediglich den Abschluß von Betriebsvereinbarungen über üblicherweise tariflich geregelte Angelegenheiten, während das Mitbestimmungsrecht als solches nicht ausdrücklich ausgeschlossen werde. Wenn aber § 77 Abs. 3 BetrVG Betriebsvereinbarungen in mitbestimmungspflichtigen Angelegenheiten ausschließe, müsse er folgerichtig auch Mitbestimmungsrechte in diesen Angelegenheiten ausschließen. Die Fragen, ob Mitbestimmungsrechte in einer bestimmten Angelegenheit bestehen und ob diese Angelegenheiten durch eine Betriebsvereinbarung geregelt werden können, ließen sich nicht trennen. Das geeignete Instrument, eine mitbestimmungspflichtige Angelegenheit für den Betrieb zu regeln, sei nämlich die Betriebsvereinbarung. Nur sie könne den erforderlichen zwingenden und unabdingbaren Schutz der Arbeitnehmer herbeiführen. Sind Betriebsvereinbarungen also ein Mittel zur Wahrnehmung von Mitbestimmungsrechten, gehe die Entscheidung der Frage, ob Mitbestimmungsrechte in einer bestimmten Angelegenheit gegeben sind, der Frage vor, ob eine Betriebsvereinbarung in dieser Angelegenheit zulässig ist. Da § 87 Abs. 1 Einleitungssatz BetrVG abschließend regelt, wann Mitbestimmungsrechte des Betriebsrats gegeben sind und der Ausschluß des Regelungsinstruments Betriebsvereinbarung in mitbestimmten Angelegenheiten nicht zu rechtfertigen sei, könne auch die Stellung des § 77 Abs. 3 im Ersten Abschnitt „Allgemeines" des 4. Teils des BetrVG nicht die Annahme begründen, mit dem Verbot von Betriebsvereinbarungen über üblicherweise tariflich geregelte Arbeitsentgelte seien gleichzeitig Mitbestimmungsrechte des Betriebsrats in diesen Angelegenheiten ausgeschlossen.

Diese Argumentationskette des BAG überzeugt in mehrfacher Hinsicht nicht:

- Das BAG widerspricht krass seiner eigenen, an anderer Stelle der Entscheidungsgründe[85] getroffenen (richtigen) Feststellung, daß Mitbestimmungsrechte des Betriebsrates gerade nicht Betriebsvereinbarungen gleichgesetzt werden können und daß umgekehrt Regelungen über die Zulässigkeit von Betriebsvereinbarungen auch nicht gleichzeitig Regelungen über den Ausschluß von Mitbestimmungsrechten darstellen können.

84 s. Fn 32, II 4 b bb der Entscheidungsgründe
85 II 4 b cc der Entscheidungsgründe

- Die Betriebsvereinbarung ist zwar unbestreitbar ein bedeutendes Mittel zur Regelung mitbestimmter Angelegenheiten, aber nicht der einzige Weg zur Ausübung des für den Betriebsrat bestehenden Mitbestimmungsrechts. Dies hat der Große Senat des BAG bereits in seiner Entscheidung vom 16.9.1986[86] ausdrücklich formuliert: „*Die gesetzliche Mitbestimmung des Betriebsrats in Angelegenheiten des § 87 Abs. 1 BetrVG muß auch nicht zwangsläufig zu einer Betriebsvereinbarung führen. Zweck des Mitbestimmungsrechtes ist es nur, dem Betriebsrat den Einfluß auf die Entscheidungen und Maßnahmen des Arbeitgebers zu sichern. Wird für freiwillige soziale Leistungen zwischen Arbeitgeber und Betriebsrat ein Verteilungskonzept abgesprochen, kann diese Absprache entweder mit individual-rechtlichen oder mit kollektiv-rechtlichen Gestaltungsmitteln umgesetzt werden. Das Mitbestimmungsrecht des Betriebsrates läuft auch dann nicht leer, wenn es der Arbeitgeber übernimmt, das vereinbarte neue Verteilungskonzept mit vertragsrechtlichen Mitteln durchzusetzen. Daraus ergibt sich, daß § 87 Abs. 1 BetrVG nur den Entscheidungsprozeß regelt, nicht aber das kollektiv-rechtliche Gestaltungsmittel...*" Die Betriebspartner können daher nach ständiger Rechtsprechung[87] mitbestimmungspflichtige Angelegenheiten des § 87 Abs. 1 BetrVG nicht nur durch Abschluß einer Betriebsvereinbarung, sondern auch in einer formlosen Regelungsabrede regeln.

- *Hromadka*[88] hat zutreffend darauf hingewiesen, daß man bei Annahme, die Betriebsvereinbarung sei *das* Mittel zur Regelung mitbestimmungspflichtiger Angelegenheiten, die These, daß die Frage der Mitbestimmung der Frage nach der Zulässigkeit der Betriebsvereinbarung vorgehe, nicht gleichzeitig damit begründen kann, daß die Betriebsvereinbarung *ein* Mittel der Mitbestimmung sei.

Der Große Senat ist auf diese systematische Argumentation des 1. Senats nicht eingegangen, sondern hat den systematischen Zusammenhang als weder für die eine noch die andere Lösung sprechend bewertet und sogar ausdrücklich eingeräumt, daß die Nichtanwendbarkeit des § 77 Abs. 3 BetrVG im Bereich des § 87 Abs. 1 BetrVG nicht allein damit begründet werden könne, daß § 87

86 - GS 1/82 - AP Nr. 17 zu § 77 BetrVG 1972

87 BAG vom 10.3.1992 - 1 ABR 31/91 - AP Nr. 1 zu § 77 BetrVG 1972 Regelungsabrede; BAG vom 20.11.1990 - 1 AZR 643/89 - AP Nr. 96 zu § 99 BetrVG 1972; BAG GS, s. Fn 86

88 DB 1987, 1991, 1993

Abs. 1 Einleitungssatz BetrVG die speziellere Norm gegenüber § 77 Abs. 3 BetrVG sei.[89]

Die Zurückhaltung des Großen Senats bezüglich einer lex-specialis-Annahme ist vollauf berechtigt. Ein Spezialitätsverhältnis setzt nämlich voraus, daß in dem Tatbestand der Spezialnorm alle Merkmale der allgemeinen Vorschrift und darüber hinaus noch mindestens ein weiteres enthalten sind. Die Rechtsfolgen der tatbestandlichen engeren Norm müssen in ihrem Anwendungsbereich die Rechtsfolgen der allgemeinen Regelung modifizieren und ergänzen oder ersetzen.[90] Die §§ 87 Abs. 1 Einleitungssatz und 77 Abs. 3 BetrVG unterscheiden sich aber sowohl in ihren Voraussetzungen und Wirkungen[91] als auch hinsichtlich ihres Regelungsgegenstandes.[92] § 77 Abs. 3 BetrVG regelt, welche Arbeitsbedingungen (nicht) Gegenstand einer Betriebsvereinbarung sein können, während § 87 Abs. 1 Einleitungssatz BetrVG normiert, wann der Betriebsrat in sozialen Angelegenheiten mitzubestimmen hat. Die Regelungssperre des § 77 Abs. 3 BetrVG schließt die Betriebsvereinbarung als Gestaltungsfaktor von Arbeitsbedingungen aus; der Tarifvorrang in § 87 Abs. 1 Einleitungssatz BetrVG führt zum Wegfall des Mitbestimmungsrechts des Betriebsrats in den in Nr. 1-12 aufgeführten Angelegenheiten. § 87 Abs. 1 Einleitungssatz BetrVG regelt also gerade nicht dasselbe wie § 77 Abs. 3 BetrVG lediglich anders.

Dem konnte sich auch der Große Senat des BAG nicht verschließen, so daß er der Zweischranken-Theorie zugestehen mußte, daß die §§ 77 Abs. 3 und 87 Abs. 1 Einleitungssatz BetrVG zum Teil einen unterschiedlichen Regelungsgegenstand haben.[93] Rechtsdogmatisch konsequent hätte er der lex-specialis-These deshalb eine Absage erteilen müssen. Diese Konsequenz hat er jedoch ohne Begründung nicht gezogen, sondern formuliert, daß die Nichtanwendung des § 77 Abs. 3 BetrVG auf mitbestimmte Angelegenheiten „nicht allein" mit der Spezialität des § 87 Abs. 1 Einleitungssatz BetrVG begründet werden könne.

Sieht man in § 87 Abs. 1 Einleitungssatz BetrVG eine den § 77 Abs. 3 BetrVG verdrängende Spezialvorschrift, so hätte dies zur Folge, daß sofern eine tarifliche Regelung existiert, gemäß § 87 Abs. 1 Einleitungssatz BetrVG zwar das Mitbestimmungsrecht des Betriebsrats entfiele, der Abschluß einer freiwil-

89 BAG GS vom 3.12.1991, s. Fn 46

90 Larenz, Methodenlehre, S. 251

91 s. hierzu S. 78 ff.

92 Jahnke, Tarifautonomie und Mitbestimmung, S. 169; GK - Kreutz, § 77 Rn 120; ders., Grenzen der Betriebsautonomie, S. 220 f.; Simitis/Weiss, DB 1973, 1240, 1447 Fn 61

93 BAG GS vom 3.12.1991, s. Fn 46; so auch v.Hoyningen-Huene/Meyer-Krenz, NZA 1987, 793, 797

ligen Betriebsvereinbarung jedoch möglich bliebe[94], d.h. die Betriebspartner könnten ohne Rücksicht auf die Regelungen des bestehenden Tarifvertrags in gegenseitigem Einvernehmen per Betriebsvereinbarung z.B. neue Entlohnungsmodelle einführen (§ 87 Abs. 1 Nr. 10 BetrVG).

Darüber hinaus folgt aus dem Umstand, daß § 87 Abs. 1 Einleitungssatz BetrVG die Tarifbindung des Arbeitgebers voraussetzt, daß der nicht tarifgebundene Arbeitgeber mit dem Betriebsrat wegen des dann zur Anwendung gelangenden § 77 Abs. 3 BetrVG weder eine Betriebsvereinbarung noch eine Regelungsabrede abschließen kann[95], während gerade dem tarifgebundenen Arbeitgeber der Abschluß einer (freiwilligen) Betriebsvereinbarung möglich wäre. Nach *Säcker*[96] muß deshalb zur Vermeidung teleologisch völlig unabgestimmter Ergebnisse bei Eingreifen des Tarifvorrangs des § 87 Abs. 1 Einleitungssatz BetrVG auch jegliche freiwillige Betriebsvereinbarung ausgeschlossen sein. Es findet sich jedoch keine nähere Begründung, vielmehr begnügt er sich mit der Bemerkung, daß es eine zweitrangige Frage sei, ob dieses Ergebnis allein aus dem Sinn der Regelungssperre hergeleitet werden könne oder es der Zuhilfenahme des § 77 Abs. 3 BetrVG bedürfe.

Ersteres wird - soweit ersichtlich - von niemandem vertreten. Zur Vermeidung der geschilderten Ungereimtheiten und Konsequenzen wollen ein Teil der Autoren, die die Vorrangtheorie vertreten, § 77 Abs. 3 BetrVG auf freiwillige Betriebsvereinbarungen über mitbestimmungspflichtige Angelegenheiten angewandt wissen.[97] Sind Angelegenheiten des § 87 Abs. 1 BetrVG tarifvertraglich geregelt, sollen auch freiwillige Betriebsvereinbarungen im Ergebnis durch die Sperrwirkung des § 77 Abs. 3 BetrVG ausgeschlossen sein und nicht bereits durch den Tarifvorrang des § 87 Abs. 1 Einleitungssatz BetrVG. Danach wird § 77 Abs. 3 BetrVG dann gerade nicht durch § 87 Abs. 1 Einleitungssatz BetrVG verdrängt, sondern beide Normen sind für den Fall tariflicher Regelungen von mitbestimmten Angelegenheiten nebeneinander anwendbar. Dies erschüttert die lex-specialis-These gewaltig. Konsequent sind hingegen die Anhänger der Vorrangtheorie, die trotz bestehender tariflicher Regelungen freiwillige (günstigere) Betriebsvereinbarungen über mitbestimmungspflichtige An-

---

94 F/K/H/E, § 77 Rn 101; Jahnke, Tarifautonomie und Mitbestimmung, S. 169; GK - Kreutz, § 77 Rn 121

95 Sofern man der hier vertretenen Auffassung, daß sich die Sperrwirkung des § 77 Abs. 3 BetrVG auch auf Regelungsabreden erstreckt, nicht folgen will, wäre die Möglichkeit für eine (freiwillige/erzwingbare) Regelungsabrede eröffnet.

96 ZfA-Sonderheft 1972, 41, 66 f.

97 v.Hoyningen-Huene/Meier-Krenz, NZA 1987, 793, 797; D/K/K - Klebe, § 87 Rn 30; MünchArbR - Matthes, § 324 Rn 22

gelegenheiten zulassen[98], was jedoch zu den oben bereits dargestellten Ungereimtheiten führt.

b) Der Vergleich mit anderen Normen des Betriebsverfassungsgesetzes (innere Systematik)

aa) § 112 Abs. 1 S. 4 BetrVG

§ 112 BetrVG enthält Regelungen über den Sozialplan, der nach der Legaldefinition des § 112 Abs. 1 S. 2 BetrVG eine Einigung zwischen Unternehmer und Betriebsrat über den Ausgleich oder die Milderung der wirtschaftlichen Nachteile, die den Arbeitnehmern infolge einer geplanten Betriebsänderung entstehen, ist. In der Praxis werden regelmäßig eine Fülle von materiellen Fragen behandelt, wie z.B. Gehaltsabfindungen oder Versorgungsansprüche. Der Sozialplan hat die Wirkung einer Betriebsvereinbarung (§ 112 Abs. 1 S. 3 BetrVG) und sein Abschluß ist grundsätzlich erzwingbar (§ 112 Abs. 4 BetrVG).[99] Im Rahmen eines Sozialplans besteht für den Betriebsrat mithin ein bedeutsames Mitbestimmungsrecht.

Das BetrVG schließt in § 112 Abs. 1 S. 4 die Geltung des § 77 Abs. 3 BetrVG für den Sozialplan expressis verbis aus. Häufig wird daraus geschlossen, daß grundsätzlich § 77 Abs. 3 BetrVG als allgemeine Regelung für alle Mitbestimmungstatbestände gilt.[100] Anderenfalls sei der ausdrückliche Ausschluß in § 112 Abs. 1 S. 4 BetrVG für den Sozialplan nicht zu erklären. Das Gesetz stelle eindeutig klar, für welche Ausnahmefälle § 77 Abs. 3 BetrVG nicht gelten soll. Da die Anwendung des § 77 Abs. 3 BetrVG in § 87 Abs. 1 BetrVG nicht ausdrücklich ausgeschlossen wird, seien beide Normen nebeneinander anwendbar.

Für die Rechtsprechung ist die Regelung des § 112 Abs. 1 S. 4 BetrVG hingegen lediglich ein Beweis dafür, daß § 77 Abs. 3 BetrVG nicht ausnahmslos gilt.[101] Der Große Senat des BAG[102] hält unter Bezugnahme auf *v.Hoyningen-Huene/Meier-Krenz*[103] den Gegenschluß der Befürworter der

[98] Ehmann/Schmidt, NZA 1995, 193, 198; Schmidt, Das Günstigkeitsprinzip, S. 103

[99] Eine Ausnahme gilt für Neugründungen i.S.d. § 112 a Abs. 2 BetrVG

[100] F/K/H/E, § 77 Rn 98; Hromadka, DB 1987, 1991, 1992; Jäcker, Die Einigungsstelle, S. 49; Kirchner, BB 1972, 1279, 1281; Kreutz, Grenzen der Betriebsautonomie, S. 220; Moll, Der Tarifvorrang, S. 36; Richardi, Anm. zu BAG (24.2.1987); Stege/Weinspach, § 87 Rn 35 c; Wiedemann/Stumpf, TVG § 4 Rn 280; Wiese, Anm. zu BAG (24.2.1987)

[101] BAG vom 24.2.1987, s. Fn 32

[102] s. Fn 46

[103] NZA 1987, 794, 798

Zweischranken-Theorie aus § 112 Abs. 1 S. 4 BetrVG für nicht überzeugend. Dabei werde übersehen, daß die Mitbestimmungsregelung in § 87 Abs. 1 BetrVG eine von der allgemeinen Tarifsperre des § 77 Abs. 3 BetrVG abweichende eigene Vorschrift über das Verhältnis zum Tarifvertrag enthalte, während eine solche Regelung beim Sozialplan fehle. Aus diesem Grunde habe der Gesetzgeber, wenn er für Sozialpläne die Anwendbarkeit des § 77 Abs. 3 BetrVG ausschließen wollte, dies dort auch ausdrücklich erklären müssen.

Dieser Einwand des Großen Senats des BAG ist beachtlich. Es fehlt an der für einen zweifelsfreien Umkehrschluß notwendigen Vergleichbarkeit zwischen § 87 Abs. 1 BetrVG und § 112 Abs. 1 BetrVG. Diese wäre nur dann gegeben, wenn es den Einleitungssatz in § 87 Abs. 1 BetrVG nicht gäbe.

bb) § 88 Nr. 3 BetrVG

Das BAG[104] hat aus der Regelung des § 88 Nr. 3 BetrVG geschlossen, daß der Gesetzgeber hier eine Sondervorschrift gegenüber dem ansonsten anwendbaren § 77 Abs. 3 BetrVG kreiert habe. Wie § 112 Abs. 2 S. 4 BetrVG sei § 88 Nr. 3 BetrVG ein Beispiel dafür, daß § 77 Abs. 3 BetrVG nicht ausnahmslos gelte. Daß diese Auffassung unzutreffend ist, wurde bereits ausführlich dargelegt.[105] § 88 Nr. 3 BetrVG bietet damit keinerlei Argumentationshilfe für das zur Entscheidung stehende Konkurrenzproblem. Der Große Senat des BAG[106] hat deshalb zutreffend § 88 Nr. 3 BetrVG auch nicht zur Begründung seiner Auffassung herangezogen.

c) Zusammenfassung

Die aus „rechtssystematischen Gründen" erfolgte Aufnahme des § 77 Abs. 3 BetrVG in den ersten Abschnitt „Allgemeines" des Mitwirkungs- und Mitbestimmungsteils des Gesetzes spricht für die Geltung dieser Norm im Rahmen der Mitbestimmung in sozialen Angelegenheiten des § 87 Abs. 1 BetrVG. Die systematische Begründung des BAG für seine These, § 87 Abs. 1 Einleitungssatz BetrVG sei eine die allgemeine Regelung des § 77 Abs. 3 BetrVG verdrängende Spezialvorschrift, vermag gleich aus mehreren Gründen nicht zu überzeugen. Der Große Senat des BAG hat dies (jedenfalls teilweise) auch zugestanden und mißt den jeweiligen Normzwecken die entscheidende Bedeutung zu. Die Teleologische Auslegung wird im Anschluß folgen. Zunächst bleibt

---

104 BAG vom 24.2.1987, s. Fn 32

105 s. S. 77 ff.

106 BAG GS vom 3.12.1991, s. Fn 46

festzuhalten, daß die Gesetzessystematik für die Zweischranken-Theorie spricht. Dieses gewonnene Ergebnis ist grundsätzlich bindend. Von ihm kann nur abgewichen werden, wenn die ratio legis dies erfordert. Insoweit besteht für die teleologische Auslegung gegenüber den anderen Auslegungsmethoden ein Primat.[107]

4. Teleologische Auslegung

Sowohl die Anhänger der Vorrangtheorie als auch die der Zweischranken-Theorie begründen ihre Auffassung mit dem jeweiligen Normzweck der §§ 77 Abs. 3 und 87 Abs. 1 Einleitungssatz BetrVG.

a) Die Ratio des § 77 Abs. 3 BetrVG

Wie bereits dargelegt[108] § 77 Abs. 3 BetrVG bezweckt den Schutz der ausgeübten und aktualisierten Tarifautonomie im Allgemeinen sowie die Erhaltung und Stärkung der Koalitionen im Besonderen.

b) Der Sinn und Zweck des § 87 Abs. 1 Einleitungssatz BetrVG

aa) Die Auffassung der Rechtsprechung

Das BAG hat den Normzweck des Einleitungssatzes zum zwingenden Mitbestimmungskatalog zunächst in Parallele zu § 77 Abs. 3 BetrVG gedeutet. Zum Schutz der Tarifautonomie sei den Tarifvertragsparteien eine Normsetzungsprärogative eingeräumt worden.[109]

Am 31.1.1984 hat das BAG dann erstmals entschieden, daß durch § 87 Abs. 1 Einleitungssatz BetrVG „nicht nur die verfassungsrechtlich gewährleistete Tarifautonomie gegenüber konkurrierenden Gestaltungen im Rahmen der betriebsverfassungsrechtlichen Mitbestimmung gesichert werde“[110], sondern auch ein Arbeitnehmerschutz bezweckt sei. Bei Existenz einer zugunsten der Arbeitnehmer zwingenden gesetzlichen oder tariflichen Mindestregelung sei bereits ein billiger Interessenausgleich zwischen Arbeitnehmer und Arbeitgeber

---

[107] MünchKomm-Säcker, Einleitung, Rn 117

[108] s. hierzu S. 15 ff., 17 ff.

[109] BAG vom 4.8.1981 - 1 ABR 54/78 - AP Nr. 1 zu § 87 BetrVG 1972 Tarifvorbehalt; BAG vom 18.3.1976 - 3 ABR 32/75 - AP Nr. 4 zu § 87 BetrVG 1972 Altersversorgung; BAG vom 5.3.1974 - 1 ABR 28/73 - AP Nr. 1 zu § 87 BetrVG 1972 Kurzarbeit

[110] - 1 ABR 46/81 - AP Nr. 3 zu § 87 BetrVG 1972 Tarifvorrang

herbeigeführt, so daß es deshalb eines weiteren Schutzes des sozialabhängigen Arbeitnehmers durch ein Mitbestimmungsrecht des Betriebsrats und damit eines Zurückdrängens individualrechtlicher Gestaltungsmöglichkeiten zugunsten kollektiver betrieblicher Regelungen auf dem gesetzlich oder tariflich geregelten Gebiet nicht mehr bedürfe.

In seiner grundlegenden Entscheidung vom 24.2.1987[111] zu Gunsten der Vorrangtheorie hat das BAG den Zweck des § 87 Abs. 1 Einleitungssatz BetrVG dann ausschließlich im Arbeitnehmerschutz gesehen. Zweck des in § 87 BetrVG normierten Mitbestimmungsrechts des Betriebsrats sei es, je nach Mitbestimmungstatbestand Direktionsrechte des Arbeitgebers zu beschränken, einzelvertragliche Vereinbarungen, insbesondere wegen der dabei gestörten Vertragsparität zurückzudrängen, gesetzliche Pflichten des Arbeitgebers, etwa im Unfall- und Gesundheitsschutz zu konkretisieren und allgemeine Grundsätze über die Gleichbehandlung der Arbeitnehmer oder über die Angemessenheit und Durchsichtigkeit des innerbetrieblichen Lohngefüges und innerbetriebliche Lohngerechtigkeit zum Tragen kommen zu lassen.

Der Große Senat des BAG hat in seiner Entscheidung vom 3.12.1991 ebenfalls den Schutz des Arbeitnehmerinteresses als Zweck des § 87 Abs. 1 Einleitungssatz BetrVG hervorgehoben.[112]

bb) Die Literaturmeinungen

Teilweise wird vertreten, daß die ratio beider Normen identisch sei.[113] Die Gegenposition sieht durch § 77 Abs. 3 BetrVG und § 87 Abs. 1 Einleitungssatz BetrVG zwei sich ausschließende Zwecke verfolgt, nämlich den Schutz der Tarifautonomie in § 77 Abs. 3 BetrVG und den Schutz der Arbeitnehmerinteressen in § 87 Abs. 1 Einleitungssatz BetrVG.[114] Nach einer dritten Meinung soll § 87 Abs. 1 Einleitungssatz BetrVG sowohl die Tarifautonomie als auch die Arbeitnehmerinteressen schützen[115], so daß die §§ 77 Abs. 3 und 87 Abs. 1 Einleitungssatz BetrVG zumindest teilweise einen identischen Zweck verfolgen.

---

111 s. Fn 32

112 s. Fn 46

113 Jäcker, Die Einigungsstelle, S. 49; Moll, Der Tarifvorrang, S. 38; Wiedemann/Stumpf, TVG § 4 Rn 280

114 Jahnke, Tarifautonomie und Mitbestimmung, S. 171; Kreutz, Grenzen der Betriebsautonomie, S. 221; Stege/Rinke, DB 1991, 2388; Wiese, FS 25 Jahre BAG, S. 662 ff.

115 D/K/K - Berg, § 77 Rn 66; v.Hoyningen-Huene/Meier-Krenz, NZA 1987, 793, 798; Kempen/Zachert, TVG Grundl. Rn 278; Veit, Die funktionelle Zuständigkeit des Betriebsrats, S. 236; Wank, RdA 1991, 129, 137; Weyand, AuR 1989, 195; Zachert, NZA 1988, 185, 188

Aus ihren unterschiedlichen Auffassungen zum Normzweck des § 87 Abs. 1 Einleitungssatz BetrVG ziehen die Autoren für das Konkurrenzverhältnis zu § 77 Abs. 3 BetrVG verschiedene Schlüsse: Diejenigen, die einen identischen Normzweck annehmen, sehen diesen nur dann verwirklicht, wenn § 77 Abs. 3 BetrVG auch im Rahmen des § 87 Abs. 1 BetrVG Anwendung findet. Nur dann würde die Tarifautonomie hinlänglich geschützt. Auch für die Befürworter verschiedener Gesetzeszwecke spricht gerade die Differenzierung für die Zweischranken-Theorie, weil ein Konkurrenzverhältnis überhaupt nicht existieren könne, so daß § 77 Abs. 3 BetrVG als allgemeine Vorschrift auch für die Mitbestimmungstatbestände des § 87 Abs. 1 BetrVG gelten müsse (das BAG beruft sich zwar ausdrücklich auf die Ausführungen von *Wiese* bezüglich der unterschiedlichen Normzwecke[116], schließt daraus jedoch auf die Vorrangtheorie). Diejenigen, die durch § 87 Abs. 1 Einleitungssatz BetrVG zwei Zwecke verfolgt sehen, sprechen sich für eine Verdrängung des § 77 Abs. 3 BetrVG aus, weil ansonsten der (auch) bezweckte Schutz der Arbeitnehmer nicht erreicht werden könne.

cc) Stellungnahme

Gegen einen weiteren Normzweck als den Arbeitnehmerschutz wird häufig mit dem ebenfalls in § 87 Abs. 1 Einleitungssatz BetrVG normierten Gesetzesvorrang argumentiert.[117] Die Gleichstellung von Tarifvorrang und Gesetzesvorrang könne ansonsten nicht erklärt werden. Sinn und Zweck des Gesetzesvorrangs könne nämlich nicht ein Kompetenzschutz des Gesetzgebers sein, weil eine Bedrohung der gesetzgeberischen Zuständigkeit durch die betriebliche Mitbestimmung wohl kaum zu befürchten sei. Deshalb enthalte § 87 Abs. 1 Einleitungssatz BetrVG keine Regelungssperre, sondern eine Kollisionsnorm. Die Mitbestimmung werde in dem Maße zurückgedrängt, wie der soziale Schutz der Arbeitnehmer bereits auf andere Weise gewährleistet ist. Ohne Not müsse man ansonsten eine unterschiedliche Zweckbestimmung für den Tarif- und den Gesetzesvorbehalt innerhalb derselben Vorschrift akzeptieren.

Bei diesem Einwand sucht man vergeblich nach einer Begründung, warum angesichts differenzierender sachlicher Voraussetzungen zwischen Tarifvorrang und Gesetzesvorrang § 87 Abs. 1 Einleitungssatz BetrVG nicht auch (zumindest teilweise) unterschiedliche Zwecke verfolgen kann. Die Gleichstel-

---

[116] BAG vom 17.12.1985 - 1 ABR 6/84 - AP Nr. 5 zu § 87 BetrVG 1972 Tarifvorrang; BAG vom 31.1.1984 - 1 ABR 46/81 - AP Nr. 3 zu § 87 BetrVG Tarifvorrang; BAG vom 24.2.1987, s. Fn 32

[117] Jahnke, Tarifautonomie und Mitbestimmung, S. 171; Kreutz, Grenzen der Betriebsautonomie, S. 221 f.; Wiese, FS 25 Jahre BAG, S. 664

lung von Gesetzes- und Tarifvorrang muß nicht zwingend zu einem gleichen Regelungszweck führen.[118] Soweit § 87 Abs. 1 Einleitungssatz BetrVG nur dem Schutz des Arbeitnehmers vor einseitiger Gestaltungsmacht dienen soll, vermag diese Auffassung vielmehr nicht zu erklären, warum dem Tarifvertrag und nicht der betrieblichen Mitbestimmung der Vorrang eingeräumt und damit auch für den Arbeitnehmer gegenüber dem Tarifvertrag günstigere Arbeitsbedingungen nicht durch betriebliche Mitbestimmung möglich sein sollen.[119]

Einzig *Wiese*[120] unternimmt den Versuch, diesen Einwand zu entkräften und trägt insoweit vor, daß seitens des Gesetzgebers für materielle Arbeitsbedingungen durch den im Rahmen des § 87 BetrVG anwendbaren § 77 Abs. 3 BetrVG der Normsetzungsprärogativen der Koalitionen gegenüber dem Schutzgedanken der Vorrang eingeräumt worden sei, während für formelle Arbeitsbedingungen die notwendige Mitbestimmung nur dann entfalle, wenn der Schutz der Arbeitnehmer bereits durch eine ausreichende tarifliche Regelung verwirklicht worden sei. Unabhängig von der für § 77 Abs. 3 BetrVG unzutreffenden Differenzierung zwischen materiellen und formellen Arbeitsbedingungen[121], fehlt auch bei *Wiese* jegliche Begründung, warum der Arbeitnehmer vor günstigeren formellen Arbeitsbedingungen geschützt werden muß. Bezüglich der materiellen Arbeitsbedingungen muß *Wiese* auf § 77 Abs. 3 BetrVG zurückgreifen, der jedoch dem Schutz der Tarifautonomie dient und die Frage nach dessen Anwendbarkeit im Rahmen des § 87 Abs. 1 Einleitungssatz BetrVG gerade zur Diskussion steht.

Das BAG[122] hat sich, obwohl es ansonsten ausdrücklich Bezug auf die Ausführungen *Wiese's* nimmt, wohlweißlich mit dieser Problematik nicht beschäftigt. Daß § 87 Abs. 1 Einleitungssatz BetrVG den Vorrang des Tarifvertrages vor der betrieblichen Mitbestimmung normiert und damit auch für den Arbeitnehmer günstigere Arbeitsbedingungen ausschließt, kann nur damit erklärt werden, daß § 87 Abs. 1 Einleitungssatz BetrVG (zumindest auch) den Schutz der Tarifautonomie bezweckt. Hier abzubrechen wäre indes ebenso verfehlt. Man würde sich zu Recht dem Vorwurf einer einseitigen Sichtweise aussetzen. Bei der Bestimmung des Normzwecks des § 87 Abs. 1 Einleitungssatz BetrVG hat man auch den Zweck der in § 87 BetrVG geregelten Mitbestimmung als sol-

---

118 Haug, BB 1986, 1921, 1925; Wiedemann/Stumpf, TVG § 4 Rn 276

119 v.Hoyningen-Huene/Meier-Krenz, NZA 1987, 793, 796; Kempen/Zachert, TVG Grundl. Rn 278; Lieb, ZfA 1978, 179, 205; Moll, Der Tarifvorrang, S. 19; Wank, RdA 1991, 129, 137; Wiedemann/Stumpf, TVG § 4 Rn 276

120 FS 25 Jahre BAG, S.662 Fn 8

121 s. S. 24 ff., 36

122 BAG vom 24.2.1987, s. Fn 32

cher in die Betrachtung einzubeziehen. Diesbezüglich kann den grundlegenden Ausführungen *Wiese's*[123] gefolgt werden, wonach durch die dem Betriebsrat in sozialen Angelegenheiten eingeräumten Mitbestimmungsrechte die Direktionsbefugnisse des Arbeitgebers beschränkt und einzelvertragliche Vereinbarungen wegen der fehlenden Vertragsparität zwischen Arbeitgeber und Arbeitnehmer vermieden werden sollen. Die im Katalog des § 87 Abs. 1 BetrVG genannten Angelegenheiten sollen zum Schutz des einzelnen Arbeitnehmers auf betrieblich-kollektiver Ebene geregelt werden können. Ein Bedürfnis für eine betrieblich-kollektive Regelung besteht dann nicht mehr, wenn bereits eine Regelung durch Gesetz oder Tarifvertrag erfolgt ist, weil sowohl beim Gesetzgeber als auch den Koalitionen der Aspekt der Vertragsparität keine Bedeutung hat und eine hinreichende Vermutung dafür besteht, daß sie die Arbeitnehmerinteressen in ausreichendem Maße berücksichtigen.

Demzufolge ist es neben dem Schutz der Tarifautonomie auch weiterer Zweck des in § 87 Abs. 1 Einleitungssatz BetrVG normierten Tarifvorrangs, dort, wo durch einen Tarifvertrag die vertragliche Parität und damit der Arbeitnehmerschutz gewährleistet ist, das Mitbestimmungsrecht des Betriebsrats und die Möglichkeit zum Abschluß betrieblich-kollektiver Regelungen auszuschließen. Es ist daher den Autoren[124] beizupflichten, die durch § 87 Abs. 1 Einleitungssatz BetrVG zwei (zum Teil identische) Zwecke verfolgt sehen.

c) Die Abwägung der Normzwecke

Das gefundene Ergebnis zum Normzweck des § 87 Abs. 1 Einleitungssatz BetrVG hilft bei der Entscheidung zwischen Vorrangtheorie oder Zweischranken-Theorie nicht weiter. § 87 Abs. 1 BetrVG regelt das Verhältnis Gesetz/betriebliche Mitbestimmung und Tarifvertrag/betriebliche Mitbestimmung und innerhalb letzterem will § 87 Abs. 1 Einleitungssatz BetrVG - ebenso wie § 77 Abs. 3 BetrVG - auch die Tarifautonomie schützen. Tritt dieser Normzweck im Zweifel hinter den des Arbeitnehmerschutzes zurück? Ist ein Vorrang des § 87 Abs. 1 Einleitungssatz BetrVG unter gleichzeitiger Verdrängung der Tarifsperre des § 77 Abs. 3 BetrVG notwendig? Diese und ähnliche Fragen bedürfen einer Abwägung zwischen dem Schutz der Tarifautonomie und dem Schutz der Arbeitnehmer vor der Regelungsmacht des Arbeitgebers.[125] Dazu ist

---

[123] FS 25 Jahre BAG, S. 662 ff.

[124] s. Fn 115

[125] Eine Abwägung findet sich z.B. bei: F/K/H/E, § 77 Rn 100 ff.; Haug, BB 1986, 1921, 1924 f.; v.Hoyningen-Huene/Meier-Krenz, NZA 1987, 793, 798 f.; Moll, Der Tarifvorrang, S. 38 f.; Wank, RdA 1991, 129, 137 f.

erforderlich, zunächst die Auswirkungen und praktischen Konsequenzen der Vorrangtheorie und der Zweischranken-Theorie für die Tarifautonomie und den Arbeitnehmerschutz herauszuarbeiten.

aa) Die Auswirkungen der Vorrangtheorie

aaa) Präjudizierung

Die Sperrwirkung des § 87 Abs. 1 Einleitungssatz BetrVG erstreckt sich nicht auf bloß nachwirkende Tarifverträge.[126] Im Nachwirkungszeitraum eröffnet die Vorrangtheorie den Betriebspartnern die Möglichkeit, mitbestimmte Angelegenheiten per Betriebsvereinbarung zu regeln oder die Einigungsstelle anzurufen. Tritt ein neuer Tarifvertrag in Kraft, so verdrängt er die abgeschlossenen Betriebsvereinbarungen.

Die Anhänger der Zweischranken-Theorie, nach der sich für den Zeitraum zwischen dem Ablauf und dem Abschluß eines neuen Tarifvertrages die Sperrwirkung des § 77 Abs. 3 BetrVG aus dem Aspekt der Tarifüblichkeit entfaltet, kritisieren, daß die Tarifverträge durch Betriebsvereinbarungen und Einigungsstellensprüche im Nachwirkungszeitraum überwuchert und zersplittert werden könnten, insbesondere die Tarifverträge über Lohnfragen. Betriebspartner und Einigungsstellen würden zum Zensor der Tarifverträge, der Gewerkschaften und der Arbeitgeberverbände.[127] Die Tarifpartner, die während der möglicherweise langen (z.B. bei Lohnrahmentarifverträgen, Manteltarifverträgen) Tarifverhandlungen ohnehin unter Druck stünden, könnten durch zwischenzeitlich abgeschlossene Betriebsvereinbarungen (beispielsweise über Lohn- und Arbeitszeitfragen) präjudiziert werden.[128]

Mengel[129] führt zu diesem Problem folgendes aus: *„Wer bei den Tarifverhandlungen über neue Löhne und Gehälter oder über mehr Urlaub, höhere Zuschläge oder mehr Spesen auch nur einmal den „zwangsweisen Druck“ erlebt hat, der nach „vorweggenommenen“ betrieblichen Absprachen über bessere Arbeitsbedingungen der genannten Art selbst die vernünftigsten Gewerkschaftsvertreter belastet, und wer auf Seiten des Arbeitgeberverbandes um des tariflichen Friedens willen dabei die Grenzen wirtschaftlicher Vernunft zu*

---

[126] s. hierzu S. 80 f.

[127] P. Hanau, RdA 1973, 281, 284

[128] Kirchner, BB 1972, 1279, 1281; Lappe, Die Mitbestimmung in sozialen Angelegenheiten, S. 83; Mengel, DB 1982, 43 f.; Stege/Weinspach, § 87 Rn 35 b; Wank, RdA 1991, 129, 138

[129] DB 1982, 43

überschreiten hatte, begreift den Sinn und Zweck der betriebsverfassungsrechtlichen Schranke im Bereich materieller Arbeitsbedingungen...“

Lederer[130] hält die von *Mengel* geschilderte Befürchtung für übertrieben. Allein die anhaltende Massenarbeitslosigkeit sorge bereits dafür, daß die Zersplitterung der gewerkschaftlichen Kräfte in viele betriebliche Einzelauseinandersetzungen weder erwünscht noch wahrscheinlich sei. Die Gefahr des Entstehens betrieblicher Konkurrenzordnungen sei angesichts verhärteter Tarifauseinandersetzungen gering.

Zum einen ist die Prognose *Lederer's* bereits durch die heutige Betriebswirklichkeit widerlegt. Zum anderen unterstellt er eine weitgehend personelle Identität zwischen Gewerkschaften und Betriebsräten. Selbst wenn dies zu gewissen Zeiten der Fall sein sollte, würde es sich dabei um eine Zufallserscheinung handeln, die keinen Anspruch auf Gesetzmäßigkeit hätte.[131] Derartige faktische Zufälligkeiten können nicht für die Auslegung der §§ 77 Abs. 3 und 87 Abs. 1 Einleitungssatz BetrVG sowie das Konkurrenzverhältnis dieser Normen zueinander von Bedeutung sein.

Reuter[132] schätzt die Gefahr der Präjudizierung ebenfalls wegen des durch das BetrVG gewährleisteten Einflußes der Gewerkschaften auf die Betriebsräte gering ein. Er verweist auf § 2 Abs. 1 BetrVG, der den Betriebsrat verpflichte, unter Beachtung der geltenden Tarifverträge vertrauensvoll und im Zusammenwirken mit den im Betrieb vertretenen Gewerkschaften und Arbeitgebervereinigungen zum Wohl der Arbeitnehmer und des Betriebs zu handeln. Ein Betriebsrat, der während laufender Tarifverhandlungen von den gewerkschaftlichen Forderungen abweichende Ziele durchsetzen wollte, würde mit den Tarifpartnern nicht zusammenwirken, sondern ihnen entgegen. Deshalb müsse die Einigungsstelle eine materielle Einigung ablehnen und das Arbeitsgericht einen dennoch ergangenen Spruch aufheben. Gegebenenfalls hätten Gewerkschaft oder der Arbeitgeber die Möglichkeit, gemäß § 23 Abs. 1 BetrVG die Auflösung des Betriebsrats zu beantragen.

Reuter verkennt, daß Betriebsräte und Gewerkschaften nach dem Gesetz unterschiedliche Aufgaben und Funktionen im Betrieb und im Rahmen der Betriebsverfassung haben. Der Betriebsrat und auch jedes einzelne seiner Mitglieder ist Repräsentant aller Arbeitnehmer des Betriebs, auch soweit diese nicht

---

130 Das Initiativrecht des Betriebsrats in Lohnfragen, S. 69 f.

131 Moll, Der Tarifvorrang, S. 38; Veit, Die funktionelle Zuständigkeit des Betriebsrats, S. 232

132 SAE 1976, 17, 18

oder in einer anderen Gewerkschaft organisiert sind.[133] Der Betriebsrat ist keine "Ersatzgewerkschaft". Seine Mitglieder haben sich so zu verhalten, daß das Vertrauen der Beschäftigten in die Objektivität und Neutralität ihrer Amtsführung nicht beeinträchtigt wird. Sie haben jedwede Bevorzugung und Benachteiligung von Beschäftigen wegen ihrer gewerkschaftlichen Einstellung zu unterlassen.[134] Der Betriebsrat und seine einzelnen Mitglieder sind bei Ausübung ihres Amtes gegenüber der Belegschaft zur gewerkschaftspolitischen Neutralität verpflichtet.[135] Somit ist der Betriebsrat auch kein „verlängerter Arm der Gewerkschaften".[136] Nach überwiegender Ansicht ist der Betriebsrat noch nicht einmal zur Zusammenarbeit mit den Gewerkschaften verpflichtet.[137] Selbst die M.M. sieht als Ausgangspunkt der Zusammenarbeit die rechtliche Selbständigkeit von Betriebsrat und Gewerkschaft, aus der u.a. folgt, daß der Betriebsrat keinen Weisungen der Gewerkschaft unterliegt. Wenn also die - möglicherweise in großer Zahl nicht gewerkschaftlich organisierte - Belegschaft im Zeitraum eines bloß nachwirkenden Tarifvertrags den Betriebsrat auffordert, mit dem Arbeitgeber z.B. neue Akkordrichtsätze (§ 87 Abs. 1 Ziff. 11 BetrVG) zu vereinbaren und nötigenfalls die Einigungsstelle anzurufen, so würde er sich allenfalls dann eines schweren Pflichtverstoßes i.S.d. § 23 Abs. 1 BetrVG schuldig machen und sich der Gefahr seiner Auflösung aussetzen, wenn er dieses Ansinnen der Belegschaft mit Rücksicht auf die gewerkschaftlich verfolgte oder gewünschte Tarifpolitik ignorieren oder nur halbherzig verfolgen würde. Die Einigungsstelle hätte auch keine Möglichkeit, eine Entscheidung abzulehnen, weil der Betriebsrat genau das täte, was ihm die Vorrangtheorie gestattet, nämlich sein Mitbestimmungsrecht in sozialen Angelegenheiten im Nachwirkungszeitraum eines Tarifvertrags auszuüben. Man kommt daher nicht umhin, die Gefahr der Präjudizierung als real existent zu akzeptieren.

Dies hat sogar das BAG in seiner Grundsatzentscheidung vom 24.2.1987[138] getan und ausgeführt, daß tarifliche Regelungen der Arbeits- und

---

[133] BVerfG vom 27.3.1979 - 2 BvR 1011/78 - AP Nr. 31 zu Art. 9 GG; BVerfG vom 26.5.1970 - 2 BvR 664/65 - AP Nr. 16 zu Art. 9 GG

[134] BVerfG vom 27.3.1979, wie vor

[135] F/K/H/E, § 2 Rn 28; H/S/G, § 74 Rn 40

[136] H/S/G, § 2 Rn 26

[137] Brecht, § 2 Rn 15; Buchner, DB 1972, 1236; Richardi, § 2 Rn 72; Weiss/Weyand, § 2 Rn 5
a.A.: Däubler, Gewerkschaftsrechte im Betrieb, Rn 76; F/K/H/E, § 2 Rn 31
Nach H/S/G, § 2 Rn 27 und Galperin/Löwisch, § 2 Rn 29 hat der Betriebsrat die Verpflichtung zur Zusammenarbeit unter Beachtung des Gebots der Unabhängigkeit eigenverantwortlich nach eigenem Ermessen zu bestimmen.

[138] s. Fn 32

Wirtschaftsbedingungen durch betriebliche Regelungen, die sich zwangsläufig an den jeweiligen betrieblichen Gegebenheiten orientieren und gesamtwirtschaftliche Erwägungen unberücksichtigt lassen können, präjudiziert und in bestimmte, womöglich nicht gewünschte Bahnen gelenkt werden können. Nach Auffassung des BAG ist dies allein jedoch nicht ausreichend, um der Zwei-schranken-Theorie zu folgen; die Tarifparteien könnten zum einen auf die Betriebspartner einwirken, um unerwünschte betriebliche Regelungen zurückzuhalten und hätten zum anderen die Möglichkeit, die Angelegenheit selbst tariflich zu regeln, wodurch dann das Mitbestimmungsrecht des Betriebsrats entfiele und betriebliche Konkurrenzregelungen verhindert würden.

Daß die Einwirkungsmöglichkeiten der Gewerkschaften - sofern sie überhaupt im konkreten Betrieb existieren - nur begrenzt sind und keinesfalls eine Präjudizierung letztendlich verhindern können, ist soeben dargelegt worden. Der zweite Hinweis des BAG, der nichts anderes ist als der Ratschlag an die Tarifpartner, diese sollten durch einen schnellen Abschluß neuer Tarifverträge einer betrieblichen Regelung der Angelegenheiten zuvor kommen, ist - vorsichtig ausgedrückt - von geringer Argumentationskraft. Das Problem, das die Vorrangtheorie schafft, soll dadurch vermieden werden, daß Nachwirkungszeiträume möglichst nicht entstehen. Dem widerspricht jedoch die tarifliche Praxis. Es sind eine Vielzahl von guten Gründen denkbar, die einem schnellen Tarifvertragsabschluß entgegenstehen können. Je schwieriger die zu regelnde Materie, je größer deren arbeitsmarkt-, sozial- und gesellschaftspolitischen Auswirkungen, desto wichtiger und geradezu geboten ist es, den Tarifvertragspartnern auch genügend Zeit einzuräumen, die gegenseitigen Argumente vorzutragen, gegeneinander abzuwägen und als ultima ratio auch im Wege des Arbeitskampfes durchzusetzen. Der auf die Tarifpartner bei den Tarifverhandlungen durch vorweggenommene Betriebsvereinbarungen ausgeübte Druck wird, folgt man dem BAG, lediglich durch einen enormen Zeitdruck ersetzt, der sich in hohem Maße kontraproduktiv auswirken kann. Zudem haben die Tarifpartner im zeitlichen Wettlauf mit den Betriebspartnern ohnehin kaum Siegeschancen. Die kleinere Einheit auf Betriebsebene, die gesamtwirtschaftliche Aspekte unberücksichtigt lassen kann, ist von vornherein im Vorteil. Es käme tatsächlich zum "Wettlauf zwischen Hase und Igel". Daran kann ernstlich niemand ein Interesse haben.

bbb) Aushöhlung der verfassungsmäßig geschützten Tarifautonomie

Gegen die Vorrangtheorie wird häufig eingewandt, daß sie den Anwendungsbereich des § 77 Abs. 3 BetrVG zu sehr einenge und damit zu einer Aushöhlung der verfassungsmäßig geschützten Tarifautonomie führe, insbesondere auch bezüglich der materiellen Arbeitsbedingungen.[139] Diesem Einwand wird im allgemeinen und besonders für den Entgeltbereich als der wichtigsten und von § 77 Abs. 3 BetrVG eigens hervorgehobenen Regelungsmaterie nachzugehen sein.

(a) Die Mitbestimmungstatbestände in Lohnfragen des § 87 Abs. 1 Nr. 10 und Nr. 11 BetrVG

(aa) Allgemeines

Gemäß § 87 Abs. 1 Nr. 10 BetrVG besteht für den Betriebsrat ein Mitbestimmungsrecht in Fragen der betrieblichen Lohngestaltung, insbesondere bei der Aufstellung von Entlohnungsgrundsätzen und der Einführung und Anwendung von neuen Entlohnungsmethoden sowie deren Änderung. Dem Betriebsrat wird auf diesem Gebiet ein umfassendes Mitbestimmungsrecht eingeräumt. Die Vorschrift hat innerhalb der ihr durch die §§ 77 Abs. 3, 87 Abs. 1 Einleitungssatz BetrVG gezogenen Grenzen den „Charakter einer Generalklausel".[140] Das dem Betriebsrat eingeräumte Mitbestimmungsrecht soll den Arbeitnehmer vor einer einseitigen an den Interessen des Arbeitgebers orientierten oder willkürlichen Lohngestaltung schützen. Es geht um die Angemessenheit und Durchsichtigkeit des innerbetrieblichen Lohngefüges. Die innerbetriebliche Lohngerechtigkeit soll gesichert werden.[141]

Unter Lohn im Sinne dieses Mitbestimmungstatbestandes ist das Arbeitsentgelt schlechthin zu verstehen, und nicht nur das Arbeitsentgelt, was nach traditionellem Verständnis unmittelbar im Synallagma zur Arbeitsleistung steht. Es werden vielmehr alle Vergünstigungen und Vorteile erfaßt, die mit Rücksicht auf das Arbeitsverhältnis gewährt werden, ohne Rücksicht auf deren Bezeichnung.[142] Hierzu gehören also die laufenden Entgelte, die in einem Gegen-

---

139 vgl. nur F/K/H/E, § 77 Rn 101 f.; Wank, RdA 1991, 129, 135

140 BAG GS vom 2.12.1991 - GS 2/90 - AP Nr. 51 zu § 87 BetrVG Lohngestaltung

141 Ständige Rechtsprechung: BAG vom 9.5.1995 - 1 ABR 56/94 - AP Nr. 2 zu § 76 BetrVG 1972 Einigungsstelle; BAG vom 14.12.1993 - 1 ABR 31/93 - AP Nr. 65 zu § 87 BetrVG 1972 Lohngestaltung; BAG vom 22.9.1992 - 1 AZR 460/90 - AP Nr. 60 zu § 87 BetrVG 1972 Lohngestaltung; BAG GS vom 3.12.1991 - GS 2/90 - AP Nr. 51 zu § 87 BetrVG 1972 Lohngestaltung; BAG vom 20.8.1991 - 1 AZR 326/90 - AP Nr. 50 zu § 87 BetrVG 1972 Lohngestaltung; BAG vom 31.1.1984 - 1 ABR 46/81 - AP Nr. 3 zu § 87 BetrVG 1972 Tarifvorrang; BAG vom 22.1.1980 - 1 ABR 48/77 - AP Nr. 3 zu § 87 BetrVG 1972 Lohngestaltung

142 BAG vom 10.6.1986 - 1 ABR 65/84 - AP Nr. 22 zu § 87 BetrVG 1972 Lohngestaltung; BAG vom 30.3.1982 - 1 ABR 55/80 - AP Nr. 10 zu § 77 BetrVG 1972 Lohngestaltung

seitigkeitsverhältnis zur Arbeitsleistung des Arbeitnehmers stehen, aber auch über- und außertarifliche Zulagen, Sozialleistungen und Leistungen aus besonderem Anlaß. Einige Beispiele aus der Rechtsprechung: Erschwerniszulagen[143], Belastungszulagen[144], Sonderboni[145], Leistungsprämien[146], in einem betrieblichen Wettbewerb zu gewinnende Reisen[147], Auslandszulagen für vorübergehend ins Ausland entsandte Mitarbeiter[148], Leistungen der betrieblichen Altersversorgung in Form von Direktzusagen[149], zinsgünstige Arbeitgeberdarlehn[150], Möglichkeit des Erwerbs verbilligter Flugscheine[151], Mietzuschüsse und Kosten für Familienheimflüge[152], Ermäßigung des Elternbeitrags im Kindergarten[153], Lieferung von verbilligtem Gas aus eigener Produktion[154], Provisionen[155].

Wie die genannten Beispiele zeigen, ist es für den Entgeltcharakter unerheblich, ob es sich um Geld- oder Sachleistungen handelt. Ebensowenig ist der Zeitraum der Leistungserbringung entscheidend. Auch Einmalzahlungen können dem Mitbestimmungsrecht des Betriebsrats unterliegen.[156] Unter den Lohnbegriff fallen auch Sonderformen der Vergütung, wie z.B. Jahressonderzahlungen, Gratifikationen, Gewinnbeteiligungen und vermögenswirksame Leistungen. Der Begriff des Lohnes wird demnach im Rahmen des § 87 Abs. 1 Ziff. 10

143 BAG vom 22.12.1981 - 1 ABR 38/79 - AP Nr. 7 zu § 87 BetrVG 1972 Lohngestaltung

144 BAG vom 4.7.1989 - 1 ABR 40/88 - AP Nr. 20 zu § 87 BetrVG 1972 Tarifvorrang

145 BAG vom 14.6.1994 - 1 ABR 63/93 - AP Nr. 69 zu § 87 BetrVG 1972 Lohngestaltung

146 BAG vom 8.12.1981 - 1 ABR 55/79 - AP Nr. 1 zu § 87 BetrVG 1972 Prämie

147 BAG vom 30.3.1982 - 1 ABR 55/80 - AP Nr. 10 zu § 87 BetrVG 1972 Lohngestaltung

148 BAG vom 30.1.1990 - 1 ABR 2/89 - AP Nr. 41 zu § 87 BetrVG 1972 Lohngestaltung

149 BAG vom 26.4.1988 - 3 AZR 168/86 - AP Nr. 16 zu § 87 BetrVG 1972 Altersversorgung Soweit der Arbeitgeber Leistungen der betrieblichen Altersversorgung unter Einschaltung einer rechtlich selbständigen Unterstützungseinrichtung (Pensionskasse, Unterstützungskasse) gewährt, folgt das Mitbestimmungsrecht des Betriebsrates nach dieser Entscheidung des BAG aus § 87 Abs. 1 Nr. 8 BetrVG.

150 BAG vom 9.12.1980 - 1 ABR 80/77 - AP Nr. 5 zu § 87 BetrVG 1972 Lohngestaltung

151 BAG vom 22.10.1985 - AP Nr. 18 zu § 87 BetrVG 1972 Lohngestaltung

152 BAG vom 10.6.1986 - 1 ABR 65/84 - AP Nr. 22 zu § 87 BetrVG 1972 Lohngestaltung

153 BAG vom 22.10.1981 - 6 ABR 69/79 - AP Nr. 10 zu § 76 BetrVG 1972

154 BAG vom 22.10.1985 - 1 ABR 87/83 - AP Nr. 5 zu § 87 BetrVG 1972 Werkmietwohnungen

155 BAG vom 26.7.1988 - 1 AZR 54/87 - AP Nr. 6 zu § 87 BetrVG 1972 Provisionen

156 BAG vom 26.1.1988 - 1 ABR 34/86 - AP Nr. 31 zu § 80 BetrVG 1972; BAG vom 30.3.1982 - 1 ABR 55/80 - AP Nr. 10 zu § 87 BetrVG 1972 Lohngestaltung

BetrVG im weitesten Sinne verstanden. Dieses weite Verständnis ist nach der Rechtsprechung durch den Zweck der Vorschrift geboten.[157]

Von § 87 Abs. 1 Nr. 10 BetrVG nicht erfaßt werden Regelungen des Aufwendungsersatzes[158], wie z.B. eine Dienstreiseordnung, in der die Erstattung von Dienstreisekosten und das Verfahren bei der Genehmigung und Abrechnung der Dienstreise geregelt wird[159], oder die Regelung einer Autopauschalen, die der Arbeitgeber den Arbeitnehmern für die dienstliche Nutzung von Privat-PKW's gewährt.[160]

Das Mitbestimmungsrecht des § 87 Abs. 1 Nr.10 BetrVG dient nicht der Lohnpolitik und erstreckt sich deshalb nicht auf die Lohn- oder Gratifikationshöhe.[161]

Gemäß § 87 Abs. 1 Nr. 11 BetrVG besteht ein Mitbestimmungsrecht des Betriebsrats bei der Festsetzung der Akkord- und Prämiensätze und vergleichbarer leistungsbezogener Entgelte, einschließlich der Geldfaktoren. Diese Vorschrift steht in einem engen Zusammenhang mit § 87 Abs. 1 Nr. 10 BetrVG und normiert die Mitbestimmung des Betriebsrats bei der Festlegung aller für die Ermittlung / Berechnung leistungsbezogener Entgelte wesentlichen Bezugsgrößen. Es wird eine besondere, aus § 87 Abs. 1 Nr. 10 BetrVG herausgehobene Frage geregelt. Das Mitbestimmungsrecht bezweckt die Herstellung der innerbetrieblichen Lohngerechtigkeit[162] und den Schutz der Arbeitnehmer vor den mit leistungsbezogenen Entgelten verbundenen besonderen Belastungen.[163] Der Mitbestimmungstatbestand geht insoweit über den des § 87 Abs. 1 Nr. 10 BetrVG hinaus, als der Betriebsrat über die Mitbestimmung des Zeit- und Geld-

---

157 BAG vom 10.6.1986 - 1 ABR 65/84 - AP Nr. 22 zu § 87 BetrVG 1972 Lohngestaltung; BAG vom 30.3.1982 - 1 ABR 55/80 - AP Nr. 10 zu § 87 BetrVG 1972 Lohngestaltung

158 BAG vom 30.1.1990 - 1 ABR 2/89 - AP Nr. 7 zu § 87 BetrVG 1972 Lohngestaltung; BAG vom 10.6.1986 - 1 ABR 65/84 - AP Nr. 22 zu § 87 BetrVG 1972 Lohngestaltung

159 BAG vom 8.12.1981 - 1 ABR 91/79 - AP Nr. 6 zu § 87 BetrVG 1972 Lohngestaltung

160 BAG vom 30.10.1977 - 1 ABR 23/76 - nicht veröffentlicht, zitiert bei D/K/K - Klebe, § 87 Rn 244; H/S/G, § 87 Rn 468; Richardi, § 87 Rn 807

161 BAG vom 24.1.1996 - 1 AZR 597/95 - AP Nr. 8 zu § 87 BetrVG 1972 Tarifvorbehalt; BAG vom 9.5.1995 - 1 ABR 56/94 - AP Nr. 2 zu § 76 BetrVG 1972 Einigungsstelle; BAG vom 14.12.1993 - 1 ABR 31/93 - AP Nr. 65 zu § 87 BetrVG 1972 Lohngestaltung; BAG vom 20.8.1991 - 1 AZR 326/90 - AP Nr. 50 zu § 87 BetrVG 1972 Lohngestaltung; BAG vom 30.1.1990 - 1 ABR 2/89 - AP Nr. 41 zu § 87 BetrVG 1972 Lohngestaltung

162 BAG vom 29.3.1997 - 1 ABR 123/74 - AP Nr. 100 zu § 87 BetrVG 1972 Provision

163 BAG vom 28.7.1981 - 1 ABR 56/78 - AP Nr. 2 zu § 87 BetrVG 1972 Provision

faktors direkten Einfluß auf die Lohnhöhe nehmen und somit eine betriebliche Lohnpolitik betreiben kann.[164]

(bb) Freiwillige Leistungen des Arbeitgebers

Zum Lohn gehören auch alle freiwilligen Leistungen des Arbeitgebers. Darunter versteht man die Leistungen, zu denen der Arbeitgeber weder kraft Gesetzes noch Tarifvertrag verpflichtet ist.[165] Die Freiwilligkeit einer Leistung läßt das Mitbestimmungsrecht des Betriebsrats nicht entfallen, allerdings ergeben sich aus dem Umstand der Freiwilligkeit gewisse Beschränkungen: Der Arbeitgeber kann mitbestimmungsfrei entscheiden, ob und in welchem Umfang er finanzielle Mittel für zusätzliche Leistungen erbringen will.[166] Man spricht insoweit vom „Dotierungsrahmen"[167] Ebenso ist der Arbeitgeber in seiner Entscheidung frei, welchen Zweck er mit der freiwilligen Leistung verfolgt und welchen Personenkreis er mit der Leistung begünstigt[168]. Alle darüber hinausgehenden Fragen bleiben jedoch mitbestimmungspflichtig. Im wesentlichen vollzieht sich die Mitbestimmung des Betriebsrats bei der Ausgestaltung der zusätzlichen Leistungen innerhalb des Dotierungsrahmens.

Der Große Senat des BAG hat in der Frage der Anrechnung von Tariflohnerhöhungen auf (freiwillige) übertarifliche Zulagen am 3.12.1991[169] folgendermaßen entschieden: Das Mitbestimmungsrecht hänge nicht davon ab, ob die Anrechnung bzw. der Widerruf durch konstitutive Entscheidung des Arbeitgebers erfolgt oder sich automatisch vollzieht. Entscheidend sei allein, ob die Anrechnung bzw. der Widerruf zu einer Änderung der Verteilungsgrundsätze für die über-/außertarifliche Zulage führe und darüber hinaus für eine anderweitige Anrechnung bzw. Kürzung der Zulagen ein Regelungsspielraum verbleibe; eine solche Änderung - nicht die Kürzungsentscheidung für sich betrachtet - sei grundsätzlich mitbestimmungspflichtig.[170] Die Verteilungsgrund-

---

164 BAG vom 9.5.1995 - 1 ABR 56/94 - DB 1995, 2610, 2611; BAG vom 29.3.1977 - 1 ABR 123/74 - AP Nr. 1 zu § 87 BetrVG 1972 Provision

165 BAG GS vom 16.9.1986 - GS 1/82 - AP Nr. 17 zu § 77 BetrVG 1972

166 BAG vom 14.6.1994 - 1 ABR 63/93 - AP Nr. 69 zu § 87 BetrVG 1972 Lohngestaltung

167 BAG vom 14.6.1994, wie vor; MünchArbR - Matthes, § 333 Rn 26

168 Ständige Rechtsprechung, z.B.: BAG vom 3.8.1982 - 3 AZR 1219/79 - AP Nr. 12 zu § 87 BetrVG 1972 Lohngestaltung; BAG vom 8.12.1981 - 1 ABR 55/79 - AP Nr. 1 zu § 87 BetrVG 1972 Prämie; BAG vom 17.12.1980 - 5 AZR 570/78 - AP Nr. 4 zu § 87 BetrVG 1972 Lohngestaltung

169 - GS 2/90 - AP Nr. 51 zu § 87 BetrVG 1972 Lohngestaltung

170 So auch BAG vom 27.10.1992 - 1 ABR 17/92 - AP Nr. 61 zu § 87 BetrVG 1972 Lohngestaltung; BAG vom 22.9.1992 - 1 AZR 459/90 - AP Nr. 56 zu § 87 BetrVG 1972

sätze würden sich bei einer unterschiedlichen Anrechnung der Tariflohnerhöhung auf die übertariflichen Zulagen ändern, aber auch eine prozentual gleichmäßige Anrechnung sämtlicher Zulagen könne zu einer Änderung der Verteilungsgrundsätze führen. Rechne der Arbeitgeber einen bestimmten Prozentsatz der Tariflohnerhöhung auf jede Zulage an, würden sich die Verteilungsgrundsätze nur dann nicht ändern, wenn die Zulagen in einem einheitlichen und gleichen Verhältnis zum jeweiligen Tariflohn stehen und die Tariflöhne um den gleichen Prozentsatz erhöht würden. Nur dann bliebe das Verhältnis der Zulagen zueinander unverändert. In allen anderen Fällen (Zahlung unterschiedlich hoher Zulagen zum jeweiligen Tariflohn, Unterschreitung eines vereinbarten Sockelbetrages durch Verrechnung, unterschiedliche Erhöhung der Tarifentgelte) veränderten sich die Verteilungsgrundsätze. Kürze der Arbeitgeber alle über-/außertariflichen Leistungen um den gleichen Prozentsatz, würden sich die Verteilungsgrundsätze nur dann ändern, wenn ein vereinbarter Sockelbetrag (= Mindestbetrag, der dem Arbeitnehmer als übertarifliche Zulage zustehen soll) unterschritten wird. Das Mitbestimmungsrecht entfalle, wenn die Anrechnung bzw. der Widerruf zum vollständigen Wegfall aller Zulagen führe oder der Änderung der Verteilungsgrundsätze rechtliche Hindernisse entgegenstünden. Dies sei bei einer vollständigen und gleichmäßigen Anrechnung der Tariflohnerhöhung auf alle Zulagen der Fall, weil dann für den Arbeitgeber jede weitere Gestaltungsmöglichkeit fehle, denn mehr als die Tariflohnerhöhung könne er nicht anrechnen.[171]

Jeglichen Umgehungsversuchen der Arbeitgeber hat das BAG bislang eine Absage erteilt. Ein Mitbestimmungsrecht des Betriebsrats besteht auch dann, wenn der Arbeitgeber die Tariflohnerhöhung vollständig und gleichzeitig anrechnet, in zeitlicher Nähe aber bei einzelnen Arbeitnehmern die Zulage wieder zahlt, selbst wenn der Arbeitgeber zum Zeitpunkt der Anrechnung noch nicht konkret und abschließend entschieden hatte, welchen Arbeitnehmern und in welcher Höhe er übertarifliche Leistungen zukünftig gewähren will.[172] Der Vorgang der Kürzung und Neuverteilung kann demnach nicht aufgespalten werden.

Lohngestaltung; BAG vom 22.9.1992 - 1 AZR 460/90 - AP Nr. 60 zu § 87 BetrVG 1972 Lohngestaltung; BAG vom 23.3.1993 - 1 AZR 582/92 - AP Nr. 64 zu § 87 BetrVG 1972 Lohngestaltung

[171] So auch: BAG vom 25.7.1996 - 6 AZR 774/95 - BB 1997, 790 f.; BAG vom 28.9.1994 - 1 AZR 870/93 - BB 1995, 678, 679

[172] BAG vom 17.1.1995 - 1 ABR 19/94 - AP Nr. 71 zu § 87 BetrVG 1972 Lohngestaltung

(b) Anforderungen an den Inhalt eines das Mitbestimmungsrecht ausschließenden Tarifvertrags

Besondere Bedeutung kommt der Frage zu, welchen Inhalt eine tarifvertragliche Regelung nach Auffassung des BAG[173] haben muß, um den Tarifvorrang des § 87 Abs. 1 Einleitungssatz BetrVG auszulösen und die Mitbestimmung, damit auch die Betriebsvereinbarung, zu blockieren.

Die Rechtsprechung verlangt für den Ausschluß des Mitbestimmungsrechts, daß der Tarifvertrag eine an sich mitbestimmte Angelegenheit selbst abschließend und zwingend regelt, so daß keine weitere Regelungsmöglichkeit mehr besteht, also nicht etwa derart ausgestaltet ist, daß die tarifliche Regelung durch eine betriebliche Regelung ergänzt werden kann oder gar muß.[174] Ob dieses Kriterium restriktiv oder extensiv ausgelegt wird, hat Auswirkungen nicht nur auf den Mitbestimmungsumfang, sondern auch auf die Möglichkeit der Betriebspartner, sich im Tarifvertrag geregelter Materien anzunehmen und eigenständig per Betriebsvereinbarung zu regeln.

Das BAG hat zunächst den Standpunkt vertreten, daß mit Rücksicht auf den vom Gesetzgeber gewollten Vorrang des Tarifvertrags jede tarifliche Regelung, die nicht ohne weiteres als nur unvollständig gemeint erkennbar ist, für die Betriebspartner eine Sperrwirkung auslöse. Jede auch nur einigermaßen vollständige, aus sich heraus zu handhabende Regelung in einem Tarifvertrag schließe eine entsprechende betriebliche Regelung aus.[175]

Diesen extensiven Ansatz hat die Rechtsprechung jedoch nicht lange verfolgt. Vielmehr ist eine Tendenz hin zur engen Auslegung des Erfordernisses der abschließenden und zwingenden tariflichen Regelung festzustellen. Es wird von der Rechtsprechung nur noch selten bejaht, womit der Mitbestimmung ein weites Feld geebnet wird. Dies geht einher mit der Entwicklung, die einzelnen Mitbestimmungstatbestände des § 87 Abs. 1 BetrVG großzügig auszulegen.

---

173 Da im Rahmen dieser Untersuchung die praktischen Auswirkungen erarbeitet werden sollen, ist letztlich allein die Rechtsprechung entscheidend, so daß zu abweichenden Literaturmeinungen keine Stellung bezogen wird.

174 BAG vom 14.12.1993 - 1 ABR 31/93 - AP Nr. 65 zu § 87 BetrVG 1972 Lohngestaltung; BAG vom 21.9.1993 - 1 ABR 16/93 - AP Nr. 62 zu § 87 BetrVG 1972 Arbeitszeit; BAG vom 10.11.1992 - 1 AZR 183/92 - AP Nr. 58 zu § 87 BetrVG 1972 Lohngestaltung; BAG GS vom 3.12.1991 - GS 2/90 - AP Nr. 51 zu § 87 BetrVG 1972 Lohngestaltung; BAG vom 22.1.1980 - 1 ABR 48/79 - AP Nr. 3 zu § 87 BetrVG 1972 Lohngestaltung; BAG vom 3.4.1979 - 6 ABR 29/77 - AP Nr. 2 zu § 87 BetrVG 1972; BAG vom 18.3.1996 - 3 ABR 32/75 - AP Nr. 4 zu § 87 BetrVG 1972 Altersversorgung

175 BAG vom 4.8.1981 - 1 ABR 54/78 - AP Nr. 1 zu § 87 BetrVG 1972 Tarifvorrang

Letzteres ist bereits für die wichtigen Mitbestimmungstatbestände in Entgeltfragen des § 87 Abs. 1 Nr. 10 und Nr. 11 BetrVG dargelegt worden.

(aa) Die Rechtsprechung zu den übertariflichen Entgeltleistungen

Am 31.1.1984[176] hat das BAG entschieden, daß eine an keine weiteren Voraussetzungen gebundene Zulage des Arbeitgebers zum tariflich geregelten Entgelt eine übertarifliche Zulage sei, durch die tarifliche Mindestvergütung der Arbeitnehmer für die geschuldete Arbeitsleistung erhöht werde. Sowohl das tarifliche Arbeitsentgelt als auch die vom Arbeitgeber gezahlten Zulagen seien schlichtes Entgelt für die vertraglich geschuldete Arbeitsleistung des Arbeitnehmers. Da das Arbeitsentgelt im zu entscheidenden Fall aber tarifvertraglich geregelt war, entfiel nach Auffassung des BAG gemäß § 87 Abs. 1 Einleitungssatz BetrVG das Mitbestimmungsrecht des Betriebsrats nach § 87 Abs. 1 Nr. 10 BetrVG auch hinsichtlich der überbetrieblichen Zulage.

Diese Rechtsprechung hat das BAG bereits am 17.12.1985 ausdrücklich aufgegeben[177] und nunmehr entschieden, daß der Betriebsrat mitzubestimmen habe, wenn der Arbeitgeber zum tariflich geregelten Entgelt allgemein eine betriebliche Zulage gewährt, deren Höhe von ihm aufgrund einer individuellen Entscheidung festgelegt wird. An einer abschließenden und zwingenden tarifvertraglichen Regelung fehle es, wenn der Tarifvertrag lediglich das Entgelt für die vertraglich geschuldete Arbeitsleistung regelt. Es entspräche dem Wesen tarifvertraglicher Entgeltregelungen, daß diese nur Mindestbedingungen setzen. Damit könne aber die tarifliche Entgeltregelung im übertariflichen Bereich gerade diejenige Schutzwirkung nicht entfalten, um derentwillen dem Betriebsrat bei der Lohngestaltung ein Mitbestimmungsrecht eingeräumt worden sei. Die tarifliche Entgeltregelung könne die Durchsichtigkeit der tatsächlichen betrieblichen Lohngestaltung nicht erreichen und innerbetriebliche Lohngerechtigkeit im übertariflichen Bereich nicht gewährleisten. § 77 Abs. 3 BetrVG stehe der vom Betriebsrat angestrebten Betriebsvereinbarung nicht entgegen, weil es nicht deren Zweck gewesen sei, das tarifliche Entgelt schlicht und für alle Arbeitnehmer gleichmäßig zu erhöhen.

Am 10.2.1988 hat das BAG diese Rechtsprechung bestätigt und ausgeführt, daß ein Mitbestimmungsrecht des Betriebsrats gemäß § 87 Abs. 1 Nr. 10 BetrVG begründet werde, wenn der Arbeitgeber zum Tarifgehalt eine freiwillige, überbetriebliche Zulage gewährt, die zu einer Erhöhung des tariflichen Entgelts führt, und dieses Mitbestimmungsrecht wegen des Wesens tariflicher Ent-

---

176 - 1 ABR 46/81 - AP Nr. 3 zu § 87 BetrVG 1972 Tarifvorrang

177 - 1 ABR 6/84 - AP Nr. 5 zu § 87 BetrVG 1972 Tarifvorrang

geltregelungen als Mindestbedingung nicht durch § 87 Abs. 1 Einleitungssatz BetrVG ausgeschlossen werde. Der Entscheidung lag der Sachverhalt zugrunde, daß ein Arbeitgeber freiwillig ein höheres Arbeitsentgelt als im gültigen Tarifvertrag vorgesehen gewährt hatte. Auch eine tarifvertraglich vereinbarte Zulage schließt das Mitbestimmungsrecht demzufolge nicht aus, wenn der Arbeitgeber dies durch eine zusätzliche betriebliche Leistung ergänzt.[178]

Mit einem vom Arbeitgeber gezahlten zusätzlichen Urlaubsgeld hatte sich das BAG auch in seiner Entscheidung vom 9.2.1989[179] zu befassen. Obwohl durch Tarifvertrag ein Anspruch auf Urlaubsgeld geregelt war, sah das BAG das Mitbestimmungsrecht des Betriebsrats bezüglich des aufgrund einer Betriebsvereinbarung gezahlten zusätzlichen (übertariflichen) Urlaubsgelds nicht durch § 87 Abs. 1 Einleitungssatz BetrVG ausgeschlossen, weil der Arbeitgeber sich insoweit nicht an tarifliche Vorgaben halten müsse. Soweit aber der Arbeitgeber bei der Ausgestaltung der Bezugsbedingungen frei sei, bestehe ein Mitbestimmungsrecht des Betriebsrats nach § 87 Abs. 1 Nr. 10 BetrVG , welches nicht durch den Einleitungssatz des § 87 Abs. 1 BetrVG ausgeschlossen sei.

Der Große Senat des BAG[180] hat der Rechtsprechung des 1. Senats, daß der Tarifvorrang durch § 87 Abs. 1 Einleitungssatz BetrVG einem Mitbestimmungsrecht nach § 87 Abs. 1 Nr. 10 BetrVG bei Aufstellung und Änderung von Entlohnungsgrundsätzen für übertarifliche Zulagen nicht entgegenstehe, zugestimmt. Es müsse stets gefragt werden, ob der im Betrieb geltende Tarifvertrag dem Arbeitgeber noch ein einseitiges Bestimmungsrecht beläßt oder nicht. Wenn der Tarifvertrag bezüglich des Entgelts lediglich Mindestleistungen regelt, sei das Mitbestimmungsrecht des Betriebsrats nach § 87 Abs. 1 Nr. 10 BetrVG nur in dem Umfang ausgeschlossen, wie der Tarifvertrag bestimmt, nach welchen Kriterien das Tarifentgelt vom Arbeitgeber zu gewähren ist. Zahlt der Arbeitgeber zu dem Tarifentgelt übertarifliche Zulagen, so sei er durch den Tarifvertrag nicht gebunden, nach welchen Kriterien er diese Zulage verteile. Die tarifliche Entgeltregelung könne bezüglich der übertariflichen Zulagen weder die Durchsichtigkeit der betrieblichen Lohngestaltung bewirken, noch die innerbetriebliche Lohngerechtigkeit gewährleisten. Wäre das Mitbestimmungsrecht nach § 87 Abs. 1 Nr. 10 BetrVG durch den Einleitungssatz des § 87 Abs. 1 BetrVG ausgeschlossen, könnte der Arbeitgeber die Aufstellung der Kriterien für übertarifliche Zulagen allein bestimmen. Der Tarifvorrang des § 87 Abs. 1 Einleitungssatz BetrVG solle aber nur eingreifen, wenn der Arbeit-

[178] BAG vom 10.2.1988 - 1 ABR 56/86 - AP Nr. 13 zu § 87 BetrVG 1972 Lohngestaltung

[179] BAG - 8 AZR 310/87 - AP Nr. 40 zu § 77 BetrVG 1972

[180] BAG GS vom 3.12.1991 - GS 2/90 - AP Nr. 51 zu § 87 BetrVG 1972 Lohngestaltung

geber durch den Tarifvertrag rechtlich gebunden ist und sein einseitiges Bestimmungsrecht verloren hat.

Tariflich geregeltes (Mindest-)Entgelt und übertarifliche Zulagen standen nach dieser Rechtsprechung als aliud nebeneinander, so daß eine Konkurrenz zwischen Betriebs- und Tarifautonomie bereits deshalb ausgeschlossen war. Diese Rechtsprechung hatte daher zur Konsequenz, daß übertarifliche Lohnbestandteile niemals durch Tarifvertrag geregelt sind und damit auch der Tarifvorrang des § 87 Abs. 1 Einleitungssatz BetrVG für diese keine Bedeutung hatte.[181]

In einer neueren Entscheidung vom 9.12.1997 hat das BAG[182] die geschilderte Konsequenz seiner bisherigen Rechtsprechung eingeräumt und seine Auffassung wieder geändert. Die Betriebspartner hatten eine „Betriebsvereinbarung über die Zahlung von Leistungszulagen" geschlossen, die vorsah, daß der Arbeitgeber zukünftige, tarifliche Lohnerhöhungen nicht mehr auf eine von ihm den Arbeitnehmern freiwillig gewährte Leistungszulage anrechnen darf. Da dieses Anrechnungsverbot die Schmälerung des Zulagenvolumens verhindern sollte, sei der mitbestimmungsfreie Dotierungsrahmen betroffen, so daß kein obligatorisches Mitbestimmungsrecht des Betriebsrats gemäß § 87 Abs. 1 Nr. 10 BetrVG gegeben sei, sondern eine freiwillige Betriebsvereinbarung vorläge. Obwohl es für die Entscheidung des Rechtsstreit nicht erheblich war, machte das BAG in Form eines obiter dictum allgemeine Ausführungen zur Sperrwirkung des § 77 Abs. 3 BetrVG. Diese Norm schließe eine bloße Aufstockung der Tariflöhne durch Betriebsvereinbarung aus, was auch für die Gewährung allgemeiner, nicht an besondere Voraussetzungen, wie z.B. Leistungsgesichtspunkte, gebundener Zulagen gelte. Soweit sein Beschluß vom 17.12.1985[183] dahin verstanden werden könne, daß übertarifliche Zulagen immer durch Betriebsvereinbarung geregelt werden könnten, weil es sich bei ihnen ex definitione um tariflich nicht geregelte Gegenstände handeln würde, halte der Senat hieran nicht mehr fest. Eine derart weite Einschränkung des Anwendungsbereichs des § 77 Abs. 3 BetrVG würde dessen Zweck zuwider laufen, eine Normsetzung der Betriebspartner auszuschließen, die in Konkurrenz zu derjenigen der Tarifvertragsparteien tritt. Eine solche Konkurrenz würden auch betriebliche Regelungen darstellen, die eine tarifliche Entgeltregelung lediglich durch gleichartige Ansprüche ergänzen. Nach ständiger Rechtsprechung bestünde eine Zweckübereinstimmung zwischen der tariflichen Grundvergütung und einer allgemeinen, also nicht an besondere Voraussetzungen gebundenen außertarifliche Zulage. Die Auslegungsregel, nach der die Anrechenbarkeit der-

---

181 P. Hanau, Betriebsvereinbarungen, S. 101

182 - 1 AZR 319/97 - AP Nr. 11 zu § 77 BetrVG 1972 Tarifvorbehalt

183 - 1 ABR 6/84 - AP Nr. 5 zu § 87 BetrVG 1972 Tarifvorrang

artiger Zulagen auf Tariflohnerhöhungen im Zweifel als stillschweigend vereinbart gilt, beruhe gerade darauf, daß beide den Zweck haben, einen angemessenen Gegenwert für die Arbeitsleistung zu gewähren, und daß der Zweck der Zulage durch eine Tariflohnerhöhung erfüllt werde. Hieraus folge jedoch auch, daß per Betriebsvereinbarung zusätzliche Entgeltbestandteile geregelt werden könnten, die an besondere Voraussetzungen gebunden sind, welche vom Tariflohn nicht berücksichtigt werden.

Auch nach dieser neuen Rechtsprechung kommt die Regelungssperre des § 77 Abs. 3 BetrVG überall dort nicht zum Zuge, wo der Arbeitgeber die Gewährung übertariflicher Leistungen von der Erfüllung gewisser Kriterien abhängig macht und nicht einfach ohne jede Voraussetzung gewährt. Damit wird genau gesehen die bisherige Rechtsprechung lediglich eingeschränkt, aber nicht vollends aufgegeben. Nach wie vor können die Betriebspartner im übertariflichen Bereich eine eigene Lohnpolitik betreiben und damit den in § 77 Abs. 3 BetrVG ausdrücklich normierten Vorrang der Tarifverträge über Arbeitsentgelte beseitigen.

(bb) Der nicht oder nicht mehr tarifgebundene Betrieb

Fraglich ist, inwieweit tariflich geregelte oder üblicherweise geregelte Arbeitsbedingungen in nicht oder nicht mehr tarifgebundenen Betrieben durch Betriebsvereinbarung geregelt werden können. In Zeiten, in denen sich Austritte der Arbeitgeber aus den Arbeitgeberverbänden häufen und die Flucht aus Tarifverträgen als Möglichkeit zur betriebsnahen flexiblen Gestaltung der Arbeitsverhältnisse propagiert wird[184], gewinnt diese Frage erheblich an Brisanz.

(aaa) Die kumulierte Anwendung der §§ 3 Abs. 3 und 4 Abs. 5 TVG

Mit dem Austritt aus dem Arbeitgeberverband und gegebenenfalls der örtlichen Innung[185] ist der Arbeitgeber nicht sofort von den tariflichen Vorgaben befreit, sondern für einen bestimmten Zeitraum weiter an sie gebunden.

Zunächst ist in § 3 Abs. 3 TVG für den Verbandsaustritt geregelt, daß die Tarifgebundenheit zwingend solange bestehen bleibt, bis der Tarifvertrag endet, z.B. durch Zeitablauf, einvernehmliche Aufhebung oder Eintritt einer auflösenden Bedingung. Dadurch soll einem Mißbrauch der privatrechtlichen Gestal-

184 Vgl. die Übersicht bei Hensche, AuR 1996, 331 ff.

185 Vielmals bestehen zwischen den Landesinnungsverbänden und den Gewerkschaften Tarifverträge, so daß erst der Austritt aus der örtlichen Innung die Mitgliedschaft im Landesinnungsverband und damit einem Arbeitgeberverband enden läßt, worauf Hümmerich (DB 1996, 1182) aufmerksam gemacht hat.

tungsfreiheit begegnet werden. Der zwingenden Wirkung des Tarifvertrags sollen sich die Parteien des Arbeitsvertrags nicht durch die einseitige Maßnahme des Verbandsaustritts entziehen können.[186] Selbst für Arbeitnehmer, die erst nach dem Verbandsaustritt des Arbeitgebers in die Gewerkschaft eingetreten sind, gelten die tarifvertraglichen Regelungen.[187] Eine Änderung des (weiter) bestehenden Tarifvertrags führt allerdings zu einer Beendigung i.S.d. § 3 Abs. 3 TVG, mithin zum Ende der Tarifbindung der ausgetretenen Koalitionsmitglieder.[188]

Gemäß § 4 Abs. 5 TVG gelten die Rechtsnormen eines Tarifvertrags nach dessen Ablauf solange weiter, bis sie durch eine andere Abmachung ersetzt werden. Die Frage, ob sich an die Beendigung der Tarifbindung nach § 3 Abs. 3 TVG infolge des Austritts aus der Koalition noch die Nachwirkung des § 4 Abs. 5 TVG anschließt, hat das BAG in zwei Entscheidungen betreffend den Austritt aus dem Arbeitgeberverband durch analoge Anwendung des § 4 Abs. 5 TVG zu Gunsten der Nachwirkung entschieden[189] und hierfür in der Literatur Zustimmung erhalten.[190] Begründet wird dies damit, daß nur durch die kombinierte Anwendung der §§ 3 Abs. 3 und 4 Abs. 5 TVG deren gemeinsamer Zweck, die betroffenen Arbeitnehmer nicht ohne den Schutz des Tarifvertrags „allein zu lassen"[191] und den status quo für diese zu erhalten, erreicht werden könne, auch wenn in Anbetracht der Tatsache, daß eine andere Abmachung durch einen Verbandstarifvertrag wegen des Austritts nicht mehr in Betracht kommt, nicht von einer tarifvertraglichen Überbrückungsfunktion gesprochen werden könne. Immerhin würde dadurch erreicht, daß der Inhalt des Arbeitsverhältnisses bis zu einer anderen Abmachung geregelt bleibe.

Es soll nicht unerwähnt bleiben, daß es in der Literatur auch kritische Stimmen gibt, die in dieser Kombination der §§ 3 Abs. 3 und 4 Abs. 5 TVG einen Verstoß gegen das Demokratie- und Rechtsstaatsprinzip sehen.[192] Dieser Streit braucht im Rahmen dieser Bearbeitung nicht entschieden zu werden, weil die Nachwirkung gemäß § 4 Abs. 5 TVG für die hier zu entscheidende Frage

---

[186] Kania, DB 1995, 625, 629; Krauss, DB 1995, 1562; Wiedemann/Stumpf, TVG, § 3 Rn 28 f.

[187] BAG vom 4.8.1993 - 4 AZR 499/92 - DB 1994, 104

[188] BAG vom 18.3.1992 - 4 AZR 339/91 - DB 1992, 1297

[189] BAG vom 14.2.1991 - 8 AZR 166/90 - DB 1991, 2088, 2089; BAG vom 18.3.1992, wie vor

[190] Däubler, Tarifvertragsrecht, Rn 1511; Krauss, DB 1996, 528; so auch schon Wiedemann/Stumpf, TVG § 4 Rn 188

[191] Krauss, DB 1996, 528 f.

[192] Löwisch/Rieble, TVG § 4 Rn 242; dies., Anm. zu BAG (18.3.1992); Oetker, Anm. zu BAG (18.3.1992 u. 27.11.1991)

kaum Bedeutung hat. Die Nachwirkung entfällt nämlich stets mit einer anderen Abmachung. Solche Abmachungen i.S.d. § 4 Abs. 5 TVG sind nicht nur Tarifverträge oder einzelvertragliche Vereinbarungen, sondern nach allg.M. auch Betriebsvereinbarungen.[193] Hier gilt es vielmehr vorab zu entscheiden, ob der Abschluß einer solchen Betriebsvereinbarung, die die Nachwirkung eines Tarifvertrags nach Beendigung der Koalitionsmitgliedschaft beseitigen soll, überhaupt angesichts der §§ 77 Abs. 3 und 87 Abs. 1 Einleitungssatz BetrVG zulässig ist.

(bbb) Die Möglichkeit zur ablösenden Betriebsvereinbarung in mitbestimmten Angelegenheiten

Da sich der Tarifvorrang des § 87 Abs. 1 Einleitungssatz BetrVG nicht auf den Zeitraum der bloßen Nachwirkung erstreckt[194], bildet er keine Schranke für eine ablösende Betriebsvereinbarung in mitbestimmungspflichtigen Angelegenheiten. Die Vorrangtheorie eröffnet somit für die Betriebspartner die Möglichkeit, in nicht mehr tarifgebundenen Betrieben und damit erst Recht in Betrieben, die zu keinem Zeitpunkt tarifgebunden waren, per Betriebsvereinbarung mitbestimmungspflichtige Angelegenheiten, insbesondere Fragen des Arbeitsentgelts und der Arbeitszeit zu regeln.

Diese Konsequenz wird im Schrifttum zunehmend gesehen.[195] Soweit *Bauer/Diller*[196] und *Krauss*[197] die Zulässigkeit solcher Betriebsvereinbarungen verneinen, ergibt sich bei genauer Betrachtung keinen Widerspruch zum hier gefundenen Ergebnis. Diese Autoren begründen ihre Auffassung nämlich damit, daß derartigen Betriebsvereinbarungen die Sperrwirkung des § 77 Abs. 3 BetrVG entgegenstünde, da Arbeitsentgelte und Arbeitszeiten üblicherweise durch Tarifverträge geregelt würden, was sich bereits daran zeige, daß der den Verband verlassende Arbeitgeber dem gerade entgehen wolle. Richtig ist, daß ablösende Betriebsvereinbarungen gemäß § 77 Abs. 3 BetrVG unzulässig wären. Das setzt jedoch dessen Anwendbarkeit in den mitbestimmungspflichtigen Angelegenheiten voraus, was nach der Vorrangtheorie gerade nicht der Fall ist. Scheitert die Ausübung des erzwingbaren Mitbestimmungsrechts nicht am Ta-

[193] Hoß/Liebscher, DB 1995, 2525, 2528; Hümmerich, DB 1996, 1182, 1183; GK - Kreutz, § 77 Rn 87; Löwisch/Rieble, TVG § 4 Rn 230; Wiedemann/ Stumpf, TVG § 4 Rn 194

[194] s. S. 80 f.

[195] ErfK - Hanau/Kania, § 77 Rn 58; P. Hanau, NZA 1993, 817, 821; Hoß/Liebscher, DB 1995, 2525, 2530; Hümmerich, DB 1996, 1182, 1184

[196] DB 1993, 1085, 1089

[197] DB 1995, 1562, 1563 f.

rifvorrang des § 87 Abs. 1 Einleitungssatz BetrVG, steht nach der Vorrangtheorie auch nicht die Schranke des § 77 Abs. 3 BetrVG entgegen. Dem entsprechenden Einwand seitens *Hoß/Liebscher*[198] entgegnet *Krauss*[199] lediglich mit dem Hinweis, daß der Abschluß einer erzwingbaren Betriebsvereinbarung über die Dauer der Arbeitszeit nicht an § 87 Abs. 1 Einleitungssatz BetrVG, sondern schlicht daran scheitere, daß dem Betriebsrat insoweit kein erzwingbares Mitbestimmungsrecht zustünde. In der Tat hat das BAG[200] ein Mitbestimmungsrecht des Betriebsrats hinsichtlich der Dauer der wöchentlichen bzw. jährlichen Arbeitszeit verneint. Wie diese Arbeitszeit verteilt wird, fällt aber gemäß § 87 Abs. 1 Nr. 2 BetrVG unter das Mitbestimmungsrecht des Betriebsrats, so daß die Betriebspartner neue Arbeitszeitmodelle und dabei unter Einhaltung der gesetzlichen Vorgaben auch Samstags- und teilweise Sonntagsarbeit einführen können.[201] Im übrigen ist unstreitig, daß für ablösende Betriebsvereinbarungen in Angelegenheiten der freiwilligen Mitbestimmung § 77 Abs. 3 BetrVG zur Anwendung gelangt. Deshalb vermag *Krauss'* Hinweis nichts an dem bereits gefundenen Ergebnis zu ändern, daß in nicht oder nicht mehr tarifgebundenen Betrieben Angelegenheiten der obligatorischen Mitbestimmung unter Zugrundelegung der Vorrangtheorie durch Betriebsvereinbarung geregelt werden können. Da die Mitbestimmungsrechte des Betriebsrats in Entgeltfragen sehr weit gehen[202], eröffnen sich für die Betriebspartner große Gestaltungsspielräume.

(ccc) Die Regelung untertariflicher Leistungen durch Betriebsvereinbarung

Es stellt sich noch die Frage, ob für die Betriebspartner auch die Möglichkeit zur Vereinbarung untertariflicher Leistungen besteht.

Insoweit ist die Rechtsprechung des BAG von Bedeutung, daß die ablösende Abmachung i.S.d. § 4 Abs. 5 TVG ungünstigere Regelungen als der vormalige Tarifvertrag enthalten kann.[203] Demzufolge kann auch die zwischen den Betriebspartnern vereinbarte ablösende Betriebsvereinbarung gegenüber dem nachwirkenden Tarifvertrag ungünstigere Regelungen der mitbestimmten Angelegenheiten enthalten. Da die Leistungsentgelte gemäß § 87 Abs. 1 Nr. 11

---

198 DB 1995, 2525, 2530 Fn 53

199 DB 1996, 528, 529

200 BAG vom 22.6.1993 - 1 ABR 62/92 - NZA 1994, 184, 186

201 Hoß/Liebscher, DB 1996, 529, 530

202 s. S. 105 ff.

203 BAG vom 28.6.1972 - 4 AZR 331/71 - AP Nr. 7 zu § 4 TVG Nachwirkung; BAG vom 28.1.1987 - 5 AZR 323/86 - AP Nr. 16 zu § 4 TVG Nachwirkung

BetrVG in vollem Umfang der Mitbestimmung unterliegen, können die Betriebspartner jedenfalls bei den leistungsbezogenen Entgelten untertarifliche Entgeltleistungen durch Betriebsvereinbarung beschließen.

Am 6.12.1995 hatte das BAG[204] über die Wirksamkeit einer zwischen einem nicht tarifgebundenen Arbeitgeber und dem Betriebsrat geschlossenen Betriebsvereinbarung zu urteilen, die den Anspruch der Arbeitnehmer auf ein 13. Monatsgehalt dem Grunde und der Höhe nach regelte, wobei sie sich an der tariflich bestehenden Regelung zumindest orientierte und dieser sehr nahe kam. So sah z.B. sowohl die Betriebsvereinbarung als auch die tarifliche Regelung Minderungen des 13. Monatsgehalts für gewerbliche Mitarbeiter in Abhängigkeit von Fehlzeiten vor. Das BAG sah in der Betriebsvereinbarung entgegen der Vorinstanz (LAG Baden-Württemberg) keinen Verstoß gegen § 77 Abs. 3 BetrVG. Der dort geregelte Tarifvorbehalt gelte nicht für Betriebsvereinbarungen über Angelegenheiten, die nach § 87 BetrVG der Mitbestimmung des Betriebsrats unterliegen. Gewähre der Arbeitgeber eine freiwillige Leistung, so habe der Betriebsrat gemäß § 87 Abs. 1 Nr. 10 BetrVG bezüglich der näheren Ausgestaltung dieser freiwilligen Leistung mitzubestimmen, was mit der streitgegenständlichen Betriebsvereinbarung der Fall gewesen sei. Dieses Mitbestimmungsrecht des Betriebsrats sei durch den Tarifvertrag über das 13. Monatseinkommen infolge fehlender Tarifbindung des Arbeitgebers nicht ausgeschlossen. Das BAG hat sich mit der Frage, ob die Betriebspartner eine über- oder untertarifliche Leistung geregelt hatten, überhaupt nicht beschäftigt. Dies war offenbar nach Auffassung des BAG für die Entscheidung ohne Relevanz.

Gleiches gilt für die Entscheidung des BAG vom 24.1.1996.[205] Dort hatten die Betriebspartner eines nicht tarifgebundenen Betriebs durch Betriebsvereinbarung Löhne bzw. Lohnerhöhungen sowie die Erhöhung der Weihnachtsgratifikation geregelt. Für Löhne und Gehälter sowie das 13. Monatseinkommen bestanden Tarifverträge. Auch hier begnügte sich das BAG mit der allgemeinen Feststellung, daß die Sperre des § 77 Abs. 3 BetrVG nach ständiger Rechtsprechung nicht in Angelegenheiten gelte, die nach § 87 Abs. 1 BetrVG der Mitbestimmung des Betriebsrats unterliegen. Erzwingbare Betriebsvereinbarungen würden nicht dadurch ausgeschlossen, daß die entsprechende Angelegenheit üblicherweise durch Tarifvertrag geregelt wird oder sogar in tarifgebundenen Betrieben tatsächlich geregelt ist. Eine Einschränkung hinsichtlich untertariflicher Betriebsvereinbarungen machte das BAG auch hier nicht. Im Ergebnis kam es nur deshalb zur Anwendung des § 77 Abs. 3 BetrVG, weil der in der Betriebsvereinbarung geregelte Sachverhalt nach Auffassung des BAG nicht mit-

204 - 10 AZR 123/95 - NZA 1996, 531 ff.

205 - 1 AZR 597/95 - AP Nr. 8 zu § 77 BetrVG 1972 Tarifvorbehalt

bestimmungspflichtig war. Die Lohnhöhe gehöre nicht zur gemäß § 87 Abs. 1 Nr. 10 BetrVG mitbestimmungspflichtigen betrieblichen Lohngestaltung und die Betriebsvereinbarung habe sowohl bezüglich der Löhne als auch der Weihnachtsgratifikation den ursprünglichen Verteilungsschlüssel nicht verändert, sondern lediglich die Höhe der gewährten Leistungen linear angehoben. Damit sei ausschließlich der mitbestimmungsfreie Teil betroffen, für den § 77 Abs. 3 BetrVG Anwendung finde. Soweit jedenfalls ausschließlich mitbestimmungspflichtige Angelegenheiten geregelt werden, wird das hier gefundene Ergebnis durch die Rechtsprechung bestätigt, d.h. es können auch untertarifliche Regelungen durch Betriebsvereinbarung zwischen den Betriebspartnern eines nicht tarifgebundenen Betriebes beschlossen werden.[206]

ccc) Teilmitbestimmte Betriebsvereinbarungen

Neben der in Gänze mitbestimmten und der vollständig freiwilligen Betriebsvereinbarung gibt es noch die sog. teilmitbestimmte Betriebsvereinbarung. Darunter versteht man solche Betriebsvereinbarungen, deren Inhalt nur zum Teil einem Mitbestimmungsrecht unterliegen und durch eine Einigungsstelle erzwingbar sind.[207] Hierzu zählen in der Regel die Betriebsvereinbarungen über Arbeitsentgelte. Wie oben dargelegt[208] interpretiert die Rechtsprechung § 87 Abs. 1 Nr. 10 BetrVG dahingehend, daß weder die Gesamthöhe der Entgeltleistung noch deren Zweckbestimmung dem Mitbestimmungsrecht des Betriebsrats unterfallen, der Verteilungsschlüssel hingegen schon. Theoretisch können Gesamthöhe und Zweck der Leistung sowie der Verteilungsschlüssel jeweils separat in verschiedenen Betriebsvereinbarungen geregelt werden, die dann jeweils in vollem Umfang freiwillig bzw. mitbestimmt wären. Dies ist in der Praxis allerdings die seltene Ausnahme, weil Gesamthöhe und Zweck der Leistung in engem Zusammenhang mit dem Verteilungsschlüssel stehen. Die weitaus überwiegende Zahl der Betriebsvereinbarungen über Arbeitsentgelte enthalten daher teilweise mitbestimmte und teilweise nicht mitbestimmte freiwillige Re-

---

206 Im Ergebnis, wenngleich vorsichtiger formulierend, auch ErfK - Hanau/Kania, § 77 Rn 59

207 ErfK - Hanau/Kania, § 77 Rn 20; Fischer (Anm. zu BAG vom 24.1.1996, EzA Nr. 55 zu § 77 BetrVG 1972) hält die Bezeichnung teilweise erzwingbare oder teilerzwingbare Betriebsvereinbarung für passender, weil eine solche Betriebsvereinbarung dann, wenn sie ohne Einschaltung der Einigungsstelle freiwillig zustande kommt, tatsächlich nicht nur teilweise, sondern in vollem Umfang durch den Betriebsrat mitbestimmt sei. Für diesen Sonderfall ist der Einwand Fischer's zutreffend. Da sich jedoch die Bezeichnung teilmitbestimmte Betriebsvereinbarung, insbesondere auch in der Rechtsprechung, durchgesetzt hat, soll der Begriff auch hier beibehalten werden.

208 s. S. 108 ff.

gelungselemente (Das gilt jedoch nicht für die Leistungsentgelte, die gemäß § 87 Abs. 1 Nr. 11 BetrVG vollständig der Mitbestimmung unterliegen). Neben dem wichtigsten Fall der Betriebsvereinbarung über Arbeitsentgelte sind weiter die in der Praxis häufig anzutreffenden Betriebsvereinbarungen über die Arbeitszeit als weiteres Beispiel für teilmitbestimmte Betriebsvereinbarungen zu nennen, soweit sie die Dauer und Lage der Arbeitszeit regeln. Die Dauer der regelmäßigen wöchentlichen Arbeitszeit unterfällt nicht dem Mitbestimmungsrecht des Betriebsrats gemäß § 87 Abs. 1 Nr. 2 BetrVG[209], die Verteilung der wöchentlichen Arbeitszeit hingegen schon.

Die genannten Beispiele zeigen bereits, daß teilmitbestimmte Betriebsvereinbarungen kein Randdasein fristen, sondern wichtige materielle Arbeitsbedingungen betreffen. Deshalb ist auch die Frage von großer Bedeutung, ob unter Zugrundelegung der Vorrangtheorie für teilmitbestimmte Betriebsvereinbarungen der Tarifvorbehalt des § 77 Abs. 3 BetrVG nicht gilt. Wäre dies zu bejahen, hätten die Betriebspartner in nicht tarifgebundenen Betrieben stets und bei tarifgebundenen Arbeitgebern immerhin noch im Nachwirkungszeitraum die Möglichkeit, durch den Abschluß von Betriebsvereinbarungen in direkte Konkurrenz zum Tarifvertrag zu treten und z.B. umfassend die Entgelte der Arbeitnehmer oder die Dauer und Lage der Arbeitszeit zu regeln. Auf die in § 77 Abs. 3 BetrVG ausdrücklich hervorgehobene wichtigste Arbeitsbedingung, das Arbeitsentgelt, fände die Norm praktisch keine Anwendung mehr. Auf diese Konsequenz hat P. Hanau bereits zu einem früheren Zeitpunkt und seitdem wiederholt hingewiesen.[210]

---

209 Ständige Rechtsprechung des BAG, z.B.: BAG vom 13.10.1987 - 1 ABR 10/86 - AP Nr. 24 zu § 87 BetrVG 1972 Arbeitszeit; BAG vom 28.9.1988 - 1 ABR 41/87 - AP Nr. 29 zu § 87 BetrVG 1972 Arbeitszeit; BAG vom 31.1.1989 - 1 ABR 67/87 - AP Nr. 15 zu § 87 BetrVG 1972 Tarifvorrang; BAG vom 18.8.1987 - 1 ABR 30/86 - AP Nr. 23 zu § 77 BetrVG 1972; BAG vom 22.6.1993 - 1 ABR 62/92 - AP Nr. 22 zu § 23 BetrVG 1972

210 MünchArbR, § 60 Rn 78; NZA 1993, 817, 821; RdA 1994, 172, 174 f.; FS Zeuner 1994, 53, 65 f., RdA 1998, 65, 70
siehe auch: F/K/H/E, § 77 Rn 101; v.Hoyningen-Huene, NZA 1998, 1081, 1087; Hromadka, FS Schaub 1998, 337, 346; Schaub, NZA 1998, 617, 623; Wank, RdA 1991, 129, 135

(a) Analyse der Rechtsprechung

(aa) Der Beschluß des 1. Senats vom 10.2.1988[211]

Für den tarifgebundenen Betrieb sah der anwendbare Manteltarifvertrag für Buch- und Zeitschriftenverlage in Niedersachsen und NRW zusätzliche Leistungen i.H.v. 120 % des Tarifentgelts vor, die ganz oder in Teilen zum Urlaubsbeginn und/oder Weihnachten zu zahlen waren, wobei die Auszahlungsmodalitäten durch Betriebsvereinbarung geregelt werden konnten. Darüber hinaus galt für die Angestellten des Betriebs aufgrund arbeitsvertraglicher Vereinbarung bezüglich Urlaubsdauer und Urlaubsgeld der Manteltarifvertrag für Angestellte der Druckindustrie, der für die Berechnung des arbeitstäglichen Urlaubsgelds den Devisor 22, bezogen auf das Monatsgehalt, vorsah. Abweichend hiervon hatte der Arbeitgeber zunächst einige Jahre den Devisor 21 für die Berechnung des arbeitstäglichen Urlaubsgelds angewandt. Mit Schreiben vom 19.12.1984 kündigte er seinen Angestellten an, daß er ab 1985 den Devisor 21 zugrundelegen werde. Der Betriebsrat war der Ansicht, daß das Urlaubsgeldberechnungsverfahren nur mit seiner Beteiligung nach § 87 Abs. 1 Nr. 10 BetrVG geändert werden könne, da der Arbeitgeber die Berechnungsweise einer freiwillig gewährten Leistung und damit von Arbeitsentgelt ändern wolle. Da die Betriebspartner sich über die Frage des Bestehens eines Mitbestimmungsrechts des Betriebsrats nicht einigen konnten, hat der Betriebsrat schließlich den Rechtsweg beschritten mit dem Antrag auf Feststellung, daß die Änderung des Devisors 21 auf 22 der Mitbestimmung gemäß § 87 Abs. 1 Nr. 10 BetrVG unterliege.

Der 1. Senat hat dem Betriebsrat ein Mitbestimmungsrecht bei der Verteilung der Kürzung zugesprochen, die mit der Änderung des Devisors verbunden ist. Auch bei freiwillig vom Arbeitgeber gewährten Zulagen (hier führte die Anwendung des Devisors 21 anstatt 22 zu einer Erhöhung des Urlaubsgeldes um 4,5 %) bleibe zu regeln, ob sie überhaupt gewährt werden sollen und falls ja, nach welchen Kriterien die freiwillige Leistung gezahlt werden solle. Nach seiner ständigen Rechtsprechung begründe § 87 Abs. 1 Nr. 10 BetrVG daher auch ein Mitbestimmungsrecht des Betriebsrats, wenn der Arbeitgeber zum Tarifgehalt eine freiwillige übertarifliche Zulage gewährt, die zu einer Erhöhung des tariflichen Entgelts führt.

Nach Auffassung des 1. Senats war das Mitbestimmungsrecht auch nicht durch § 77 Abs. 3 BetrVG ausgeschlossen. Zwar enthalte § 8 des Manteltarifvertrages für die Arbeitnehmer der Buch- und Zeitschriftenverlage in Niedersachsen und NRW eine Regelung über Sonderleistungen, die sich auch auf das

---

[211] - 1 ABR 56/86 - AP Nr. 33 zu § 87 BetrVG 1972 Lohngestaltung

Urlaubsgeld beziehe, und es könne auch davon ausgegangen werden, daß letzteres üblicherweise durch Tarifvertrag geregelt werde, er habe jedoch am 24.2.1987[212] entschieden, daß das Mitbestimmungsrecht des Betriebsrats nach § 87 Abs. 1 Nr. 10 BetrVG nicht dadurch ausgeschlossen sei, daß die entsprechende mitbestimmungspflichtige Angelegenheit üblicherweise durch Tarifvertrag i.S.v. § 77 Abs. 3 BetrVG geregelt werde.

P. Hanau[213] und *H. Hanau*[214] legen diese pauschale Bezugnahme dahingehend aus, daß der 1. Senat die Vorrangtheorie auch auf gemäß § 87 Abs. 1 Nr. 10 BetrVG teilmitbestimmte Betriebsvereinbarungen erstreckt. Gestützt wird diese Einschätzung nach diesseitiger Auffassung durch folgende Passagen aus den Entscheidungsgründen:

„Darüber, wie die Kürzungen weitergegeben werden sollen, hat der Betriebsrat mitzubestimmen. Daran kann sich nicht deshalb etwas ändern, weil vorliegend die Entscheidung des Arbeitgebers, das Gesamtvolumen der freiwilligen Leistung zu kürzen und die Kürzung - gleichmäßig - zu verteilen, in einem Schritt erfolgt ist. Unterliegt die Angelegenheit zum Teil dem Mitbestimmungsrecht des Betriebsrats nach § 87 Abs. 1 Nr. 10 BetrVG, so hat der Arbeitgeber die Änderung so durchzuführen, daß er die Entscheidung über die Kürzung allein trifft und den Betriebsrat bei dem Teil der Maßnahme beteiligt, der die Lohngerechtigkeit betrifft, nämlich nach welchen Kriterien die Kürzung erfolgen soll. Da die Kürzung dem Mitbestimmungsrecht des Betriebsrats nicht unterliegt, kann der Arbeitgeber die Reduzierung der übertariflichen Zulage durchführen, wenn der Betriebsrat erklärt hat, gegen die vorgesehene Teilung der Kürzung - hier im gleichen Verhältnis - habe er keine Einwendungen, wohl aber gegen die Kürzung selbst. Denn in einem solchen Falle haben Arbeitgeber und Betriebsrat hinsichtlich des mitbestimmungspflichtigen Teils der Maßnahme eine Einigung erzielt. Vorliegend war das nicht der Fall. Aus diesem Grunde war der Beschluß des LAG teilweise aufzuheben.“

Berücksichtigt man die Rechtsprechung des 1. Senats, daß soweit ein Mitbestimmungsrecht des Betriebsrats gemäß § 87 Abs. 1 Nr. 10 BetrVG besteht, der Tarifvorrang des § 87 Abs. 1 Einleitungssatz BetrVG die Sperrwirkung des § 77 Abs. 3 BetrVG verdrängt, muß man zu dem Ergebnis gelangen, daß der 1. Senat in den Fällen, wo der Arbeitgeber die Entscheidung über den Dotierungsrahmen und dessen Verteilung nicht gesondert, sondern in einem

---

212 s. Fn 32

213 MünchArbR, § 60 Rn 68

214 RdA 1998, 353, 359 Fn 47

Schritt vollzieht, somit eine teilmitbestimmte Angelegenheit vorliegt, den Tarifvorbehalt des § 77 Abs. 3 BetrVG nicht angewandt wissen will.

(bb) Das Urteil des 8. Senats vom 9.2.1989[215]

Der Arbeitgeber, eine kommunale Wohnungsbaugesellschaft, zahlte seiner Belegschaft seit 1971 Urlaubsgeld aufgrund von Betriebsvereinbarungen. Zudem zahlte er seit 1977 ein Urlaubsgeld aufgrund der Tarifverträge über Urlaubsgeld für Arbeiter bzw. Angestellte und andere des kommunalen Dienstes. Nach Kritik seitens des Rechnungsprüfungsamts an dieser Praxis kündigte der Arbeitgeber die letzte Betriebsvereinbarung zum 31.12.1984 und zahlte für 1985 nur noch 84 % des für 1984 gewährten Urlaubsgeldes. Im Jahre 1986 zahlte der Arbeitgeber ausschließlich das tarifliche Urlaubsgeld.

Entgegen der Vorinstanz (LAG Düsseldorf) hielt der 8. Senat die Betriebsvereinbarung über die Zahlung eines übertariflichen Urlaubsgelds für wirksam. Er führte zunächst unter Bezugnahme auf den soeben dargelegten Beschluß des 1. Senats vom 10.2.1988 aus, daß durch § 87 Abs. 1 Nr. 10 BetrVG auch ein Mitbestimmungsrecht des Betriebsrats bei einer freiwilligen übertariflichen Zulage, die zu einer Erhöhung des tariflichen Entgelts führt, bezüglich der Voraussetzungen der Leistungserbringung begründet wird. Nach Auffassung des 8. Senats war das Mitbestimmungsrecht trotz der bestehenden Tarifverträge für Arbeiter und Angestellte des kommunalen Dienstes und dem Umstand, daß das Urlaubsgeld jedenfalls üblicherweise tariflich geregelt wird, nicht durch § 77 Abs. 3 BetrVG ausgeschlossen, weil diese Norm durch § 87 Abs. 1 Einleitungssatz BetrVG als die speziellere Norm verdrängt würde.

Die streitgegenständliche Betriebsvereinbarung betraf sowohl die Gewährung als auch die Verteilung übertariflichen Urlaubsgelds. Es handelte sich somit unbestreitbar um eine teilmitbestimmte Betriebsvereinbarung, deren Zulässigkeit der 8. Senat damit begründete, daß nach § 87 Abs. 1 Nr. 10 BetrVG ein durch den allein maßgeblichen Tarifvorrang des § 87 Abs. 1 Einleitungssatz BetrVG nicht ausgeschlossenes Mitbestimmungsrecht bestehe. Für den 8. Senat gilt § 77 Abs. 3 BetrVG also nicht für teilmitbestimmte Betriebsvereinbarungen.

---

215 - 8 AZR 310/97 - AP Nr. 40 zu § 77 BetrVG 1972

(cc) Die Beschlüsse des Großen Senats vom 3.12.1991[216]

Fischer[217] und erst kürzlich *H. Hanau*[218] haben überzeugend dargelegt, daß aus den Beschlüssen des Großen Senats vom 3.12.1991 keine Schlußfolgerungen für die hier in Rede stehende teilmitbestimmte Betriebsvereinbarung gezogen werden können. In den Entscheidungsgründen befaßte sich der Große Senat ausschließlich mit der Frage, ob und in welchem Ausmaß Mitbestimmungsrechte des Betriebsrats bei der Verteilung über-/außertariflicher Zulagen - mithin nur ein Teilbereich des § 87 Abs. 1 Nr. 10 BetrVG - bestehen und ob diese in Form der Betriebsvereinbarung ausgeübt werden können. Er hatte nicht über ein in Konkurrenz zur tariflichen Regelung stehendes Entgeltsystem zu befinden. Im übrigen betrafen die zur Entscheidung stehenden Sachverhalte keine Betriebsvereinbarungen über die Gewährung und Verteilung übertariflicher Zulagen. Der Arbeitgeber hatte die freiwillige übertarifliche Leistung nicht aufgrund einer Betriebsvereinbarung, sondern auf der Grundlage individualrechtlicher Vereinbarungen mit den Arbeitnehmern gewährt. Streitgegenstand war deshalb nicht die Höhe der Zulage als solcher, die der Arbeitgeber jederzeit individualrechtlich reduzieren konnte, sondern ausschließlich die Verteilung der nach der Anrechnung der Tariflohnerhöhung noch verbleibenden Dotierung. Den Beschlüssen lag somit gar keine teilmitbestimmte Betriebsvereinbarung zugrunde. Über das Verhältnis des Tarifvorrangs zum mitbestimmungsfreien Teil einer Betriebsvereinbarung brauchte der Große Senat daher gar nicht zu entscheiden.

(dd) Das Urteil des 10. Senats vom 6.12.1995[219]

Ein nicht tarifgebundener Arbeitgeber, ein Bauunternehmen mit mehreren hundert Mitarbeitern, zahlte seinen gewerblichen Arbeitnehmern zum Jahresende ein 13. Monatseinkommen auf Grundlage einer am 12.11.1990 geschlossenen Betriebsvereinbarung, die u.a. auch Abzüge für krankheitsbedingte Fehlzeiten vorsah. Die Angestellten erhielten ein 13. Monatsgehalt aufgrund vom Arbeitgeber aufgestellter einheitlicher Grundsätze, die keine Kürzungsmöglichkeiten wegen krankheitsbedingter oder sonstiger Fehlzeiten enthielten. Ein gewerblicher Arbeitnehmer, dem das 13. Monatseinkommen entsprechend der Regelung

---

216 - GS 1/90 - AP Nr. 52 zu § 87 BetrVG 1972 Lohngestaltung; - GS 2/90 - AP Nr. 51 zu § 87 BetrVG 1972 Lohngestaltung

217 Anm. zu BAG (24.1.1996)

218 RdA 1998, 353, 360 f.

219 - 10 AZR 123/95 - AP Nr. 186 zu § 611 BGB Gratifikation

der Betriebsvereinbarung wegen krankheitsbedingten Fehltagen gekürzt worden war, klagte auf Zahlung des geminderten Betrages, u.a. mit der Begründung, daß eine Schlechterstellung der gewerblichen Arbeitnehmer gegenüber den Angestellten den Gleichbehandlungsgrundsatz verletze.

Entgegen der Vorinstanz (LAG Baden-Württemberg) sah der 10. Senat in der Betriebsvereinbarung keinen Verstoß gegen § 77 Abs. 3 BetrVG und begründete seine Auffassung unter Bezugnahme auf den Beschluß des 1. Senats vom 24.2.1987 damit, daß diese Norm keine Anwendung auf Betriebsvereinbarungen über Angelegenheiten finde, die nach § 87 BetrVG der Mitbestimmung des Betriebsrats unterliegen. Gewähre der Arbeitgeber eine freiwillige Leistung, so habe der Betriebsrat nach § 87 Abs. 1 Nr. 10 BetrVG hinsichtlich der näheren Ausgestaltung dieser freiwilligen Leistung mitzubestimmen. Dies sei mit der Betriebsvereinbarung vom 12.11.1990 geschehen. Dieses Mitbestimmungsrecht werde mangels Tarifbindung des Arbeitgebers auch nicht durch den Tarifvertrag über das 13. Monatseinkommen für die gewerblichen Arbeitnehmer im Baugewerbe ausgeschlossen.

Die Betriebsvereinbarung vom 12.11.1990 war eine teilmitbestimmte Betriebsvereinbarung, da sie sowohl die Höhe des 13. Monatseinkommens regelte als auch dessen nähere Ausgestaltung, z.B. bei Fehltagen. Der 10. Senat hat in den Entscheidungsgründen jedoch nicht differenziert zwischen dem mitbestimmungsfreien und dem mitbestimmten Teil der Betriebsvereinbarung, sondern generell die Anwendbarkeit des § 77 Abs. 3 BetrVG ausgeschlossen. Er scheint daher die Vorrangtheorie auch auf teilmitbestimmte Betriebsvereinbarungen in vollem Umfang anzuwenden. Immerhin führte die Berücksichtigung von Fehltagen zu einer Reduzierung der Höhe des 13. Monatseinkommens und damit gleichzeitig zur Verringerung der Dotierung, deren Festlegung ansonsten mitbestimmungsfrei ist.

(ee) Der Beschluß des 1. Senats vom 22.6.1993[220]

Im Tarifvertrag über die Neuregelung der Arbeitszeit für Hafenarbeiter der Deutschen Seehafenbetriebe (TNAZ) vom 11.3.1988 war eine Verkürzung der Arbeitszeit in der Weise geregelt worden, daß eine bestimmte Anzahl bezahlter freier Tage gewährt wird. Ausdrücklich regelte der TNAZ, daß Sonnabende und Sonntage von freien Tagen unbelegt bleiben, soweit an diesen Tagen Arbeitspflicht besteht. Betriebsrat und Arbeitgeber schlossen am 30.1.1991 eine Betriebsvereinbarung, die regelte, daß alle bezahlten freien Tage auf den Samstag zu legen sind, so daß die übrigen Werktage grundsätzlich von freien Tagen un-

---

220 - 1 ABR 62/92 - AP Nr. 22 zu § 23 BetrVG 1972

belegt blieben. Die ÖTV hatte im Beschlußverfahren die Auflösung des Betriebsrats gemäß § 23 BetrVG mit der Begründung begehrt, dieser habe durch den Abschluß der Betriebsvereinbarung gegen § 77 Abs. 3 BetrVG und damit in grober Weise gegen die ihm obliegenden gesetzlichen Pflichten verstoßen.

Der 1. Senat hat einen Verstoß der Betriebsvereinbarung 1991 gegen den TNAZ und damit gleichzeitig eine Verletzung des § 77 Abs. 3 BetrVG festgestellt, wenngleich er im Ergebnis den Auflösungsantrag der ÖTV aus anderen Gründen zurückgewiesen hat.[221] Er stellte zunächst fest, daß durch die Betriebsvereinbarung 1991 entgegen dem ersten äußeren Anschein nicht nur eine mitbestimmungspflichtige Angelegenheit gemäß § 87 Abs. 1 Nr. 2 BetrVG, wonach der Betriebsrat bei der Verteilung der Arbeitszeit auf die einzelnen Wochentage mitzubestimmen hat, geregelt werde. Wäre dies der Fall, würde nur der Tarifvorrang des § 87 Abs. 1 Einleitungssatz BetrVG gelten und nicht § 77 Abs. 3 BetrVG. Die Regelung der Betriebsvereinbarung 1991, daß alle bezahlten freien Tage auf den Samstag zu legen sind, hätte aber auch zur Folge, daß die Arbeitnehmer anstatt der tariflich vereinbarten Arbeitszeitverkürzung um 138 Stunden nur eine solche von 103,5 Stunden erhalten würden. Nach ständiger Rechtsprechung des BAG habe der Betriebsrat aber nicht über die Dauer der wöchentlichen bzw. jährlichen Arbeitszeit mitzubestimmen. Mit der Regelung in der Betriebsvereinbarung 1991, die zu einer gegenüber der tariflichen Regelung geringeren Arbeitszeitverkürzung führe, hätten die Betriebspartner somit gegen § 77 Abs. 3 BetrVG verstoßen. Der 1. Senat hat also die teilmitbetimmte Betriebsvereinbarung 1991 der Sperrwirkung des § 77 Abs. 3 BetrVG unterworfen und ist nicht durch Anwendung der Vorrangtheorie zu einer Verdrängung dieser Norm gelangt.

(ff) Das Urteil des 1. Senats vom 26.10.1993[222]

Am 26.10.1993 hatte der 1. Senat über die Frage der Nachwirkung einer teilmitbestimmten Betriebsvereinbarung zu entscheiden. Der Arbeitgeber hatte mit dem Betriebsrat am 10.10.1988 eine Betriebsvereinbarung über die Zahlung eines freiwilligen Weihnachtsgeldes geschlossen, die ein nach der Dauer der Betriebszugehörigkeit gestaffeltes Weihnachtsgeld i.H.v. 50 % bis 150 % eines Monatseinkommens vorsah. Der Arbeitgeber kündigte am 5.6.1991 die Betriebsvereinbarung zum 30.9.1991 und begründete dies durch Aushang vom 6.6.1991 gegenüber den Mitarbeitern mit dem Erfordernis der Kostenanpassung. Gleichzeitig kündigte er Verhandlungen mit dem Betriebsrat über das

---

[221] s. hierzu S. 166

[222] - 1 AZR 46/93 - AP Nr. 6 zu § 77 BetrVG 1972 Nachwirkung

neue und niedrigere Niveau des Weihnachtsgeldes an. Diese Verhandlungen führten allerdings zu keinem Ergebnis. Mit Aushang vom 26.9.1991 teilte der Arbeitgeber der Belegschaft die Neuregelung der Zahlung von Weihnachtsgeld für das Jahr 1991 mit, die wiederum ein nach der Dauer der Betriebszugehörigkeit gestaffeltes Weihnachtsgeld vorsah, welches aber geringer war, als nach der Betriebsvereinbarung von 1988. Zwei Arbeitnehmer hatten daraufhin die Zahlung des Weihnachtsgeldes in Höhe der Betriebsvereinbarung 1988 eingeklagt.

Nach Auffassung des 1. Senats hatte die Betriebsvereinbarung 1988 trotz Kündigung ihre unmittelbare Wirkung behalten, da sie eine Nachwirkung entfalten würde. Solle mit der Kündigung die Verringerung des Volumens für die freiwillige Leistung aus der Betriebsvereinbarung und die Änderung des Verteilungsplans erreicht werden, sei der mitbestimmungspflichtige Teil der Betriebsvereinbarung betroffen. Sinn der Nachwirkung gemäß § 77 Abs. 6 BetrVG sei es, aus der Mitbestimmungspflichtigkeit einer Regelung die Konsequenz zu ziehen, daß trotz Kündigung der Betriebsvereinbarung die mitbestimmte Regelung weiter gelte. Da nur die gesamte Betriebsvereinbarung nachwirken könne, führe die Anwendung von § 77 Abs. 6 BetrVG bei teilmitbestimmten Betriebsvereinbarungen zur Nachwirkung auch des mitbestimmungsfreien Teils. Dies bedeute zwar eine gewisse überschießende Wirkung. Daraus könne aber nicht der Schluß gezogen werden, bei teilmitbestimmten Betriebsvereinbarungen gäbe es selbst dann keine Nachwirkung, wenn mit der Kündigung der Betriebsvereinbarung nur eine Verringerung des Volumens und eine Änderung des Leistungsplans beabsichtigt ist[223], denn auch in diesen Fällen ersetze der Spruch der Einigungsstelle die Einigung zwischen Arbeitgeber und Betriebsrat. Bei dem Spruch über eine die Nachwirkung ablösende Betriebsvereinbarung habe allerdings die Einigungsstelle das vom Arbeitgeber für die freiwillige Leistung zur Verfügung gestellte Volumen als mitbestimmungsfreie Vorgabe seiner Verteilungsentscheidung zugrundezulegen.

Der 1. Senat hat somit nicht zwischen dem mitbestimmungspflichtigen und dem nicht mitbestimmungspflichtigen Teil der Betriebsvereinbarung differenziert, sondern die teilmitbestimmte Betriebsvereinbarung in Gänze der für die mitbestimmungspflichtigen Betriebsvereinbarungen geltenden Regelung des § 77 Abs. 6 BetrVG unterworfen. Konsequenterweise müßte der 1. Senat damit die Vorrangtheorie auf teilmitbestimmte Betriebsvereinbarungen anwenden, und zwar auch auf deren mitbestimmungsfreien Teil. Die damit einhergehende überschießende Wirkung stellt für ihn offenbar kein Problem dar. Auch wenn die Entscheidung letztlich nicht die Frage der Anwendung der Vorrangtheorie

223 So aber Loritz, RdA 1991, 65, 76 ff.

auf teilmitbestimmte Betriebsvereinbarungen betraf, so lassen die Ausführungen des 1. Senats in den Entscheidungsgründen zur vergleichbaren Problematik darauf schließen, daß der 1. Senat bei konsequenter Fortführung seiner Rechtsprechung die Vorrangtheorie auch auf teilmitbestimmte Betriebsvereinbarungen anwenden wird.

(gg) Das Urteil des 1. Senats vom 9.12.1997[224]

Am 9.12.1997 hat der 1. Senat seine Rechtsprechung zur Nachwirkung von Betriebsvereinbarungen bestätigt. Zwischen dem Betriebsrat und dem Arbeitgeber bestanden Meinungsverschiedenheiten über die Anrechenbarkeit einer Tariferhöhung auf eine individualvertraglich gewährte Leistungszulage. Zur Beendigung der Meinungsverschiedenheiten schlossen die Betriebspartner Anfang 1988 eine „Betriebsvereinbarung über die Zahlung von Leistungszulagen", die vorsah, daß zukünftige tarifliche Erhöhungen nicht mehr auf die Leistungszulage angerechnet werden und der Betriebsrat im Gegenzug auf die Einleitung weiterer rechtlicher Schritte verzichtet. Am 21.6.1993 kündigte der Arbeitgeber diese Betriebsvereinbarung zum nächstmöglichen Termin. Die folgende Tariflohnerhöhung zum 1.3.1994 rechnete der Arbeitgeber allen Zulagenempfängern voll an. Ein hiervon betroffener Arbeitnehmer klagte daraufhin die sich aus der Anrechnung der Zulage für ihn ergebenden Differenzbeträge ein.

Das BAG hatte sich u.a. mit der Frage auseinanderzusetzen, ob die gekündigte Betriebsvereinbarung gemäß § 77 Abs. 6 BetrVG nachwirkte. Dies verneinte es mit der Begründung, daß es sich um eine freiwillige Betriebsvereinbarung handeln würde, da bezüglich des Anrechnungsverbots kein Mitbestimmungsrecht nach § 87 Abs. 1 Nr. 10 BetrVG bestünde. Nach seiner ständigen Rechtsprechung habe der Betriebsrat zwar auch im Fall einer generellen Anrechnung bei der Entscheidung darüber mitzubestimmen, wie die für die Zulage noch zur Verfügung stehenden Mittel auf die Arbeitnehmer zu verteilen sind. Dieses Mitbestimmungsrecht betreffe aber nicht die Festlegung des Dotierungsrahmens. Allein (!) um letzteres sei es bei dem in der streitgegenständlichen Betriebsvereinbarung enthaltenen Anrechnungsverbot gegangen, welches die Schmälerung des Zulagenvolumens habe verhindern sollen.

Aus der vom 1. Senat gewählten Formulierung „allein" läßt sich schlußfolgern, daß er, sofern die Betriebsvereinbarung über den Dotierungsrahmen hinaus Fragen des Verteilungsschlüssels geregelt hätte, § 77 Abs. 6 BetrVG auf die dann teilmitbestimmte Betriebsvereinbarung angewandt hätte. Bei konsequenter Fortführung dieser Rechtsprechung müßte der 1. Senat die Vorrang-

---

[224] - 1 AZR 319/97 - AP Nr. 11 zu § 77 BetrVG 1972 Tarifvorbehalt

theorie auch auf teilmitbestimmte Betriebsvereinbarungen anwenden. Hier gilt das soeben zur Entscheidung vom 26.10.1993 Gesagte entsprechend.

(hh) Das Urteil des 1. Senats vom 24.1.1996[225]

Ein nicht tarifgebundenes Unternehmen der metallverarbeitenden Industrie schloß, nachdem es bereits in der Vergangenheit Lohn- und Gehaltserhöhungen durch Betriebsvereinbarungen mit dem Betriebsrat geregelt hatte, am 6.7.1992 eine Betriebsvereinbarung, die ab 1.7.1992 und ab 1.6.1993 jeweils eine Lohnerhöhung i.H.v. 4,2 % bezogen auf den tariflichen Ecklohn sowie ab 1992 eine Erhöhung der Weihnachtsgratifikation von 50 % auf 55 % vorsah. Aufgrund wirtschaftlicher Schwierigkeiten erhöhte der Arbeitgeber die Löhne und Gehälter erst zum 1.12.1993 um 4,2 % anstatt bereits zum 1.6.1993. Die im November 1993 gezahlte Weihnachtsgratifikation blieb unter der in der Betriebsvereinbarung vorgesehenen Höhe von 55 % der monatlichen Vergütung. Ein Arbeitnehmer klagte die sich für die Zeit von Juni bis Dezember 1993 ergebende Lohndifferenz sowie die Differenz zu der in der Betriebsvereinbarung vorgesehenen Weihnachtsgratifikation ein. Der Arbeitgeber vertrat die Auffassung, daß die Betriebsvereinbarung vom 6.7.1992 wegen Verstoßes gegen den Tarifvorbehalt des § 77 Abs. 3 BetrVG unwirksam sei, so daß sich aus ihr keine Zahlungsverpflichtungen ergeben könnten.

Nach Auffassung des BAG war die umstrittene Betriebsvereinbarung wegen Verstoßes gegen § 77 Abs. 3 BetrVG unwirksam. Zwar sei der Arbeitgeber nicht tarifgebunden, so daß die Regelungssperre des § 87 Abs. 1 Einleitungssatz BetrVG nicht eingreifen könne. Der geregelte Sachverhalt sei aber nicht mitbestimmungspflichtig, da der alleinige Zweck der Regelung darin bestanden hätte, die im Betrieb gezahlten Löhne der Tariflohnsteigerung anzugleichen und die Lohnhöhe nicht dem Mitbestimmungsrecht des § 87 Abs. 1 Nr. 10 BetrVG unterfalle. Gleiches gelte auch für die in der Betriebsvereinbarung vorgesehenen Erhöhung der Weihnachtsgratifikation. Es handele sich hierbei um die mitbestimmungsfreie Anhebung der Vergütung. Zwar bestehe bei sog. freiwilligen Leistungen - wozu auch die Weihnachtsgratifikation zähle - ein eingeschränktes Mitbestimmungsrecht. Der Arbeitgeber sei frei in seiner Entscheidung darüber, ob er solche Leistungen erbringt, welche Mittel er zur Verfügung stellt und womit der begünstigte Personenkreis abstrakt zu bestimmen ist. Gewähre er aber eine Leistung, dann unterliege im Rahmen dieser Vorgaben die Entscheidung darüber, nach welchen Grundsätzen sich die Berechnung der einzelnen zusätzlichen Leistungen und ihre Höhe im Verhältnis zueinander bestimmen

---

225 - 1 AZR 597/95 - AP Nr. 8 zu § 77 BetrVG 1972 Tarifvorbehalt

sollen, der Mitbestimmung. Die vorliegende zu beurteilende Regelung lasse die Verteilungsgrundsätze aber unverändert und hebe lediglich die Höhe der gewährten Leistung linear an. Sie betreffe damit ausschließlich den mitbestimmungsfreien Teil. Für diesen gelte aber die Sperre des § 77 Abs. 3 BetrVG.

Entscheidendes Gewicht kommt auch hier wieder der vom 1. Senat gewählten Formulierung „ausschließlich" zu. Sie läßt den Schluß zu, daß er für den Fall, daß in der Betriebsvereinbarung auch Verteilungsfragen geregelt worden wären, mithin eine teilmitbestimmte Betriebsvereinbarung vorgelegen hätte, § 77 Abs. 3 BetrVG in Anbetracht der von ihm vertretenen Vorrangtheorie nicht angewandt hätte.

(ii) Das Urteil des 4. Senats vom 5.3.1997[226]

Der 4. Senat hatte über die Zulässigkeit einer Betriebsvereinbarung zu befinden, die zu einem weit überwiegenden Teil Fragen der betrieblichen Lohngestaltung, insbesondere auch die Berechnung der Höhe der jährlich vorzunehmenden Vergütungsanpassung und damit Fragen der erzwingbaren Mitbestimmung i.S.d. § 87 Abs. 1 Nr. 10 BetrVG regelte, darüber hinaus aber auch festlegte, daß der Mittelwert der Gehaltsbandbreite mindestens in Höhe von 50 % des Tarifabschlusses der Hessischen Metallindustrie festzusetzen war.

Der 4. Senat sah in dieser Betriebsvereinbarung einen Verstoß gegen § 77 Abs. 3 BetrVG. Der Kläger könne sich nicht darauf berufen, die Sperrwirkung des § 77 Abs. 3 BetrVG greife deshalb nicht ein, weil die Betriebsvereinbarung auch mitbestimmungspflichtige Angelegenheiten des § 87 Abs. 1 BetrVG regeln würde. Zwar gelte § 77 Abs. 3 BetrVG nicht für die der erzwingbaren Mitbestimmung des Betriebsrats unterliegenden Angelegenheiten des § 87 Abs. 1 BetrVG. Die streitgegenständliche Betriebsvereinbarung regele jedoch neben den Entlohnungsgrundsätzen und der Vergütungsberechnung insbesondere die Lohnhöhe, die jedoch nach ständiger Rechtsprechung nicht zur mitbestimmungspflichtigen betrieblichen Lohngestaltung i.S.d. § 87 Abs. 1 Nr. 10 BetrVG gehöre. Der 4. Senat hat somit die auch von ihm ansonsten vertretene Vorrangtheorie nicht auf die teilmitbestimmte Betriebsvereinbarung angewandt.

(jj) Zusammenfassung

Die Rechtsprechung des BAG bietet in bezug auf die Frage, ob die Vorrangtheorie auf teilmitbestimmte Betriebsvereinbarungen Anwendung findet, ein uneinheitliches Bild. Dabei ist allen genannten Entscheidungen gemeinsam, daß

---

[226] - 4 AZR 532/95 - AP Nr. 10 zu § 77 BetrVG 1972 Tarifvorbehalt

sich die jeweiligen Senate mit der Problematik nicht ausdrücklich auseinandergesetzt haben. Selbst in der neuen Entscheidung des 4. Senats findet sich kein Wort zu der bis dahin ergangenen Rechtsprechung der übrigen Senate. Möglicherweise ist das Problem überhaupt nicht erkannt worden. Es ist jedoch müßig, über die Gründe dieser Zurückhaltung zu spekulieren. Tatsache ist jedenfalls, daß unter Zugrundelegung der geschilderten Rechtsprechung die Frage, ob die Vorrangtheorie auf teilbestimmte Betriebsvereinbarungen Anwendung findet, derzeit zumindest als völlig offen qualifiziert werden muß.

(b) Die Literatur

In der Literatur wird dem Problem wenig Beachtung geschenkt, was angesichts der geschilderten möglichen Konsequenzen überrascht. Obwohl *P. Hanau* auf diese frühzeitig und in steter Regelmäßigkeit hingewiesen hat, haben sich außer ihm - soweit ersichtlich - bislang nur *Thüsing*[227], *Fischer*[228], *Hromadka*[229] und *H. Hanau*[230] mit der Problematik auseinandergesetzt. Alle kommen zu dem gleichen zutreffenden Ergebnis, daß auch unter Zugrundelegung der Vorrangtheorie § 77 Abs. 3 BetrVG auf teilmitbestimmte Betriebsvereinbarungen Anwendung findet.

Hierfür spricht, daß ansonsten in Anbetracht der Tatsache, daß die Betriebsvereinbarungen über Arbeitsentgelte größtenteils auch gemäß § 87 Abs. 1 Nr. 10 BetrVG mitbestimmte Regelungen enthalten, also teilmitbestimmte Betriebsvereinbarungen sind, § 77 Abs. 3 BetrVG in seinem wichtigsten Bereich, nämlich bei den Arbeitsentgelten, praktisch leerliefe.[231] Dem Begriff „Arbeitsentgelt" käme für die Praxis keine Bedeutung mehr zu, man könnte ihn dann gleich aus § 77 Abs. 3 BetrVG herausnehmen. Solange dies jedoch nicht der Fall ist, müssen Betriebsvereinbarungen über Arbeitsentgelte von § 77 Abs. 3 BetrVG nach dessen insoweit klaren Wortlaut erfaßt werden. Die von *P. Hanau* vorgenommene Einschränkung, daß § 77 Abs. 3 BetrVG auf solche teilmitbestimmte Betriebsvereinbarungen anwendbar sein soll, die ihren „Schwerpunkt im mitbestimmungsfreien Bereich" haben[232], ist unabhängig von den Umstand,

---

[227] ZTR 1996, 146, 147

[228] Anm. zu BAG (24.1.1996); ders., Die tarifwidrigen Betriebsvereinbarungen, S. 245 ff.

[229] FS Schaub, S. 337 ff.

[230] RdA 1998, 353, 359 f.

[231] Hromadka, FS Schaub 1998, S. 346

[232] MünchArbR, § 60 Rn 78

daß sich kaum allgemeingültige sachgerechte Kriterien zur Schwerpunktbildung finden lassen[233], vom Wortlaut her nicht geboten.[234]

Entscheidend ist jedoch, daß für mitbestimmungsfreie Angelegenheiten einer teilmitbestimmten Betriebsvereinbarung keine Normenkonkurrenz zwischen § 77 Abs. 3 BetrVG und § 87 Abs. 1 Einleitungssatz BetrVG besteht.[235] Es fehlt an einem tatbestandlichen Überschneidungsbereich. Die Vorrangtheorie kann nur dort eingreifen, wo mitbestimmungspflichtige Angelegenheiten tangiert werden. Im Rahmen des § 87 Abs. 1 Nr. 10 BetrVG gilt dies "nur" für Fragen der innerbetrieblichen Verteilung der vom Arbeitgeber mitbestimmungsfrei zur Verfügung gestellten Dotierung. Deshalb stellt sich die Frage, ob eine derart teilmitbestimmte Betriebsvereinbarung in einen mitbestimmungspflichtigen und einen mitbestimmungsfreien Teil aufgespalten werden kann, wobei für letzteren dann eine Teilnichtigkeit auszusprechen wäre.[236] Dies ist zu verneinen. Zwar muß die (mitbestimmungsfreie) Höhe der Dotierung nicht zwangsläufig mit deren Verteilungsschlüssel zusammen in einer Betriebsvereinbarung geregelt werden. Falls jedoch - wie in der Praxis üblich - eine Verbindung beider Komponenten in einer Betriebsvereinbarung erfolgt, kann der Verteilungsschüssel bei Nichtigkeit der Dotierung nicht isoliert weiter gelten. Es gibt dann kein Volumen mehr, was zu verteilen wäre. Der mitbestimmungspflichtige Teil (Verteilungsschlüssel) der teilmitbestimmten Betriebsvereinbarung bezieht sich notwendigerweise auf die mitbestimmungsfreie Dotierung. Fällt diese wegen Nichtigkeit gemäß § 77 Abs. 3 BetrVG fort, fehlt dem Verteilungsschlüssel der Bezugspunkt. Für sich allein betrachtet macht er keinen Sinn. Eine Aufspaltung ist daher nicht möglich. Entweder die teilmitbestimmte Betriebsvereinbarung ist in toto wirksam oder unwirksam.

An diese Feststellung schließt sich die Frage an, ob denn eine solche teilmitbestimmte Betriebsvereinbarung durch Anwendung der Vorrangtheorie in Gänze wirksam wird. Dies ist zu verneinen, weil dem Mitbestimmungsrecht des § 87 Abs. 1 Nr. 10 BetrVG eine ganz erhebliche überschießende Wirkung zukäme, worauf *H. Hanau*[237] zu Recht hinweist. Die Entscheidung des Arbeitgebers, ob und in welcher Höhe er Mittel für eine freiwillige Leistung zur Verfügung stellt, geht stets derjenigen voraus, wie diese unter der Belegschaft ver-

---

233 P. Hanau nennt selbst keine

234 So zu Recht Thüsing, ZTR 1996, 146, 147

235 Fischer, Anm. zu BAG (24.1.1996); ders.: Die tarifwidrigen Betriebsvereinbarungen, S. 247; H. Hanau, RdA 1998, 353, 360; Thüsing, ZTR 1996, 146, 147

236 Dafür: Kort, Anm. zu BAG (5.3.1997), SAE 1998, 72, 74, der allerdings im Ergebnis letztlich dem BAG zustimmt und eine Gesamtnichtigkeit befürwortet

237 RdA 1998, 353, 360

teilt werden soll. Mitbestimmungsrechte des Betriebsrats erwachsen erst nach und aufgrund einer Dotierungszusage des Arbeitgebers. Den wegen Verstoßes gegen § 77 Abs. 3 BetrVG nichtigen mitbestimmungsfreien Teil der Betriebsvereinbarung durch die Anwendung der Vorrangtheorie, mithin durch das von der Dotierungszusage abhängige Mitbestimmungsrecht des Betriebsrats heilen zu wollen, würde zu einer Verkehrung der Abhängigkeiten führen. Die vom nichtigen Teil abhängige Regelung würde quasi rückwirkend zur Wirksamkeit des ursprünglich nichtigen mitbestimmungsfreien Teils führen. Dies wäre eine durch nichts zu rechtfertigende Sichtweise.

Greift die Sperrwirkung des § 77 Abs. 3 BetrVG ein, so führt die Nichtigkeit des mitbestimmungsfreien Teils auch unter Zugrundelegung der Vorrangtheorie zur Unwirksamkeit der gesamten Betriebsvereinbarung, wenn der mitbestimmungspflichtige Teil isoliert betrachtet keine sinnvolle und umsetzbare Regelung mehr enthält, was bei den in der Praxis wichtigen teilmitbestimmten Betriebsvereinbarungen über freiwillige Arbeitgeberleistungen der Fall ist.

(c) Ergebnis

Findet § 77 Abs. 3 BetrVG auf eine teilmitbestimmte Betriebsvereinbarung Anwendung, so führt dies auch unter Zugrundelegung der Vorrangtheorie zur Nichtigkeit der gesamten Betriebsvereinbarung. Soweit sich in der Literatur vereinzelt mit dieser wichtigen Problematik auseinandergesetzt wird, besteht hierüber Einigkeit. Die Rechtsprechung des BAG ist in dieser Frage uneinheitlich. Es bestehen nicht nur unterschiedliche Entscheidungen verschiedener Senate, sondern selbst vom 1. Senat gibt es mehrere Entscheidungen, die keine klare Linie aufzeigen. Derzeit muß man die Rechtslage für die Praxis als völlig offen bewerten.

bb) Stellungnahme

Bei einer Abwägung der Normziele der §§ 77 Abs. 3 und 87 Abs. 1 Einleitungssatz BetrVG gegeneinander unter Berücksichtigung der Vor- und Nachteile der Zweischranken-Theorie und der Vorrangtheorie ist ersterer der Vorzug zu geben.

Die Vorrangtheorie gestattet den Abschluß von Betriebsvereinbarungen in den mitbestimmungspflichtigen Angelegenheiten des § 87 Abs. 1 BetrVG immer dann, wenn für den Betrieb keine entsprechende abschließende und zwingende tarifliche Regelung besteht, wobei hierfür von der Rechtsprechung strenge Anforderungen gestellt werden, so daß sich ein weites Betätigungsfeld für die Betriebspartner eröffnet. Im Falle der bloßen Nachwirkung eines Tarifvertrags, also im Zeitraum zwischen dem Ende des bisherigen und dem Abschluß eines neuen Tarifvertrags, sowie in nicht (mehr) tarifgebundenen Betrieben sind Betriebsvereinbarungen über Gegenstände der obligatorischen Mitbestimmung stets möglich. Dem damit für die betroffenen Arbeitnehmer verbundenen Vorteil, nicht ohne kollektiven Schutz dem einseitigen Direktionsrecht des Arbeitgebers ausgesetzt und auf einzelvertragliche Regelungen angewiesen zu sein, bei denen sie wegen der fehlenden Vertragsparität nur schwer eigene Vorstellungen durchsetzen können, stehen ganz erhebliche Nachteile für die durch Art. 9 Abs. 3 GG geschützte Tarifautonomie gegenüber:

- Die Betriebspartner und Einigungsstellen können im Nachwirkungszeitraum zum Zensor der Tarifverträge, der Gewerkschaften und der Arbeitgeberverbände werden. Die tarifliche Regelungen der Arbeits- und Wirtschaftsbedingungen können durch betriebliche Regelungen präjudiziert und in Bahnen gelenkt werden, die von den - gesamtwirtschaftliche Zusammenhänge berücksichtigende - Tarifpartnern nicht gewünscht sind.

- Die Vorrangtheorie führt de facto zu einer Aushöhlung des die Tarifautonomie sichernden Tarifvorbehalts des § 77 Abs. 3 BetrVG, und zwar vor allem auch im bedeutsamen Entgeltebereich, der eigens in § 77 Abs. 3 BetrVG herausgehoben wird. Auch nach der neueren Rechtsprechung können die Betriebspartner durch Betriebsvereinbarung übertarifliche Entgeltleistungen regeln, wenn diese nur an die Erfüllung gewisser Kriterien gebunden werden. In nicht (mehr) tarifgebundenen Betrieben sowie im Nachwirkungszeitraum räumt die Vorrangtheorie den Betriebspartnern die Möglichkeit zu einer eigenständigen Lohnpolitik ein. Die Betriebsräte werden für die Arbeitnehmer quasi zu beitragsfreien mit keinerlei Verpflichtungen verbundenen Ersatzgewerkschaften. Dabei können die Betriebspartner sogar untertarifliche Leistungen vereinbaren. Insoweit fragt man sich ohnehin, wie dies mit dem von der Vorrangtheorie postulierten Arbeitnehmerschutz in Einklang zu bringen ist.

- Sollte die Vorrangtheorie auch auf teilmitbestimmte Betriebsvereinbarungen Anwendung finden, was entgegen der hier vertretenen Auffassung immerhin von einzelnen Senaten des BAG bereits praktiziert worden ist, so kann der Begriff „Arbeitsentgelt“ aus § 77 Abs. 3 BetrVG gestrichen werden. Die Norm liefe für die ausdrücklich herausgestellten Arbeitsentgelte völlig leer.

Die Vorrangtheorie hat aber auch im Hinblick auf den von ihr einseitig in den Vordergrund gestellten Arbeitnehmerschutz Defizite:

- Die Anwendung des § 77 Abs. 3 BetrVG wird für den Fall der Tarifüblichkeit mit der Begründung abgelehnt, daß dann keine kollektive Regelung vorhanden und der Arbeitnehmer deshalb nicht geschützt sei. Dann müsse § 87 BetrVG gelten. Dafür ist wiederum die alleinige Tarifgebundenheit des Arbeitgebers ausreichend. Falls die Arbeitnehmer nicht gewerkschaftlich organisiert sind, genießen sie keinen tariflichen Schutz. Der Sachverhalt unterscheidet sich dann nicht von dem des § 77 Abs. 3 BetrVG. Oder pointiert ausgedrückt[238]: Falls der Tarifvertrag mangels Tarifgebundenheit des Arbeitnehmers nicht eingreift, ist nach der Vorrangtheorie also ein höherer Arbeitnehmerschutz erforderlich, als wenn der Tarifvertrag nicht eingreift, weil auch der Arbeitgeber nicht tarifgebunden ist. Ein widersprüchliches Ergebnis.

  Haug[239] hat zutreffend darauf hingewiesen, daß auch sonst im BetrVG die Schutzfunktion im Sinne einer Vermeidung einseitiger Entscheidungsmacht des Arbeitgebers nicht mit der Ausschließlichkeit angelegt ist, wie sie von der Vorrangtheorie verfolgt wird. So gibt es beispielsweise keinen gesetzlichen Zwang zur Betriebsratswahl, sondern es werden betriebsratslose Betriebe vom Gesetz toleriert.

- Wenn der Schutz des Arbeitnehmers vor der einseitigen Gestaltungsmacht des Arbeitgebers der entscheidende Aspekt ist, vermag die Vorrangtheorie nicht zu erklären, warum dann durch Betriebsvereinbarungen nicht für die Arbeitnehmer günstigere Regelungen möglich sein sollen.[240] Dies ist inkonsequent. Eine M.M. innerhalb der Vorrangtheorie will deshalb nunmehr auch bei Bestehen tariflicher Regelungen den Abschluß freiwilliger günstigerer Betriebsvereinbarungen zulassen.[241] Dem ist jedoch aus anderen Gründen zu widersprechen,[242] unabhängig davon, daß eine solche Auffassung auch die Schutzfunktion des § 77 Abs. 3 BetrVG selbst für freiwillige Betriebsvereinbarungen erheblich beeinträchtigt.

---

[238] Wank, RdA 1991, 129, 137

[239] BB 1986, 1921, 1926

[240] Moll, Der Tarifvorrang, S. 19; Wank, RdA 1991, 129, 137

[241] Ehmann/Schmidt, NZA 1995, 193, 198

[242] s. S. 22 Fn 66

- Es soll nicht unerwähnt bleiben, daß in anderem Zusammenhang die Rechtsprechung den Gesichtspunkt des Arbeitnehmerschutzes nicht so überbetont. Bei der Frage, ob für das Eingreifen des Tarifvorrangs des § 87 Abs. 1 Einleitungssatz BetrVG die Tarifgebundenheit der Arbeitnehmer erforderlich ist, vertritt sie die Auffassung, daß dies nicht notwendig ist. Zur Begründung verweist sie die nichttarifgebundenen Arbeitnehmer, für die dann keine kollektiv-rechtlichen Vereinbarungen existieren, auf die Möglichkeit des Gewerkschaftsbeitritts. Das BAG wörtlich:[243] „Es ist nicht erforderlich, daß alle oder der größere Teil oder einige Arbeitnehmer tarifgebunden sind. Tarifliche Regelungen bieten allen Arbeitnehmern ausreichenden Schutz, weil sie mit ihrem Beitritt zu einer Tarifvertragspartei diesen Schutz erreichen können."

Soweit der Große Senat des BAG[244] gegen die Zweischranken-Theorie anführt, § 77 Abs. 3 BetrVG könne die Tarifautonomie im Bereich des § 87 Abs. 1 BetrVG ohnehin nicht gewährleisten, sondern nur die Effizienz der Mitbestimmung erheblich mindern, geht dieser Einwand jedenfalls dann fehl, soweit man der hier vertretenen Auffassung folgt und die Sperrwirkung des § 77 Abs. 3 BetrVG auch auf Regelungsabreden erstreckt.

Eine Auslegung, die zu einer weitgehenden Aushöhlung des § 77 Abs. 3 BetrVG und dessen Bedeutungslosigkeit für die Praxis führt, kann nicht befürwortet werden. Dies gilt insbesondere angesichts der Tatsache, daß es sich bei § 77 Abs. 3 BetrVG nicht um irgendeine Randvorschrift handelt, sondern um einen „Eckpfeiler der betriebsverfassungsrechtlichen Ordnung", eine „Grundnorm der betriebsverfassungsrechtlichen Ordnung"[245], die dem Schutz der verfassungsrechtlich garantierten Tarifautonomie dient. Im Zweifel ist die Gesetzesauslegung geboten, durch die die Tarifautonomie am besten geschützt wird, was zweifelsohne durch die Zweischranken-Theorie erreicht wird.

III. Ergebnis

Die teleologische Auslegung der §§ 77 Abs. 3 und 87 Abs. 1 Einleitungssatz BetrVG erfordert keine Abweichung von dem im Wege der systematischen Auslegung gefundenen Ergebnis. Im Gegenteil spricht neben der Gesetzessystematik auch die Ratio legis für die Zweischranken-Theorie. Demzufolge gilt

---

243 BAG vom 24.11.1987 - 1 ABR 25/86 - AP Nr. 6 zu § 87 BetrVG 1972 Auszahlung

244 BAG GS vom 3.12.1991 - GS 2/90 - AP Nr. 51 zu § 87 BetrVG 1972 Lohngestaltung

245 So BAG vom 22.6.1993 - 1 ABR 62/92 - AP Nr. 22 zu § 23 BetrVG 1972

§ 77 Abs. 3 BetrVG auch für die sozialen Angelegenheiten des § 87 Abs. 1 BetrVG.

D. Öffnungsklauseln gemäß § 77 Abs. 3 Satz 2 BetrVG

Gemäß § 77 Abs. 3 Satz 2 BetrVG entfällt die Sperrwirkung des Abs. 3 Satz 1, wenn der Tarifvertrag den Abschluß ergänzender Betriebsvereinbarungen ausdrücklich zuläßt. Die Tarifvertragsparteien können somit in ihre Regelung Öffnungsklauseln für den Abschluß von Betriebsvereinbarungen aufnehmen.

Dabei können sie über den Wortlaut des § 77 Abs. 3 Satz 2 BetrVG hinaus nicht nur ergänzende, sondern auch vom Tarifvertrag abweichende Regelungen zulassen.[246] Dies folgt daraus, daß die Tarifvertragsparteien von der ihnen eingeräumten Normsetzungsprärogativen keinen Gebrauch machen müssen. Sie können auf eine Regelung verzichten mit der Folge, daß die Betriebspartner die Materie mangels Sperrwirkung regeln können. Wenn die Tarifvertragsparteien auf eine Regelung gänzlich verzichten können, muß es ihnen auch gestattet sein, vom Tarifvertrag abweichende Regelungen zu ermöglichen. Zulässig ist daher z.B. die Gestattung einer anderen Methode zur Berechnung der Leistungszulage[247] oder die Festlegung der individuellen wöchentlichen Arbeitszeit durch Betriebsvereinbarung.[248] Es können auch für die Arbeitnehmer ungünstigere Arbeitsbedingungen zugelassen werden (§ 4 Abs. 3 TVG).[249]

Der Tarifvertrag muß in einer eindeutig positiven Bestimmung ergänzende Betriebsvereinbarungen zulassen. Die Worte „ausdrücklich" oder „Betriebsvereinbarung" brauchen nicht verwandt zu werden.[250] Es reicht, wenn der Wille der Tarifpartner zur Öffnung eindeutig aus dem Tarifvertrag hervorgeht. Läßt der Tarifvertrag eine Abweichung durch Betriebsvereinbarung zu, reicht eine Regelungsabrede jedoch nicht aus.[251]

---

246 Beuthien, BB 1983, 1992; F/K/H/E, § 77 Rn 106; H/S/G, § 77 Rn 164; GK - Kreutz, § 77 Rn 131; Richardi, § 77 Rn 284; Weiss/Weyand, § 77 Rn 37

247 BAG vom 28.2.1984 - 1 ABR 37/82 - AP Nr. 4 zu § 87 BetrVG 1972 Tarifvorrang

248 BAG vom 18.8.1987 - 1 ABR 30/86 - AP Nr. 23 zu § 77 BetrVG 1972

249 F/K/H/E, § 77 Rn 107; ErfK-Hanau/Kania, § 77 Rn 74; Richardi, § 77 Rn 282

250 BAG vom 20.12.1961 - 4 AZR 213/61 - AP Nr. 7 zu § 59 BetrVG 1952

251 BAG vom 18.12.1997 - 2 AZR 709/96 - NZA 1998, 304, 306

Die Öffnungsklausel gilt auch für den Nachwirkungszeitraum des Tarifvertrags (§ 4 Abs. 5 TVG).[252] Sie endet, wenn ein neuer Tarifvertrag ohne Öffnungsklausel geschlossen wird.[253]

252 F/K/H/E, § 77 Rn 108; ErfK-Hanau/Kania, § 77 Rn 74; H/S/G, § 77 Rn 166; GK - Kreutz, § 77 Rn 138; Richardi, § 77 Rn 289; Wiedemann/Stumpf, TVG, § 4 Rn 302

253 BAG vom 25.8.1983 - 6 ABR 40/82 - AP Nr. 7 zu § 77 BetrVG 1972; ErfK - Hanau/ Kania, § 77 Rn 74

§ 6 Rechtsfolgen eines Verstoßes gegen die Sperrwirkung des § 77 Abs. 3 BetrVG

A. Grundsatz: Nichtigkeit der Betriebsvereinbarung

Eine unter Mißachtung des Tarifvorbehalts abgeschlossene Betriebsvereinbarung ist nichtig.[1] Ob dies aus § 134 BGB[2] oder § 77 Abs. 3 BetrVG selbst[3] folgt, bedarf hier keiner Entscheidung. Es fragt sich allerdings, ob ihr Regelungsinhalt auf anderem rechtlichen Wege dennoch Wirksamkeit erlangen kann. Denkbar wären sowohl individualvertragliche als auch betrieblich-kollektive Lösungen bzw. Wirkungsweisen.

B. Individualrechtliche Deutungsmöglichkeiten einer nichtigen Betriebsvereinbarung

I. Die Umdeutung in eine vertragliche Einheitsregelung analog § 140 BGB

Entspricht ein nichtiges Rechtsgeschäft den Erfordernissen eines anderen Rechtsgeschäfts, so gilt gemäß § 140 BGB das letztere, wenn anzunehmen ist, daß dessen Geltung bei Kenntnis der Nichtigkeit gewollt sein würde. Der Sinn und Zweck dieser Vorschrift „besteht darin, den von den Parteien erstrebten wirtschaftlichen Erfolg auch dann zu verwirklichen, wenn das rechtliche Mittel, das sie dafür gewählt haben, unzulässig ist, jedoch ein anderer, rechtlich gangbarer Weg zur Verfügung steht, der zum annähernd gleichen wirtschaftlichen Ergebnis führt".[4]

Bevor die Rechtsprechung zur Möglichkeit der Umdeutung einer nichtigen Betriebsvereinbarung in eine vertragliche Einheitsregelung dargelegt und sodann kritisch gewürdigt wird, sind vorab zwei wesentliche Gesichtspunkte

---

1 BAG vom 18.4.1989 - 3 AZR 688/87 - AP Nr. 42 zu § 77 BetrVG 1972; Belling/ Hartmann, NZA 1998, 673; D/K/K - Berg, § 77 Rn 65; ErfK - Hanau/Kania, § 77 Rn 49; Haug, BB 1986, 1921, 1926; H/S/G, § 77 Rn 169; v.Hoyningen-Huene, DB 1984 Beilage Nr. 1 S. 4; v.Hoyningen-Huene/Meyer-Krenz, NZA 1987, 793, 795; Lieb, FS Kraft, S. 351; Veit/Waas, BB 1991, 1329, 1331

2 So die h.M., z.B.: H/S/G, § 77 Rn 169; Kempen/Zachert, TVG Grundl. Rn 255; Moll, Der Tarifvorrang, S. 51; Wiedemann/Stumpf, TVG § 4 Rn 289

3 Fischer, Die tarifwidrigen Betriebsvereinbarungen, S. 211 f.; kritisch zur h.M. auch Veit, Die funktionelle Zuständigkeit des Betriebsrats, S. 249 f.

4 BGH vom 21.3.1977 - II ZR 96/75 - BGHZ 68, 204, 206

anzusprechen, die in der Diskussion immer wieder genannt werden und zu berücksichtigen sind:

- Von einer Betriebsvereinbarung kann sich der Arbeitgeber wesentlich leichter befreien als von einer individualrechtlich wirkenden Einheitsregelung. Eine Betriebsvereinbarung ist - soweit sie nichts anderes vorsieht - jederzeit gemäß § 77 Abs. 5 BetrVG auch ohne sachlichen Grund[5] mit einer Frist von drei Monaten kündbar. Sie kann als Folge des allgemeinen Rechtsgrundsatzes des Vorranges der späteren Regelung (lex posterior derogat legi priori) auch jederzeit durch eine neue Betriebsvereinbarung abgeändert oder ersetzt werden (sog. Ordnungs- oder Ablösungsprinzip[6]), selbst wenn die neue Betriebsvereinbarung für die Arbeitnehmer zu schlechteren Regelungen führt.[7] Die einseitige Lösung des Arbeitgebers von einer individualvertraglichen Einheitsregelung ist ihm dagegen nur im Wege einer Änderungskündigung gemäß § 2 KSchG möglich. Eine ablösende Betriebsvereinbarung ist nach der Rechtsprechung[8] nur durch eine umstrukturierende Betriebsvereinbarung möglich, d.h. wenn die Neuregelung der nachfolgenden Betriebsvereinbarung insgesamt bei kollektiver Betrachtung keine Nachteile für die Belegschaft zur Folge hat. Ist dies der Fall, scheitert die verschlechternde Betriebsvereinbarung am Günstigkeitsprinzip. Zusammengefaßt: Die Betriebsvereinbarung ist für den Arbeitgeber mit einer niedrigeren Bindungswirkung verbunden als eine vertragliche Einheitsregelung.

- Erklärungsempfänger der Willenserklärung des Arbeitgebers und dessen Vertragspartner ist bei der Betriebsvereinbarung der Betriebsrat, während dies bei der vertraglichen Einheitsregelung die einzelnen Arbeitnehmer sind. Die Betriebsvereinbarung ist ein Kollektivvertrag zwischen Arbeitgeber und Betriebsrat, der zu einem Individualvertrag zwischen Arbeitgeber und Arbeitnehmer führt, wenn man die Umdeutung einer nichtigen Betriebsvereinbarung in eine vertragliche Einheitsregelung zuläßt. Es

---

5 BAG vom 26.10.1993 - 1 AZR 46/93 - AP Nr. 6 zu § 77 BetrVG 1972 Nachwirkung; BAG vom 26.4.1990 - 6 AZR 278/88 - AP Nr. 4 zu § 77 BetrVG 1972 Nachwirkung, BAG vom 9.2.1989 - 8 AZR 310/87 - AP Nr. 40 zu § 77 BetrVG 1972
a.A.: Schaub, BB 1990, 289, 290

6 BAG vom 23.10.1990 - 3 AZR 260/89 - AP Nr. 13 zu § 1 BetrAVG Ablösung; BAG vom 17.3.1987 - 3 AZR 64/84 - AP Nr. 9 zu § 1 BetrAVG Ablösung

7 H/S/G, § 77 Rn 85

8 BAG vom 21.9.1989 - 1 AZR 454/88 - AP Nr. 43 zu § 77 BetrVG 1972; BAG GS vom 16.9.1986 - GS 1/82 - AP Nr. 17 zu § 77 BetrVG 1972

existieren somit unterschiedliche Erklärungsempfänger- und Wirkungsebenen.[9]

1. Die Rechtsprechung des BAG

Das BAG hält in ständiger Rechtsprechung die Umdeutung einer unwirksamen Betriebsvereinbarung entsprechend § 140 BGB in eine vertragliche Einheitsregelung (Gesamtzusage oder gebündelte Vertragsangebote) grundsätzlich für möglich.[10] An eine solche Umdeutung stellt das BAG jedoch strenge Anforderungen. Sie komme von vornherein nur in Betracht, wenn und soweit besondere Umstände die Annahme rechtfertigen, der Arbeitgeber habe sich unabhängig von den Regelungen der Betriebsvereinbarung auf jeden Fall gegenüber seinen Arbeitnehmern zur Gewährung der in der unwirksamen Betriebsvereinbarung vorgesehenen Leistungen verpflichten wollen. Entscheidend sei, ob der Arbeitgeber einen besonderen Verpflichtungswillen hatte, der über die Erklärung, eine Betriebsvereinbarung hinsichtlich der darin geregelten Gegenstände abschließen zu wollen, erkennbar hinaus gehe. Seine Erklärung sei deshalb daraufhin zu überprüfen, ob ihr der hypothetische Wille entnommen werden könne, sich für den Fall des Scheiterns der an sich gewollten kollektiv-rechtlichen Regelung gegenüber den darin begünstigten Arbeitnehmern gleichwohl einzelvertraglich binden zu wollen. Wegen der unterschiedlichen Bindungswirkung sowie Erklärungs- und Wirkungsebenen sei ein solcher hypothetischer Wille des Arbeitgebers nach Würdigung aller Umstände des Einzelfalls nur ausnahmsweise anzunehmen. Das BAG zieht einen solchen hypothetischen Willen in Betracht, wenn

- die Einigung mit dem Betriebsrat freiwillig erfolgt ist, also vom Betriebsrat kein Druck auf den Arbeitgeber zum Abschluß der Betriebsvereinbarung ausgeübt wurde[11] und
- die Betriebsvereinbarung keine Bedingung oder Widerrufsvorbehalt des Arbeitgebers enthält[12] und
- in der Betriebsvereinbarung die Möglichkeit der ordentlichen Kündigung ausgeschlossen ist oder sich deren Regelungsinhalt in einer einmaligen Leistung erschöpft.[13]

---

9 BAG vom 5.3.1997 - 4 AZR 532/95 - AP Nr. 10 zu § 77 BetrVG 1972 Tarifvorbehalt

10 BAG vom 5.3.1997, s. Fn 9; BAG vom 24.1.1996 - 1 AZR 597/95 - AP Nr. 8 zu § 77 BetrVG 1972 Tarifvorbehalt; BAG vom 23.8.1989 - 5 AZR 391/88 - AP Nr. 42 zu § 77 BetrVG 1972

11 BAG vom 23.8.1989, s. Fn 10

12 BAG wie vor

Liegen diese Voraussetzungen vor, steht nach Auffassung des BAG der Normzweck des § 77 Abs. 3 BetrVG einer Umdeutung nicht entgegen.[14] Unbestritten lasse die Vorschrift individualautonome Regelungen zu und wolle auch nicht den Erfolg des mit der Betriebsvereinbarung verfolgten Ziels vereiteln, also verhindern, daß die Arbeitnehmer bestimmte Leistungen erhalten, sondern nur die kollektiv-rechtliche Konkurrenzregelung ausschließen. Da die Annahme eines hypothetischen Willens des Arbeitgebers an strenge Voraussetzungen geknüpft und die Ausnahme sei, könne es keinesfalls zu einer regelmäßigen Aufrechterhaltung dessen kommen, was mit der nichtigen Betriebsvereinbarung erreicht werden sollte. Eine solch weitgehende Umdeutung könne tatsächlich im Hinblick auf den Normzweck des § 77 Abs. 3 BetrVG bedenklich sein.

Kann ein hypothetischer Wille des Arbeitgebers im o.g. Sinne festgestellt und als Erklärung in ein Angebot auf Abschluß vertraglicher Einheitsregelungen umgedeutet werden, so bedarf es nach Ansicht des BAG regelmäßig keiner besonderen Annahmeerklärung seitens der einzelnen Arbeitnehmer mehr. Gestützt wird dieser Verzicht auf § 151 BGB.[15]

2. Stellungnahme zur Rechtsprechung des BAG

In der Literatur ist die Möglichkeit der Umdeutung einer nichtigen Betriebsvereinbarung in eine vertragliche Einheitsregelung umstritten.[16] Die Rechtsprechung des BAG wird nachstehend auf ihre Übereinstimmung mit den Tatbestandsmerkmalen des § 140 BGB überprüft.

---

13 BAG vom 24.1.1996, s. Fn 10

14 BAG vom 24.1.1996, s. Fn 10

15 BAG vom 24.1.1996, s.Fn 10, BAG vom 23.8.1989, s. Fn 10

16 Bejahend: D/K/K - Berg, § 77 Rn 65; Braun, DB 1986, 1428, 1433; Erman-Brox, § 140 Rn 21; F/K/H/E, § 77 Rn 92; H/S/G, § 77 Rn 172; Hromadka, Anm. zu BAG AP Nr. 42 zu § 77 BetrVG 1972; MünchKomm - Mayer-Maly, § 140 Rn 6; Moll, Der Tarifvorrang, S. 51; Richardi, § 77 Rn 280; Wiedemann/Stumpf, TVG § 4 Rn 289
Verneinend: v.Hoyningen-Huene, DB 1984 Beilage Nr. 1, S. 8; Molkenbur/Krasshöfer-Pidde, RdA 1989, 337, 348; MünchArbR - Matthes, § 319 Rn 83; Stadler, BB 1971, 709, 711; Staudinger/Roth, § 140 Rn 13; Veit/Waas, BB 1991, 1329, 1336

a) Grundsätzliches zur (analogen) Anwendbarkeit des § 140 BGB auf Betriebsvereinbarungen

Das BAG hat sich nicht mit der Frage auseinandergesetzt, ob § 140 BGB überhaupt auf Betriebsvereinbarungen anwendbar ist. Die Norm setzt für ihre Anwendung ein (nichtiges) Rechtsgeschäft voraus. Nach dem Wortlaut des § 77 Abs. 2 BetrVG sind Betriebsvereinbarungen von Betriebsrat und Arbeitgeber gemeinsam zu beschließen. Einen solchen gemeinsamen Beschluß, den Arbeitgeber und Betriebsrat fassen, indem sie gemeinsam über die betreffenden Angelegenheiten abstimmen, kennt das BetrVG nicht. Entgegen dem Wortlaut handelt es sich bei der Betriebsvereinbarung um einen privatrechtlichen Vertrag zwischen Arbeitgeber und Betriebsrat, der wie sonst auch durch den Austausch zweier übereinstimmender oder sich ergänzender Willenserklärungen zustandekommt.[17] Insoweit hat die Betriebsvereinbarung auch Rechtsgeschäftscharakter. Rechtsgeschäft ist sie jedoch nur im Verhältnis der sie schließenden Betriebspartner. Im Verhältnis zwischen Arbeitgeber und Arbeitnehmer fehlt ein solches. Sie wirkt vielmehr aufgrund ihres normativen Charakters unmittelbar auf die Arbeitsverhältnisse ein. Als Normenvertrag ist sie in bezug auf die Belegschaft auf Fremdbestimmung angelegt.[18] Eine direkte Anwendung des § 140 BGB auf Betriebsvereinbarungen ist somit ausgeschlossen.

Das BAG spricht daher auch von einer analogen Anwendung des § 140 BGB[19], allerdings ohne auch nur mit einem Wort auf die Analogievoraussetzungen einzugehen, was sicherlich wünschenswert gewesen wäre. Im Ergebnis ist dem BAG allerdings zuzustimmen. Dafür spricht der weitreichende Normzweck des § 140 BGB[20], den Parteien den von ihnen erstrebten wirtschaftlichen Erfolg tunlichst auch bei Wahl eines rechtlich unzulässigen Mittels zu ermöglichen.

---

17 F/K/H/E, § 77 Rn 18; Richardi, § 77 Rn 30

18 Belling/Hartmann, NZA 1989, 673. 674; Moll/Kreitner, Anm. zu BAG EzA Nr. 16 zu § 140 BGB

19 s. die in der Fn 10 genannten Entscheidungen

20 s. hierzu S. 139

b) Die tatbestandlichen Voraussetzungen des § 140 BGB

aa) Die tarifvorbehaltswidrige Betriebsvereinbarung als nichtiges Rechtsgeschäft

Da eine gegen den Tarifvorbehalt des § 77 Abs. 3 BetrVG verstoßende Betriebsvereinbarung nichtig ist, liegt die erste Voraussetzung für eine analoge Anwendung des § 140 BGB, nämlich ein nichtiges Rechtsgeschäft, vor.

bb) Die vertragliche Einheitsregelung als wirksames Ersatzgeschäft

An das durch die Umdeutung zu ermittelnde andere Rechtsgeschäft stellt § 140 BGB zwei Anforderungen: Es müssen die Erfordernisse des Ersatzgeschäftes durch das nichtige Rechtsgeschäft gewahrt und das Ersatzgeschäft muß bei Kenntnis der Nichtigkeit gewollt sein.

aaa) Das Entsprechen-Erfordernis

Das nichtige Rechtsgeschäft muß den Erfordernissen eines anderen Rechtsgeschäfts, dem sog. Ersatzgeschäft, entsprechen. Nach ständiger Rechtsprechung des BGH[21] müssen die Bestandteile des Ersatzgeschäfts in dem zunächst geschlossenen, aber nichtigen Rechtsgeschäft quasi als Minus enthalten sein. Daß dies im Verhältnis der vertraglichen Einheitsregelung zur Betriebsvereinbarung nicht der Fall ist, bedarf wegen Offenkundigkeit keiner näheren Erörterung.

Damit besteht eine Divergenz zwischen der Rechtsprechung des BAG und des BGH. Allerdings wird die Auffassung des BGH in der Literatur richtigerweise als die Möglichkeit der Umdeutung zu einengend und nicht dem Zweck der Norm entsprechend abgelehnt. Nicht das Enthalten-Sein des Ersatzgeschäfts, sondern die Kongruenz von nichtigem Geschäft und Ersatzgeschäft ist entscheidend.[22] Neben dem Wortlaut „Entspricht“ kann auch nach der Ratio des § 140 BGB allein ausschlaggebend sein, ob der wirtschaftliche Erfolg, den die Parteien mit dem nichtigen Geschäft erreichen wollten, im wesentlichen

---

[21] BGH vom 30.3.1994 - X II ZR 30/92 - NJW 1994, 1785, 1787; BGH vom 13.11.1963 - V ZR 56/62 - BGHZ 40, 218, 225; BGH vom 5.2.1958 - IV ZR 274/57 - BGHZ 26, 320, 329; BGH vom 14.5.1956 - II ZR 229/54 - BGHZ 20, 363, 370; BGH vom 15.12.1955 - II ZR 204/54 - BGHZ 19, 269, 275

[22] Erman-Brox, § 140 Rn 12; MünchKomm - Mayer-Maly, § 140 Rn 13; Misera, Anm. zu BAG (24.1.1996), SAE 1997, 45, 49; Soergel-Hefermehl, § 140 Rn 4; Staudinger-Roth, § 140 Rn 21

oder wenigstens teilweise durch das Ersatzgeschäft erreicht wird. Die Kongruenz im hier verstandenen Sinn wird auf zweifache Weise begrenzt:

(a) Keine über das nichtige Rechtsgeschäft hinausgehenden Wirkungen

Das Ersatzgeschäft kann gegenüber dem nichtigen Geschäft zwar ein weniger oder auch ein aliud darstellen, es darf jedoch nicht in seinen Wirkungen über diejenigen des wirklich gewollten Geschäfts hinausgehen.[23] Diese Grenze folgt bereits aus der Tatbestandsvoraussetzung „Entspricht". Maßgebend ist daher zunächst die Frage, ob die Rechtwirkungen einer individualvertraglichen Einheitsregelung die der Betriebsvereinbarung übersteigen.[24]

Bei einer abstrakten, auf den Typus ausgerichteten Betrachtungsweise wäre dies aufgrund der Tatsache, daß die Betriebsvereinbarung eine für den Arbeitgeber geringere Bindungswirkung als die vertragliche Einheitsregelung entfaltet, stets der Fall. Das BAG wendet daher beim Vergleich der Rechtswirkungen eine auf den jeweiligen Einzelfall bezogene konkrete Betrachtung an. Dabei besteht grundsätzlich die Möglichkeit, daß die (nichtige) Betriebsvereinbarung und die als Ersatzgeschäft ins Auge gefaßte vertragliche Einheitsregelung im konkreten Fall eine gleiche Bindungswirkung haben können. Die strengen Voraussetzungen des BAG, unter denen dies der Fall sein kann (Ausschluß der ordentlichen Kündigung oder einmalige Leistung und Unwiderruflichkeit), wurden bereits dargestellt. Sie führen dazu, daß für eine Umdeutung praktisch nur die Fälle verbleiben, in denen der Arbeitgeber eine einmalige Leistung verspricht.

Um dieses Ergebnis zu vermeiden, schlagen *Belling/Hartmann*[25] vor, nicht die vertragliche Einheitsregelung zum Bezugspunkt der Kongruenzüberlegungen zu machen, sondern das Ersatzgeschäft, und dieses im Hinblick auf die mit der nichtigen Betriebsvereinbarung beabsichtigten Rechtswirkungen

---

[23] Das ist unstreitig: Erman-Brox, § 140 Rn 12; MünchKomm - Mayer-Maly, § 140 Rn 14; Soergel-Hefermehl, § 140 Rn 5; Staudinger-Roth, § 140 Rn 22

[24] Dogmatisch falsch ist daher der Ansatz des BAG, soweit es zunächst überschießende Rechtswirkungen der vertraglichen Einheitsregelung zur Betriebsvereinbarung einräumt, dies jedoch durch eine restriktive Prüfung des möglicherweise weitergehenden Verpflichtungswillens des Arbeitgebers kompensieren will (BAG vom 24.1.1996 - 1 AZR 597/95 - AP Nr. 8 zu § 77 BetrVG 1972 Tarifvorbehalt). Die erste Tatbestandsvoraussetzung des „Entsprechens" ist der des hypothetischen Willens gleichrangig. Liegt sie nicht vor, weil die Rechtswirkungen des Ersatzgeschäfts die des nichtigen Rechtsgeschäfts übersteigen, so ist eine Umdeutung bereits deshalb nicht mehr möglich, ohne daß dem hypothetischen Parteiwillen dann überhaupt noch eine Bedeutung zukommt (so zu Recht die Kritik von Belling/ Hartmann, NZA 1998, 673, 675).

[25] NZA 1998, 673, 675

auszugestalten.[26] Es gäbe in der Tat keine Kongruenzprobleme, wenn die im Wege der Umdeutung angenommenen einzelvertraglichen Ansprüche des Arbeitnehmers bezüglich zeitlicher Begrenzung, Ablösbarkeit, Widerrufbarkeit oder Kündigungsmöglichkeit entsprechend der gewollten Betriebsvereinbarung angepaßt würden. Für den Regelfall der mit gesetzlicher Frist gemäß § 77 Abs. 5 BetrVG kündbaren und ablösbaren Betriebsvereinbarung könnte diese also stets in eine mit gleicher Frist kündbare und unter Auflösungsvorbehalt stehende vertragliche Einheitsregelung umgedeutet werden. Rechtlich wäre dies jedenfalls unbedenklich, weil das andere Rechtsgeschäft i.S.d. § 140 BGB mit Ausnahme des Kongruenzerfordernisses „Entspricht" nicht näher gesetzlich konkretisiert wird.

(b) Keine Fingierung fehlender Tatbestandsmerkmale

Für das Ersatzgeschäft fehlende Tatbestandsmerkmale dürfen nicht fingiert werden.[27] Alle Gültigkeitsvoraussetzungen, wie z.B. Geschäftsfähigkeit, Form, Verfügungsmacht usw., müssen vorliegen.

Das Angebot des Arbeitgebers auf Abschluß einer vertraglichen Einheitsregelung muß den Arbeitnehmern zugehen, was spätestens mit der Auslegung der Betriebsvereinbarung an geeigneter Stelle im Betrieb (§ 77 Abs. 2 Satz 3 BetrVG) der Fall ist. Dann ist sie nämlich so in den Bereich der Arbeitnehmer gelangt, daß diese unter normalen Umständen die Möglichkeit haben, vom Inhalt der Erklärung Kenntnis zu nehmen.[28] Die Annahme des Angebots erfolgt nach der Rechtsprechung gemäß § 151 BGB, d.h. eine Annahmeerklärung ist nicht erforderlich.[29] Das Ersatzgeschäft wäre auch nicht nichtig gemäß § 77 Abs. 3 BetrVG, weil individualautonome Regelungen nicht unter den Tarifvorbehalt fallen.[30]

Zwischenergebnis: Die Kongruenz zwischen Betriebsvereinbarung und vertragliche Einheitsregelung besteht stets, soweit die letztere bezüglich der Bindungsintensität der ersteren angepaßt wird oder jedenfalls in Ausnahmefällen, wo die gewollte Betriebsvereinbarung ursprünglich bereits mit der gleichen Bindungswirkung vorgesehen war.

---

[26] In diese Richtung auch Moll/Kreitner, Anm. zu BAG (23.8.1989); Veit/Waas, BB 1991, 1329, 1333

[27] Erman-Brox, § 140 Rn 13; MünchKomm - Mayer-Maly, § 140 Rn 13, Staudinger-Roth, § 140 Rn 23

[28] Zu dieser unstreitigen Zugangsvoraussetzung BAG vom 8.12.1983 - 2 AZR 337/82 - NJW 1984, 1651; BAG 11.11.1992 - 2 AZR 328/92 - NJW 1993, 1093

[29] s. Fn 15

[30] s. S. 57 f.

bbb) Hypothetischer Wille des Arbeitgebers zum Abschluß einer individualvertraglichen Vereinbarung

Die Frage, ob die Parteien das Ersatzgeschäft gewollt hätten, stellt sich nur, wenn ihnen die Nichtigkeit des zunächst vorgenommenen Rechtsgeschäfts verborgen geblieben ist. Ein Rechtsgeschäft, dessen Nichtigkeit den Beteiligten bei Abschluß bekannt war, kann nicht umgedeutet werden.[31] Kennenmüssen reicht nicht aus; gefordert ist die positive Kenntnis von der Nichtigkeit.[32]

Da die Parteien einen realen Willen für den Fall der Nichtigkeit nicht gebildet haben - diese muß ihnen gerade verborgen geblieben sein, da ansonsten § 140 BGB ausscheidet -, kommt es bei § 140 BGB nach allg. M. auf den hypothetischen Willen der Parteien an.[33] Dieser ist nach den Grundsätzen der ergänzenden Vertragsauslegung zu ermitteln. Ein Wille zur Durchführung des Ersatzgeschäfts wird regelmäßig dann angenommen werden können, wenn dadurch wirtschaftlich derselbe Erfolg erreicht wird, wie durch das nichtige Rechtsgeschäft.[34] Die wirtschaftlichen Ziele der Beteiligten sind wesentlicher Auslegungsgesichtspunkt. Entscheidend ist die Frage, ob die Parteien als vernünftig denkende Menschen das Ersatzgeschäft zur Erreichung des angestrebten wirtschaftlichen Erfolgs abgeschlossen hätten. Allerdings darf die Umdeutung die Parteien nicht bevormunden, d.h. ein festgestellter wirklicher Parteiwille ist vorrangig, auch wenn er nach objektiven Gesichtspunkten zur Erreichung des Erfolgs ungeeignet erscheint.[35] Der hypothetische Wille ist für den Zeitpunkt der Vornahme des nichtigen Rechtsgeschäfts zu ermitteln, nicht für den Zeitpunkt der Umdeutung.[36]

Wegen des mit der Umdeutung verbundenen Parteiwechsels sowie der unterschiedlichen Wirkungsebenen gibt es regelmäßig keine Anhaltspunkte, daß der Arbeitgeber mit einer Erschwerung seiner Situation einverstanden gewesen

---

31 Erman-Brox, § 140 Rn 15; MünchKomm - Mayer-Maly, § 140 Rn 15; Soergel-Hefermehl, § 140 Rn 9; Staudinger-Roth, § 140 Rn 28

32 Zur Frage, ob bei Leistungen in Kenntnis der Nichtigkeit eine betriebliche Übung entstehen kann, s. S. 157 ff.

33 BGH vom 15.12.1955 - II ZR 204/54 - BGHZ 19, 269, 273; Erman-Brox, § 140 Rn 16; MünchKomm - Mayer-Maly, § 140 Rn 16; Soergel-Hefermehl, § 140 Rn 8; Staudinger-Roth, § 140 Rn 24

34 BGH vom 25.6.1980 - IV b ZR 516/80 - NJW 1980, 2350, 2352

35 BGH vom 18.12.1995 - II ZR 294/93 - BB 1996, 342, 343 f.; BGH vom 25.6.1980, s. Fn 34

36 BGH vom 13.11.1963 - V ZR 56/62 - BGHZ 40, 218, 223

wäre.[37] Das BAG fordert deshalb besondere Umstände, die auf einen hypothetischen Willen des Arbeitgebers zum Abschluß einer vertraglichen Einheitsregelung schließen lassen, wenn er denn bei Abschluß der Betriebsvereinbarung mit dem Betriebsrat deren Nichtigkeit gekannt hätte. Explizit nennt es die Fallgestaltung, daß die Betriebsvereinbarung freiwillig und ohne Druck seitens des Betriebsrats zustandegekommen[38] oder die Betriebsvereinbarung unkündbar ist[39].

Beides vermag nicht zu überzeugen. Das Merkmal der Freiwilligkeit trifft sowieso auf alle Betriebsvereinbarungen zu, die außerhalb des Bereichs der erzwingbaren Mitbestimmung nach § 87 Abs. 1 BetrVG geschlossen werden. Einen besonderen Ausnahmecharakter haben freiwillige Betriebsvereinbarungen in der Praxis nicht. Der Ausschluß der ordentlichen Kündbarkeit führt nur zu einer formalen Gleichstellung zwischen Betriebsvereinbarung und Arbeitsvertrag. Die stets verbleibende Möglichkeit der Kündigung aus wichtigem Grund ist für den Arbeitgeber bei einer Betriebsvereinbarung bedeutend einfacher als die außerordentliche Änderungskündigung aller Arbeitsverträge, die von jedem betroffenen Arbeitnehmer gerichtlich in Form einer Kündigungsschutzklage angegriffen werden kann.[40] Den vom BAG genannten besonderen Umständen ist gemeinsam, daß ihr Bezugspunkt lediglich die Betriebsvereinbarung ist und anhand ihrer nicht ohne weiteres erkennbar wird, inwieweit der Arbeitgeber darüber hinaus zu einer weitergehenden vertraglichen Abmachung bereit sein soll.[41]

Soweit allerdings bei der Umdeutung die vertragliche Einheitsregelung in ihrer Bindungsintensität der Betriebsvereinbarung angepaßt und damit der gleiche wirtschaftliche Erfolg erreicht wird, ist die Unterstellung zulässig, daß dem Arbeitgeber als Erklärendem die formaljuristische Wahl der Mittel zur Zweckerreichung gleichgültig gewesen wäre. In diesem Fall kann ein hypothetischer Wille des Arbeitgebers zum Abschluß vertraglicher Einheitsregelungen angenommen werden.

---

[37] F/K/H/E, § 77 Rn 92; H/S/G, § 77 Rn 172; Molkenbur/Krasshöfer-Pidde, RdA 1989, 337, 348; Stadler, BB 1971, 709, 711

[38] BAG vom 23.8.1989 - 5 AZR 391/88 - AP Nr. 42 zu § 77 BetrVG 1972

[39] BAG vom 24.1.1996 - 1 AZR 597/95 - AP Nr. 8 zu § 77 BetrVG 1972 Tarifvorbehalt

[40] Hromadka, Anm. zu BAG (23.8.1989)

[41] Moll, Anm. zu BAG (24.1.1996); Veit/Waas, BB 1991, 1329, 1333

cc) Die Annahme der umgedeuteten Arbeitgebererklärung seitens der Arbeitnehmer

Ist die Umdeutung der Erklärung des Arbeitgebers in ein Angebot auf Abschluß einer vertraglichen Einheitsregelung nach dem bislang Ausgeführten grundsätzlich möglich, so bedarf es zum wirksamen Vertragsschluß noch der Annahme seitens der Arbeitnehmer. Da die Arbeitnehmer keine Erklärung abgegeben haben, die umgedeutet werden könnte, bedarf es zur Annahme eines tatsächlichen rechtsgeschäftlichen Vertragswillens.[42]

Unbestreitbar liegt ein auf die Entgegennahme der Begünstigung gerichteter realer Annahmewille vor. Ein rechtsgeschäftlicher Vertragswille setzt jedoch zunächst voraus, daß „die Arbeitnehmer nach Treu und Glauben aus dem Verhalten des Arbeitgebers auf einen entsprechenden Bindungswillen schließen konnten".[43] Aus Sicht der Arbeitnehmer handelt es sich bei der Leistungserbringung durch den Arbeitgeber allerdings um nichts anderes als den Vollzug der unerkannt nichtigen Betriebsvereinbarung, worauf in der Literatur mit Recht hingewiesen wird.[44] Sie haben solange, wie die Nichtigkeit der Betriebsvereinbarung nicht bekannt ist, keinen Anlaß, aus der Leistungsgewährung des Arbeitgebers auf einen Willen des Arbeitgebers zu schließen, sich ihnen gegenüber einzelvertraglich binden zu wollen. Sie werden sich auch keine diesbezüglichen Gedanken machen. Aus der bloßen Erfüllung der vermeintlich kollektivrechtlich-normativen Verpflichtung kann entgegen der Rechtsprechung[45] auch nicht auf einen zusätzlichen Vertragswillen des Arbeitgebers gegenüber den Arbeitnehmern geschlossen werden. Es fehlt jeglicher Anhaltspunkt dafür, den Arbeitnehmern bei unerkannter Nichtigkeit der Betriebsvereinbarung einen rechtsgeschäftlichen Annahmewillen in bezug auf das erst durch Umdeutung gewonnene Arbeitgeberangebot zu unterstellen. An einem solchen rechtsgeschäftlichen Annahmewillen fehlt es vielmehr[46], so daß kein wirksamer Vertragsschluß zwischen Arbeitgeber und Arbeitnehmer vorliegt.

Das BAG[47] versucht seine Umdeutung dadurch "zu retten", indem es den Arbeitnehmern einen rechtsgeschäftlichen Generalwillen unterstellt, gegen den

---

[42] BAG Urteil vom 19.7.1977 - 1 AZR 483/74 - AP Nr. 1 zu § 77 BetrVG 1972; Belling/ Hartmann, NZA 1998, 673, 677; Hromadka, Anm. zu BAG (23.8.1989)

[43] BAG Urteil vom 26.4.1990 - 6 AZR 278/88 - NZA 1990, 815, 816

[44] Belling/Hartmann, NZA 1998, 673, 677; Hromadka, Anm. zu BAG (23.8.1989)

[45] BAG vom 23.8.1989 - 5 AZR 391/88 - AP Nr. 42 zu § 77 BetrVG 1972; BAG vom 13.8.1980 - 5 AZR 325/78 - AP Nr. 2 zu § 77 BetrVG 1972

[46] So auch Hromadka, s. Fn 44, der unverständlicherweise dennoch das Ergebnis des BAG aufgrund der besonderen Sachlage als richtig empfindet.

[47] BAG vom 24.1.1996 - 1 AZR 597/95 - AP Nr. 8 zu § 77 BetrVG 1972 Tarifvorbehalt

Arbeitgeber einen wie auch immer gearteten Rechtsanspruch auf Begünstigung zu erwerben. Ein natürlicher Wille wird vom BAG flugs zu einem rechtsgeschäflichen Willen gemacht. Dies ist jedoch nichts anderes als eine bloße am gewünschten Ergebnis ausgerichtete Fiktion.[48]

dd) Keine Umgehung des Schutzzwecks der Nichtigkeitsnorm

Eine Grenze der Umdeutung ergibt sich aus dem Schutzzweck der Nichtigkeitsnorm.[49] Die Umdeutung darf nicht zu einem den Zweck der Nichtigkeitsnorm kontakarierenden Ergebnis führen. Es stellt sich daher die Frage, ob die Umdeutung einer wegen Verstoßes gegen § 77 Abs. 3 BetrVG nichtigen Betriebsvereinbarung in eine vertragliche Einheitsregelung zu einer Umgehung des Schutzzwecks dieser Norm[50] führen würde.

Dies wird von *Belling/Hartmann*[51] und *Veit/Waas*[52] mit dem Hinweis darauf verneint, daß Gegenstand der Umdeutung ausschließlich die Willenserklärung des Arbeitgebers sei und diejenige des Betriebsrates als nichtig nicht berücksichtigt werde. Deshalb könne keine Rede von einer „Vermittlung" der Leistung durch den Betriebsrat sein; jede konstitutive Beteiligung des Betriebsrats an der die Arbeitnehmer begünstigenden Leistung werde dadurch von vornherein vermieden. Eine Umgehungsgefahr sei bei dieser Sachlage nicht zu erkennen.

Dieses formal-juristische Argument verwundert schon ein wenig angesichts der Tatsache, daß *Belling/Hartmann*[53] kurz zuvor noch selber einräumen, daß die juristische Konstruktion nicht überzubewerten sei. Genau dies ist aber der richtige Ansatzpunkt: Die Arbeitnehmer vollziehen eine wirtschaftliche Betrachtungsweise, keine juristische. Für sie ist entscheidend, was am Ende für sie an Begünstigungen, insbesondere finanzieller Art, durchgesetzt wird. Aus ihrer Sicht stellen sich die Leistungen des Arbeitgebers als die Erfüllung der sich für ihn aus der unerkannt nichtigen Betriebsvereinbarung erwachsenen Pflichten dar. Die Betriebsvereinbarung wäre jedoch ohne die Tätigkeit des Betriebsrats gar nicht abgeschlossen worden, so daß bei den juristisch nicht geschulten Ar-

---

48 So zutreffend Belling/Hartmann, NZA 1998, 673, 677; Hromadka, Anm. zu BAG (23.8.1989)

49 BGH vom 21.3.1977 - II ZR 96/75 - BGHZ 68, 204, 206; Erman-Brox, § 140 Rn 13; MünchKomm - Mayer-Maly, § 140 Rn 10; Staudinger-Roth, § 140 Rn 29

50 s. zum Normzweck S. 15 ff., 17 ff., 23

51 NZA 1998, 673, 677

52 BB 1991, 1329, 1336

53 NZA 1998, 673, 676 f.

beitnehmern des Betriebs - das dürfte die mit Abstand weitaus größte Arbeitnehmergruppe sein - zwangsläufig der Eindruck entstehen muß, ohne den Betriebsrat nicht in den Genuß der Leistung gelangt zu sein. Insoweit besteht bei *Belling/Hartmann*[54] ein Widerspruch. Man kann nicht einerseits den Arbeitnehmern zu Recht einen rechtsgeschäftlichen Vertragswillen zur Annahme des umgedeuteten Arbeitgeberangebots mit der Begründung aberkennen, es bestünde für sie kein Anlaß, sich insoweit überhaupt Gedanken zu machen, solange sie von der Nichtigkeit der Betriebsvereinbarung keine Kenntnis hätten, andererseits den Arbeitnehmern dann aber unterstellen, sie würden erkennen, daß für die Umdeutung die Willenserklärung des Arbeitgebers als Umdeutungssubstrat abgesondert von der Willenserklärung des Betriebsrats werde. Das wird der juristisch nicht geschulte Arbeitnehmer gerade nicht nachvollziehen.

Von ausschlaggebender Bedeutung ist auch die Tatsache, daß eine Umdeutung den Verstoß gegen den Tarifvorbehalt im Ergebnis sanktionslos macht, ggf. sogar „prämiert".[55] Arbeitnehmer und Betriebsrat erhalten dann für ihren Verstoß gegen die Tarifautonomie Ansprüche, deren Bindungsintensität über das hinausgeht, was sie hätten erreichen können, wenn § 77 Abs. 3 BetrVG nicht existieren würde und die Betriebsvereinbarung zwischen Arbeitgeber und Betriebsrat wirksam geworden wäre. Dies gilt nur dann nicht, wenn man der hier vertretenen Lösung folgt und die vertragliche Einheitsregelung im Wege der Umdeutung an die Betriebsvereinbarung anpaßt. Aber selbst dann hätte ein Verstoß gegen § 77 Abs. 3 BetrVG jedenfalls keine nachteiligen Folgen für den Betriebsrat oder die Arbeitnehmer. Das wirtschaftliche Ergebnis der Betriebsvereinbarung wird auf andere Weise umgesetzt. Die Betriebsräte würden geradezu aufgefordert, sich als Ersatzgewerkschaft im Betrieb zu betätigen. Ihr unzulässiges Handeln hätte schließlich doch Erfolg. Sie könnten risikolos versuchen, sich gegenüber der Belegschaft zu profilieren. *Moll/Kreitner*[56] und *Misera*[57] ist darin zuzustimmen, daß ein solches Ergebnis mit dem Schutzzweck des § 77 Abs. 3 BetrVG nicht vereinbar ist. Hieran ändert auch nichts, daß das Endziel der Umdeutung, das Zustandekommen einer vertraglichen Einheitsregelung, rein individualrechtlichen Charakter hat[58] und jederzeit vom Arbeitgeber herbeigeführt werden könnte. Derart freiwillige Leistungen des Arbeitgebers beruhen dann nämlich gerade nicht auf einer mit der normativen Wirkung des Tarifvertrags konkurrierenden Betriebsvereinbarung.

---

[54] wie vor

[55] Moll/Kreitner, Anm. zu BAG (23.8.1989)

[56] wie vor

[57] SAE 1997, 45, 48

[58] So die weitere Argumentation bei Belling/Hartmann, NZA 1998, 673, 677

3. Ergebnis

Eine Umdeutung einer wegen Verstoßes gegen den Tarifvorbehalt des § 77 Abs. 3 BetrVG nichtigen Betriebsvereinbarung in eine vertragliche Einheitsregelung scheitert daran, daß es an einem rechtsgeschäftlichen Annahmewillen der Arbeitnehmer bezüglich der in zulässiger Weise entsprechend umgedeuteten Willenserklärung des Arbeitgebers fehlt und eine solche Umdeutung mit dem Normzweck des § 77 Abs. 3 BetrVG nicht vereinbar ist.

II. Die Umdeutung in einen Vertrag zu Gunsten Dritter (§ 328 Abs. 1 BGB)

Soweit durch eine nichtige Betriebsvereinbarung der Belegschaft Vergünstigungen zuteil werden sollen, kommt deren Umdeutung in einen Vertrag zwischen dem Arbeitgeber und dem Betriebsrat zu Gunsten der Arbeitnehmer i.S.d. § 328 Abs. 1 BGB in Betracht, da bei einem derartigen Vertrag die Drittwirkung beabsichtigt ist.

1. Keine Kongruenz mangels Rechtsfähigkeit des Betriebsrats

Aus dem Erfordernis der Kongruenz folgt, daß alle für das Ersatzgeschäft bestehenden Gültigkeitsvoraussetzungen vorliegen müssen und für das Ersatzgeschäft fehlende Tatbestandsmerkmale nicht fingiert werden dürfen.[59]

Betriebsrat und Arbeitgeber müssen daher in der Lage sein, wirksam einen Vertrag gemäß § 328 Abs. 1 BGB schließen zu können. Dies ist jedoch nicht der Fall, weil der Betriebsrat zum Abschluß eines solchen schuldrechtlichen Vertrages mit Drittwirkung nicht legitimiert ist. Ihm fehlt die hierfür notwendige Rechtsfähigkeit. Die Rechtsnatur des Betriebsrates ist zwar umstritten. Häufig wird er als Organ[60] oder als Repräsentant[61] der Belegschaft bezeichnet. Einigkeit besteht jedoch darüber, daß er keine eigene Rechtspersönlichkeit besitzt und im allgemeinen Rechtsverkehr - mit Ausnahme der Beteiligungsfähigkeit im Beschlußverfahren nach § 10 ArbGG - nicht rechtsfähig ist.[62] Im Rah-

---

59 s. Fn 27

60 BAG vom 19.7.1977 - 1 AZR 483/74 - AP Nr. 1 zu § 77 BetrVG 1972

61 MünchArbR - v.Hoyningen-Huene, § 291 Rn 18; Richardi, RdA 1972, 8, 10

62 BAG vom 24.4.1986 - 6 AZR 607/83 - AP Nr. 7 zu § 77 BetrVG 1972 Sozialeinrichtung; BAG vom 21.11.1978 - 6 ABR 10/77 - AP Nr. 35 zu § 37 BetrVG 1972; BAG vom 9.9.1975 - 1 ABR 21/74 - AP Nr. 6 zu § 83 ArbGG 1953; F/K/H/E, § 1 Rn 185; Galperin/

men seines ihm durch das BetrVG zugewiesenen Wirkungsbereichs, also soweit es für die Ausübung und Durchsetzung betriebsverfassungsrechtlicher Rechte notwendig ist, wird ihm eine Teilrechtsfähigkeit zuerkannt.[63] Der Abschluß drittbegünstigender schuldrechtlicher Verträge i.S.d. § 328 Abs. 1 BGB zählt nicht zu den dem Betriebsrat zugewiesenen betriebsverfassungsrechtlichen Funktionen, so daß ihm insoweit keine Rechtsfähigkeit zukommt.[64] Die Voraussetzung der Kongruenz ist somit nicht erfüllt.

2. Hypothetischer Wille des Arbeitgebers für einzelvertragliche Zusage nicht feststellbar

In der Literatur wird die Umdeutung auch mit der Begründung abgelehnt, dem Arbeitgeber sei aufgrund der unterschiedlichen Wirkungsweise von Betriebsvereinbarung und einzelvertraglicher Zusage ein entsprechender hypothetischer Wille zum Abschluß eines Vertrages zu Gunsten der Arbeitnehmer nicht zu unterstellen.[65] Dieses Argument geht allerdings dann ins Leere, wenn man - wie hier vertreten - die inhaltliche Ausgestaltung des Vertrages zu Gunsten der Arbeitnehmer dem der nichtigen Betriebsvereinbarung anpaßt.

3. Umgehung des Schutzzwecks des § 77 Abs. 3 BetrVG

Der Schutzzweck des § 77 Abs. 3 BetrVG würde bei Aufrechterhaltung der nichtigen Betriebsvereinbarung durch deren Umdeutung in einen Vertrag zu Gunsten Dritter umgangen.[66] Insoweit gilt grundsätzlich das zur vertraglichen Einheitsregelung Gesagte entsprechend.[67] Erschwerend kommt bei dieser Vertragskonstruktion hinzu, daß ein Vertrag zwischen Arbeitgeber und Betriebsrat geschlossen wird, aus dem die Arbeitnehmer direkt Leistungsansprüche geltend machen könnten. Die Nähe zur Betriebsvereinbarung ist hier noch größer als bei

---

Löwisch, vor § 1 Rn 36; P.Hanau, RdA 1979, 324, 329; H/S/G, vor § 1 Rn 27; D/K/K - Schneider, Einl. Rn 122

63 BAG vom 18.9.1991- 7 ABR 63/90 - AP Nr. 40 zu § 40 BetrVG 1972; BAG vom 24.4.1986 - 6 AZR 607/81 - AP Nr. 7 zu § 77 BetrVG 1972 Sozialeinrichtung; v.Hoyningen-Huene, DB 1984, Beilage Nr. 1, S. 7; Richardi, Einl. Rn 104; D/K/K - Schneider, Einl. Rn 123

64 BAG vom 9.12.1997 - 1 AZR 319/97 - AP Nr. 11 zu § 77 BetrVG 1972 Tarifvorbehalt

65 v.Hoyningen-Huene, DB 1984, Beilage Nr. 1, S. 7; MünchArbR - Matthes, § 319 Rn 84; Molkenbur/Krasshöfer-Pidde, RdA 1989, 337, 348

66 BAG vom 9.12.1997, s. Fn 64; Belling/Hartmann, NZA 1998, 673, 678; Molkenbur/Krasshöfer-Pidde, RdA 1989, 337, 348

67 s. S. 150 f.

einer Umdeutung in eine vertragliche Einheitsregelung. Der Betriebsrat erhält die Möglichkeit, sich als "Wohltäter" der Belegschaft in Konkurrenz zur Gewerkschaft zu gerieren. Er kann den Arbeitnehmern ohne Risiko günstigere Leistungen vermitteln. Ausschlaggebend ist allerdings auch hier, daß ein Verstoß gegen § 77 Abs. 3 BetrVG im Ergebnis sanktionslos bliebe und der Erfolg der nichtigen Betriebsvereinbarung auf andere Weise mit zumindest gleicher Wirkung erreicht würde. Der Einwand *v.Hoyningen-Huene's*[68], daß einzelvertraglich über den Tarifvertrag hinausgehende Regelungen stets zulässig sind, rechtfertigt keine andere Bewertung. Solcher Art freiwilliger Leistungen basieren nicht auf einer Tätigkeit des Betriebsrats in Form der mit normativer Wirkung ausgestatteten Betriebsvereinbarung.

Einer Umdeutung der nichtigen Betriebsvereinbarung in einen Vertrag zwischen Arbeitgeber und Betriebsrat zu Gunsten der Belegschaft (§ 328 Abs. 1 BGB) steht damit sowohl die mangelnde Rechtsfähigkeit des Betriebsrates zum Abschluß eines solchen Vertrages als auch der Schutzzweck des § 77 Abs. 3 BetrVG entgegen.

III. Umdeutung in individualvertragliche Vereinbarungen zwischen dem Arbeitgeber und den einzelnen Arbeitnehmern mittels Stellvertretung durch den Betriebsrat

Denkbar wäre die Umdeutung nichtiger Betriebsvereinbarungen in individualvertragliche Vereinbarungen zwischen dem Arbeitgeber und den Arbeitnehmern, bei dem die Arbeitnehmer gemäß § 164 Abs. 1 BGB vom Betriebsrat bzw. den Betriebsratsmitgliedern vertreten worden sind.

1. Der Betriebsrat / Die Betriebsratsmitglieder als Stellvertreter i.S.d. § 164 BGB

Voraussetzung für die Umdeutung ist die Wirksamkeit des Ersatzgeschäfts. Es ist daher zu prüfen, ob der Betriebsrat bzw. die Betriebsratsmitglieder als Stellvertreter i.S.d. § 164 BGB für die Arbeitnehmer wirksam handeln können.

---

[68] DB 1984, Beilage Nr. 1, S. 7

a) Der Betriebsrat

Das BAG hat dies in seiner Entscheidung vom 19.7.1977[69] bejaht. Es sei möglich, dem Betriebsrat rechtsgeschäftliche Vertretungsmacht einzuräumen mit dem Ziel, daß er namens der vertretenen Arbeitnehmer einzelvertragliche Regelungen mit dem Arbeitgeber aushandelt. Der Arbeitgeber müsse allerdings klar erkennen können, daß der Betriebsrat nicht in eigenem Namen handeln will. Angesichts der Unüblichkeit einer derartigen Handhabung seien an die Erkennbarkeit des Vertretungsverhältnisses strenge Anforderungen zu stellen.

Zu einem späteren Zeitpunkt hat das BAG[70] hingegen entschieden, daß der Betriebsrat keine eigene Rechtspersönlichkeit besitze und ihm außerhalb seiner betriebsverfassungsrechtlich zuerkannten Funktionen keine (Teil-) Rechtsfähigkeit zugesprochen werden könne. Da das BetrVG dem Betriebsrat aber nicht die Aufgabe eines Vertreters der Belegschaft in bürgerlichrechtlichem Sinne zuweist, besteht ein Widerspruch zu seiner Entscheidung vom 19.7.1977. Aus § 165 BGB folgt nämlich, daß der Vertretene zumindest beschränkt geschäftsfähig sein muß. Geschäftsunfähige können höchstens Bote sein. Mangels Rechtsfähigkeit fehlt dem Betriebsrat auch die (zumindest) beschränkte Geschäftsfähigkeit[71] und damit auch die rechtsgeschäftliche Vertretungsbefugnis.[72]

P.Hanau[73] und *v.Hoyningen-Huene*[74] wollen die Rechtsfolgen einer Überschreitung der gesetzlichen Befugnisse nach den Bestimmungen über die Überschreitung der Vertretungsmacht (§§ 177 ff. BGB) beurteilt wissen. Für die hier in Frage stehende Umdeutungsmöglichkeit führt diese Auffassung zu keinem abweichenden Ergebnis. Ein mit einem Vertreter ohne Vertretungsmacht geschlossener Vertrag ist schwebend unwirksam. Er wird erst mit Genehmigung gemäß § 184 Abs. 1 BGB rückwirkend auf den Zeitpunkt des Vertragsschlusses voll wirksam. Die Genehmigung ist nach der Legaldefinition des § 184 Abs. 1 BGB eine nachträgliche Zustimmung. Zum Zeitpunkt einer möglichen Umdeutung wäre das Ersatzgeschäft demzufolge noch nicht wirksam. Es bedarf noch einer zeitlich nachfolgenden Genehmigung durch die Arbeitnehmer. Da im Rahmen der Umdeutung keine Tatbestandsmerkmale fingiert werden dürfen,

---

69 - 1 AZR 483/74 - AP Nr. 1 zu § 77 BetrVG 1972

70 BAG vom 24.4.1986, s. Fn 62

71 Soergel-Hefermehl, vor § 104 Rn 2

72 Belling/Hartmann, NZA 1998, 673, 678; v.Hoyningen-Huene, DB 1984, Beilage Nr. 1, S. 8

73 RdA 1979, 324, 329

74 RdA 1983, 225, 232

sondern das Ersatzgeschäft zum Umdeutungszeitpunkt voll wirksam sein muß, reicht die Möglichkeit der späteren Genehmigung nicht aus.

b) Die einzelnen Betriebsratsmitglieder

Denkbar wäre jedoch eine Bevollmächtigung aller oder einzelner Betriebsratsmitglieder durch die Arbeitnehmer, für sie mit dem Arbeitgeber zu verhandeln und Verträge zu schließen. Die Zulässigkeit einer solchen Bevollmächtigung begegnet keinen Bedenken. Im Zweifel verhandelt der Betriebsrat zwar als betriebsverfassungsrechtliches (kollektives) Organ mit dem Arbeitgeber und nicht als rechtsgeschäftlicher Vertreter der Arbeitnehmer. Das schließt die grundsätzliche Möglichkeit der Bevollmächtigung der Betriebsratsmitglieder durch die Arbeitnehmer allerdings nicht aus, sondern erhöht die Anforderungen, unter denen eine derartige vom Regelfall abweichenden Vorgehensweise angenommen werden kann. Ohne besondere Anhaltspunkte im Einzelfall ist eine solche Annahme jedenfalls nicht zulässig.

2. Hypothetischer Wille des Arbeitgebers zum Abschluß individualvertraglicher Abmachung

Wegen der unterschiedlichen Wirkungsweise wird es in der Literatur als richtig empfunden, die Wirkungen einer individualvertraglichen Regelung als vom mutmaßlichen Parteiwillen nicht umfaßt anzusehen.[75] Diesem Einwand ist jedoch die Prämisse beraubt, wenn - wie hier vertreten - die Ausgestaltung der vertraglichen Regelung der nichtigen Betriebsvereinbarung angepaßt wird, da dann wirtschaftlich der gleiche und kein überschießender Erfolg herbeigeführt wird.

3. Schutzzweck des § 77 Abs. 3 BetrVG steht Umdeutung entgegen

Die Umdeutung scheitert aber auch hier am Normzweck des § 77 Abs. 3 BetrVG, der ansonsten umgangen würde. Die Umdeutung würde dazu führen, daß die Betriebsratsmitglieder den Arbeitnehmern eine vom Arbeitgeber zu gewährende zusätzliche Leistung vermittelt hätten. Die Begünstigung der Arbeitnehmer wäre das Ergebnis der Verhandlungen, die die Betriebsratsmitglieder in Vollmacht der Arbeitnehmer mit dem Arbeitgeber geführt haben. Sie stellt sich

---

[75] v.Hoyningen-Huene, DB 1984, Beilage Nr. 1, S. 8; MünchArbR - Matthes, § 319 Rn 83; Molkenbur/Krasshöfer-Pidde, RdA 1989, 337, 348; Stadler, BB 1971, 709, 711; Veit/Waas, BB 1991, 1329, 1335

für die Arbeitnehmer als Erfolg der Betriebsratstätigkeit dar, ansonsten hätten sie gleich selbst mit dem Arbeitgeber verhandeln können. Daß dies die Werbungskraft der Koalitionen, insbesondere der Gewerkschaft gefährdet, bedarf keiner weiteren Ausführungen. Auch hier ist letztlich der entscheidende Gesichtspunkt, daß im Endeffekt das Ergebnis erreicht wird, welches § 77 Abs. 3 BetrVG gerade vermeiden will.

Die Umdeutung einer nichtigen Betriebsvereinbarung in einzelvertragliche Abmachungen zwischen dem Arbeitgeber und den Arbeitnehmern, diese vertreten durch die einzelnen Betriebsratsmitglieder, scheitert damit letztlich am Normzweck des § 77 Abs. 3 BetrVG.

IV. Vertragliche Bindung infolge betrieblicher Übung

Die Regelungen einer nichtigen Betriebsvereinbarung könnten über das Rechtsinstitut der betrieblichen Übung zum Inhalt der Arbeitsverhältnisse werden.

Es ist allg.M., daß aus einer ständigen betrieblichen Übung Ansprüche der Arbeitnehmer erwachsen können. Ebenso besteht heutzutage Einigkeit darüber, daß die betriebliche Übung keine Normenwirkung hat. Sie ist ein dem Individualarbeitsrecht zugehöriger schuldrechtlicher Verpflichtungstatbestand, wobei streitig ist, ob dieser auf rechtsgeschäftlicher Grundlage[76] oder einer Vertrauenshaftung[77] beruht. Die Streitfrage ist für die vorliegende Untersuchung allerdings nicht relevant. Voraussetzung für das Entstehen eines Anspruchs aus dem Gesichtspunkt der betrieblichen Übung ist nach beiden Auffassungen, daß der Arbeitgeber bestimmte Verhaltensweisen, die nicht gegen vorrangiges Recht verstoßen, regelmäßig wiederholt und damit den objektiven Tatbestand einer verbindlichen Zusage gesetzt und der Arbeitnehmer diese Zusage stillschweigend (§ 151 BGB) angenommen hat (Vertragstheorie) bzw. auf die Fortsetzung nach Treu und Glauben vertrauen durfte (Vertrauenshaftungstheorie). Allein durch den bloßen Abschluß der nichtigen Betriebsvereinbarung kann daher noch keine betriebliche Übung begründet werden, da es an dem Wiederholungskriterium fehlt. Wie häufig die Leistung durch den Arbeitgeber erbracht sein muß, läßt sich nicht generell beantworten. Als Richtschnur kann die Rechtsprechung des BAG zur Weihnachtsgratifikation herangezogen wer-

---

[76] So die auch vom BAG vertretene Vertragstheorie (s. S. 58 Fn 84)

[77] So die Vertrauenshaftungstheorie (s. S. 58 Fn 84)

den, nach der mindestens dreimal Weihnachtsgeld ohne Vorbehalt gezahlt worden sein muß.[78]

Das eigentliche Problem liegt woanders: Ein rein tatsächliches, wiederholtes Verhalten des Arbeitgebers reicht nicht aus. Aufgrund des individualrechtlichen Charakters der betrieblichen Übung muß der Rechtsbindungswille des Arbeitgebers hinzutreten, die Leistung als einzelvertragliche Leistung zu erbringen.[79] Solange der Arbeitgeber Leistungen aufgrund einer unerkannt nichtigen Betriebsvereinbarung gewährt, vollzieht er aber nur deren nichtigen Normen. Auch aus Sicht der Arbeitnehmer mangelt es an einem über den Normenvollzug hinausgehenden rechtsgeschäftlichen Willen des Arbeitgebers zur individualrechtlichen Verpflichtung. Ein diesbezüglicher Rechtsschein kann bei ihnen nicht entstehen.

Eine andere Beurteilung ergibt sich jedoch dann, wenn der Arbeitgeber in Kenntnis der Unwirksamkeit der Betriebsvereinbarung diese weiter anwendet. Die Leistungserbringung in Kenntnis der Nichtigkeit der Betriebsvereinbarung wird man als Angebot des Arbeitgebers i.S.d. der Vertragstheorie an die Arbeitnehmer auslegen können, die Leistung infolge einer fehlenden normativen Verpflichtung individualvertraglich gewähren zu wollen. Hierbei handelt es sich dann jedoch um einen tatsächlich vorhandenen Rechtsbindungswillen und nicht um die Ermittlung eines hypothetischen Willens des Arbeitgebers, so daß kein Fall der Umdeutung i.S.d. § 140 BGB vorliegt.[80] Die Annahme der Arbeitnehmer erfolgt stillschweigend (§ 151 BGB). Folgt man der Vertrauenshaftungstheorie, so wird durch die Leistungsgewährung in Kenntnis der mangelnden kollektiv-rechtlichen Verpflichtung der Rechtsschein eines individualvertraglichen Verpflichtungswillens gesetzt und damit ein Vertrauenstatbestand für die Arbeitnehmer begründet. Gewährt der Arbeitgeber die in der Betriebsvereinbarung vorgesehenen Leistungen trotz positiver Kenntnis von der Nichtigkeit, so werden sie über das Institut der betrieblichen Übung zum Inhalt der einzelnen Arbeitsverhältnisse.[81] Nach *v.Hoyningen-Huene*[82] und *Belling/Hartmann*[83] sollen die Arbeitnehmer allerdings "nur" eine Rechtsposition erwerben, die der bei

---

78 BAG vom 23.4.1963 - 3 AZR 173/62 - AP Nr. 26 zu § 611 BGB Gratifikation

79 BAG vom 18.3.1980 - 5 AZR 325/78 - AP Nr. 2 zu § 77 BetrVG 1972; Belling/Hartmann NZA 1998, 673, 678; v.Hoyningen-Huene, DB 1984, Beilage Nr. 1, S. 9; Stadler, BB 1971, 709, 711

80 So auch Veit, Die funktionelle Zuständigkeit des Betriebsrats, S. 254

81 Belling/Hartmann, NZA 1998, 673, 678; v.Hoyningen-Huene, DB 1984, Beilage Nr. 1, S. 10; MünchArbR - Matthes, § 319 Rn 84; Molkenbur/ Krasshöfer-Pidde, RdA 1989, 337, 348

82 s. Fn 79

83 s. Fn 79

unterstellter Wirksamkeit der Betriebsvereinbarung entspricht, d.h. ggf. unter Abänderungsvorbehalt und/oder mit Kündigungsmöglichkeit, da durch das Arbeitgeberverhalten kein darüber hinausgehendes schützenswertes Vertrauen begründet werde. Dieser einschränkenden Auffassung kann für die hier in Rede stehenden Fallkonstellationen nicht gefolgt werden. Der Arbeitgeber zeigt durch die Leistungsgewährung trotz Kenntnis der Nichtigkeit der Betriebsvereinbarung gerade seinen rechtsgeschäftlichen Willen, einzelvertragliche Ansprüche zu begründen und nicht lediglich Normenvollzug betreiben zu wollen. Den arbeitsvertraglichen Ansprüchen ist aber eine andere Bindungsintensität als der Betriebsvereinbarung immanent, was der Arbeitgeber - dies darf man unterstellen - auch weiß. Will er diese Rechtsfolgen vermeiden, so hat er die Möglichkeit, die Leistung unter dem Vorbehalt des jederzeitigen Widerrufs zu erbringen, was z.B. für den Bereich der freiwilligen Weihnachtsgratifikation anerkannt ist.

Das hier gefundene Ergebnis steht im übrigen auch im Einklang mit dem Normzweck des § 77 Abs. 3 BetrVG, der einzelvertragliche Regelungen zuläßt.

C. Kollektivrechtliche Deutungsmöglichkeiten einer nichtigen Betriebsvereinbarung

I. Umdeutung in eine formlose Regelungsabrede

Denkbar wäre die Umdeutung einer nichtigen Betriebsvereinbarung in eine Regelungsabrede[84] zwischen Arbeitgeber und Betriebsrat.

1. Die Regelungsabrede als wirksames Ersatzgeschäft

Eine schriftlich abgeschlossene Betriebsvereinbarung erfüllt gleichzeitig alle formalen Anforderungen einer Regelungsabrede, die mit Ausnahme des Interessenausgleichs (§ 112 Abs. 2 BetrVG) zwischen Betriebsrat und Arbeitgeber formlos geschlossen werden kann. Die Regelungsabrede entfaltet keine normative, sondern eine schuldrechtliche Wirkung zwischen den Betriebspartnern. Infolge der analogen Anwendung der für die Betriebsvereinbarung geltenden Kündigungs- (§ 77 Abs. 5 BetrVG) und Nachwirkungsregelungen (§ 77 Abs. 6 BetrVG)[85] hat die Regelungsabrede eine identische Bindungsintensität. Die Vertragspartner sind die gleichen. Mithin geht die Regelungsabrede in ihren

---

[84] Zur Regelungsabrede s. S. 59

[85] s. hierzu S. 65 f.

Rechtswirkungen nicht über die Betriebsvereinbarung hinaus und stellt ein wirksames Ersatzgeschäft für eine Umdeutung dar.

2. Hypothetischer Wille der Betriebspartner zum Abschluß einer Regelungsabrede

Im Schrifttum wird gegen die Umdeutungsmöglichkeit in eine Regelungsabrede hauptsächlich vorgetragen, daß es den Betriebspartnern mit der Wahl der Betriebsvereinbarung gerade auf deren normative Wirkung angekommen sei, die durch eine nur schuldrechtliche Verpflichtung auslösende Regelungsabrede nicht erreicht werden könne. Der Umdeutung soll nach dieser Ansicht ein anderer hypothetischer Wille der Betriebspartner entgegenstehen.[86] Dem halten *Veit/Waas*[87] zu Recht entgegen, daß diese Argumentation für die der zur Bestimmung des hypothetischen Parteiwillens entscheidende Frage vorbeizielt, weil die Tatsache, daß die Parteien einen anderen Willen gebildet und erklärt haben, ja gerade eine wesentliche Tatbestandsvoraussetzung der Umdeutung ist. Ausschlaggebend ist vielmehr, ob die Parteien bei Kenntnis der Nichtigkeit der Betriebsvereinbarung wenigstens eine Regelungsabrede geschlossen hätten. Da eine Umdeutungsmöglichkeit in eine unmittelbar auf die Arbeitsverhältnisse wirkende Alternative nicht existiert, die wirtschaftliche Zielsetzung zumindest vergleichbar ist und die Regelungsabrede für beide Parteien gegenüber der Betriebsvereinbarung mit keinerlei nachteiligen Rechtswirkungen verbunden ist, spricht nichts dagegen, daß die Betriebspartner als vernünftig denkende Vertragspartner - dieser Maßstab ist anzulegen - eine Regelungsabrede anstelle der ursprünglich beabsichtigten Betriebsvereinbarung geschlossen hätten.[88]

3. Umgehung der nichtigkeitsbegründenden Vorschrift

Der Umdeutung in eine Regelungsabrede steht aber der Normzweck des § 77 Abs. 3 BetrVG entgegen, der eine Erstreckung des Tarifvorbehalts auch auf die Regelungsabrede gebietet.[89]

---

[86] F/K/H/E, § 77 Rn 91; v.Hoyningen-Huene, DB 1984, Beilage Nr. 1, S. 7; GK - Kreutz, § 77 Rn 106; ohne Begründung ablehnend Molkenbur/Krasshöfer-Pidde, RdA 1989, 337, 348

[87] BB 1991, 1329, 1333; ihnen folgend Belling/Hartmann, NZA 1998, 673, 679

[88] Im Ergebnis auch Belling/Hartmann, NZA 1998, 673, 679 f.; Birk, ZfA 1986, 73, 107 Fn 203

[89] s. hierzu S. 66 ff.; so auch Veit, Die funktionelle Zuständigkeit des Betriebsrats, S. 253

II. Faktische Betriebsvereinbarung

Allgemein anerkannt ist das Rechtsinstitut des faktischen Arbeitsverhältnisses. Danach wird ein auf einen unwirksamen Arbeitsvertrag fußendes Arbeitsverhältnis für die Zeit seiner Durchführung so behandelt, als hätte ein gültiger Arbeitsvertrag vorgelegen. Zum einen soll dadurch verhindert werden, daß der mit der Nichtigkeitssanktion bezweckte Schutz geradezu ins Gegenteil umschlägt[90] und zum anderen soll eine schwierige Rückabwicklung vermieden werden.

Den dem faktischen Arbeitsverhältnis zugrunde liegende Rechtsgedanken wollen Teile der Literatur auf praktizierte nichtige Betriebsvereinbarungen übertragen.[91] *Stadler*[92] hat hierfür den Begriff der „faktischen Betriebsvereinbarung“ geschaffen.

Veit/Waas[93] weisen zu Recht darauf hin, daß selbst die Anwendung der Grundsätze des faktischen Arbeitsverhältnisses an der Nichtigkeit der Betriebsvereinbarung im Ergebnis nichts ändern würde, weil dieses Rechtsinstitut bei Vorliegen eines besonders schweren Vertragsmangels nicht zur Anwendung gelangt.[94] Dies wäre jedoch der Fall, weil eine tarifvorbehaltswidrige Betriebsvereinbarung wegen Verstoßes gegen ein Verbotsgesetz (§ 77 Abs. 3 BetrVG) gemäß § 134 BGB nichtig ist.

Einer faktischen Geltung einer nichtigen Betriebsvereinbarung steht geradezu augenfällig auch der Normzweck des § 77 Abs. 3 BetrVG entgegen. Die in dieser Norm ausgesprochene Nichtigkeitsfolge für gegen den Tarifvorbehalt verstoßende Betriebsvereinbarungen würde ansonsten de facto wieder aufgehoben.

Zusammenfassend bleibt festzuhalten, daß eine gegen § 77 Abs. 3 BetrVG verstoßende nichtige Betriebsvereinbarung in kein anderes wirksames Rechtsgeschäft gemäß § 140 BGB analog umgedeutet werden kann. Insoweit ist *Zöllner/ Loritz*[95] zuzustimmen, die eine unter Verstoß gegen § 77 Abs. 3 BetrVG geschlossene Betriebsvereinbarung als „unheilbar nichtig“ qualifizieren.

---

90 BAG vom 15.11.1957 - 1 AZR 189/57 - AP Nr. 2 zu § 125 BGB

91 Birk, ZfA 1986, 73, 106; F/K/H/E, § 77 Rn 94; GK - Kreutz, § 77 Rn 107
a.A.: Belling/Hartmann, NZA 1998, 673, 679; v.Hoyningen-Huene, DB 1984, Beilage Nr. 1, S. 11; Veit/Waas, BB 1991, 1329, 1331 f.

92 BB 1971, 709, 712

93 BB 1991, 1329, 1332

94 BAG vom 7.6.1972 - 5 AZR 512/71 - AP Nr. 18 zu § 611 BGB Faktisches Arbeitsverhältnis

95 § 46 II 6 d

Wird die nichtige Betriebsvereinbarung vom Arbeitgeber in Kenntnis ihrer Nichtigkeit vollzogen, so kann sie allerdings im Wege der betrieblichen Übung Inhalt der einzelnen Arbeitsverhältnisse werden.

§ 7 Rechtsschutz gegenüber einer tarifvorbehaltswidrigen Betriebsvereinbarung

Nachdem bislang die materielle Rechtslage herausgearbeitet worden ist, ist noch die Frage offen, wem welche prozessualen Möglichkeiten zur Geltendmachung der Nichtigkeit einer tarifvorbehaltswidrigen Betriebsvereinbarung zur Verfügung stehen.

A. Klagemöglichkeit der Betriebspartner

Es ist allg.M., daß Arbeitgeber und Betriebsrat die Unwirksamkeit einer Betriebsvereinbarung wegen Verstoßes gegen den Tarifvorbehalt des § 77 Abs. 3 BetrVG im Wege des arbeitsgerichtlichen Beschlußverfahrens gemäß §§ 2 a Abs. 1 Nr. 1, Abs. 2 i.V.m. 80 ff. ArbGG feststellen lassen können und dem - immerhin hat der Antragsteller selber die Betriebsvereinbarung abgeschlossen - nicht der Einwand des Rechtsmißbrauchs entgegengehalten werden kann.[1]

B. Klagemöglichkeit der Koalitionen bei Verbandstarifverträgen

I. Die Rechtsprechung des BAG

Zum BetrVG 1952 war es ständige Rechtsprechung des BAG, daß die Tarifvertragsparteien die Nichtigkeit einer Betriebsvereinbarung wegen Verstoßes gegen den Tarifvorbehalt gerichtlich feststellen lassen konnten.[2]

1. Die Entscheidungen vom 18.8.1987[3]

In zwei Entscheidungen vom 18.8.1987 hat das BAG ein gewerkschaftliches Klagerecht wegen fehlender Antragsbefugnis verneint. Zur Begründung führte es aus, daß die Tarifvertragsparteien bei einem Antrag auf Entscheidung über die Wirksamkeit einer Betriebsvereinbarung oder eines Einigungsstellenspruchs keine eigenen betriebsverfassungsrechtlichen Befugnisse geltend machen würden und es daher an der für ein Antragsrecht notwendigen betriebsverfassungs-

---

1 BAG vom 8.12.1970 - 1 ABR 20/70 - AP Nr. 28 zu § 59 BetrVG 1952; F/K/H/E, § 77 Rn 200; GK - Kreutz, § 77 Rn 348

2 BAG vom 16.9.1960 - 1 ABR 5/59 - AP Nr. 1 zu § 2 ArbGG 1953 Betriebsvereinbarung; BAG vom 1.2.1963 - 1 ABR 6/61 - AP Nr. 8 zu § 59 BetrVG 1952; BAG vom 21.2.1967 - 1 ABR 2/66 - AP Nr. 25 zu § 59 BetrVG 1952; BAG vom 21.2.1967 - 1 ABR 9/66 - AP Nr. 26 zu § 59 BetrVG 1952

3 - 1 ABR 65/86 - AP Nr. 6 zu § 81 ArbGG 1979; - 1 ABR 80/85 - DB 1987, 2263

rechtlichen Betroffenheit fehle. Das Interesse der Koalitionen an der Feststellung der Unwirksamkeit sei lediglich allgemeiner Art, das BetrVG weise aber weder den Gewerkschaften noch den Arbeitgeberverbänden eine allgemeine Aufsichtsfunktion gegenüber den Betriebspartnern zu. Betriebsvereinbarungen seien dennoch nicht schlechthin der gerichtlichen Kontrolle entzogen, da die Tarifvertragsparteien in einem Verfahren nach § 9 TVG, dessen Entscheidung die Einigungsstelle zwar nicht rechtlich aber aller Voraussicht nach faktisch binden werde, den Inhalt des Tarifvertrages klären lassen könnten und in einem Rechtsstreit zwischen dem von der Betriebsvereinbarung betroffenen Arbeitnehmer und dem Arbeitgeber über Ansprüche aus der Betriebsvereinbarung, deren Wirksamkeit inzident geprüft werden müsse.

2. Der Beschluß vom 23.2.1988[4]

In seiner Entscheidung vom 23.2.1988 hat das BAG unter ausdrücklicher Aufhebung seiner Rechtsprechung zum BetrVG 1952 sein Urteil vom 18.8.1987 im Ergebnis bestätigt und ergänzend begründet. Es sah sich zunächst zur Klarstellung veranlaßt, daß für die Antragsbefugnis keine betriebsverfassungsrechtliche Betroffenheit des Antragstellers notwendig, sondern es ausreichend sei, wenn dieser überhaupt in seiner Rechtsstellung betroffen werde, was wiederum immer dann der Fall sei, wenn er eigene Rechte geltend mache. Lediglich für die Verfahrensart (Beschluß- oder Urteilsverfahren) sei die Frage der betriebsverfassungsrechtlichen Betroffenheit von Bedeutung. Das Recht der Tarifparteien zum Abschluß von Tarifverträgen werde weder rechtlich noch tatsächlich durch den Abschluß einer Betriebsvereinbarung, die gegen den Tarifvertrag als höherrangige Rechtsnorm verstößt, tangiert. Es gelte nichts anderes als im Fall des Abschlusses eines gegen zwingendes Tarifrecht verstoßenden Arbeitsvertrages, wo die Tarifvertragsparteien auch nicht aus eigenem Recht die Tarifvertragswidrigkeit des Einzelarbeitsvertrages geltend machen könnten. Auch aus § 77 Abs. 3 BetrVG folge keine Befugnis der Koalitionen, die ihnen durch diese Norm eingeräumte Vorrangkompetenz zur Regelung von Arbeitsbedingungen jederzeit und gegenüber jedermann geltend zu machen. Ein solches Recht ergebe sich nicht aus der grundrechtsgeschützten Tarifautonomie, da diese lediglich in ihrem Kern und nicht in allen Ausprägungen verfassungsrechtlich gewährleistet sei. Dieser Kernbereich der Tarifautonomie werde durch tarifvorbehaltswidrige Betriebsvereinbarungen nicht gefährdet. Das BAG gestand den Tarifvertragsparteien zwar ein berechtigtes Interesse, nicht aber ein eigenes Recht an

4 - 1 ABR 75/86 - AP Nr. 9 zu § 81 ArbGG 1979

der Entscheidung über die Unwirksamkeit einer gegen tarifvertragliche Bestimmungen verstoßenden Betriebsvereinbarung zu.[5]

3. Das Urteil vom 29.4.1992[6]

In seinem Urteil vom 29.4.1992 sah das BAG den durch Art. 2 Abs. 1 GG oder Art. 19 Abs. 4 GG garantierten wirkungsvollen Rechtsschutz durch die bestehenden Möglichkeiten der vertraglichen Einwirkungsklage und der Verbandsklage gemäß § 9 TVG hinreichend gewährleistet. Die verfassungsrechtlich nur in ihrem Kernbereich geschützte Tarifautonomie werde durch die Beschränkung auf die genannten Rechtsschutzmöglichkeiten nicht beeinträchtigt.

4. Die Entscheidung vom 20.8.1991[7]

Bereits acht Monate zuvor hatte das BAG einer im Betrieb vertretenen Gewerkschaft die Antragsbefugnis für eine Klage gemäß § 23 Abs. 1 und Abs. 3 BetrVG zuerkannt, wenn die Betriebspartner ihre durch § 77 Abs. 3 BetrVG beschränkte Zuständigkeit zur Regelung von Arbeitsbedingungen durch Betriebsvereinbarung überschreiten. Seine Auffassung begründete es damit, daß § 77 Abs. 3 BetrVG eine Grundnorm der betriebsverfassungsrechtlichen Ordnung darstelle, die die Betriebspartner bei der Regelung von Arbeitsbedingungen zu beachten hätten. Eine Verletzung dieser Verpflichtung stelle für den Betriebsrat eine Verletzung seiner Pflichten i.S.d. § 23 Abs. 1 BetrVG und für den Arbeitgeber einen Verstoß gegen seine Verpflichtungen i.S.d. § 23 Abs. 3 BetrVG dar. Allerdings unterschied das BAG zwischen der Verletzung des Tarifvorbehalts des § 77 Abs. 3 BetrVG und dem bloßen Verstoß gegen höherrangiges Recht im Bereich des § 87 Abs. 1 BetrVG. § 77 Abs. 3 BetrVG gelte nicht für Betriebsvereinbarungen über die mitbestimmungspflichtigen Angelegenheiten des § 87 Abs. 1 BetrVG. Die Betriebspartner würden bei Abschluß einer Betriebsvereinbarung in mitbestimmungspflichtigen Angelegenheiten in Ausübung ihrer Zuständigkeit und damit im Rahmen der betriebsverfassungsrechtlichen Ordnung handeln. Wenn eine solche Betriebsvereinbarung gegen bestehendes Tarifrecht verstoße, stelle das keinen Verstoß des Arbeitgebers gegen

---

[5] Das LAG Hamm hat in einer Entscheidung vom 21.12.1988 (-12 TaBV 112/88 - LAGE Nr. 33 zu § 76 BetrVG 1972) einem Arbeitgeberverband die Antragsbefugnis für ein arbeitsgerichtliches Beschlußverfahren zur Feststellung der Unwirksamkeit eines Einigungsstellenspruchs wegen Verstoßes gegen tarifvertragliche Regelungen mit der Begründung fehlender betriebsverfassungsrechtlicher Betroffenheit abgesprochen.

[6] - 4 AZR 432/91 - AP Nr. 3 zu § 1 TVG Durchführungspflicht

[7] - 1 ABR 85/90 - AP Nr. 2 zu § 77 BetrVG 1972 Tarifvorbehalt

seine Pflichten gemäß § 23 Abs. 3 BetrVG dar. Das BAG bejahte zwar die Antragsbefugnis der Gewerkschaft auch unter dem Gesichtspunkt der behaupteten Verletzung ihrer durch Art. 9 Abs. 3 GG geschützten Befugnis zur Regelung von Arbeits- und Wirtschaftsbedingungen durch Tarifverträge, hielt den geltend gemachten Unterlassungsanspruch jedoch für unbegründet, weil durch tarifvorbehaltswidrige Betriebsvereinbarungen der Kernbereich der Tarifautonomie nicht betroffen sei.

5. Der Beschluß vom 22.6.1993[8]

Am 22.6.1993 konkretisierte das BAG seine Rechtsprechung zu § 23 BetrVG dahingehend, daß der Abschluß einer tarifvorbehaltswidrigen Betriebsvereinbarung zwar ein Verstoß des Betriebsrats und des Arbeitgebers gegen ihre gesetzlichen Pflichten sei, nicht jedoch grundsätzlich bereits als grober Verstoß i.S.d. § 23 Abs. 1 BetrVG bzw. § 23 Abs. 3 BetrVG gewertet werden könne. Die Qualifizierung eines solchen Verstoßes als grob richte sich danach, ob die Pflichtverletzung objektiv erheblich und offensichtlich schwerwiegend war, was nur anhand aller Umstände des Einzelfalls, insbesondere der betrieblichen Gegebenheiten und des Anlaßes der Pflichtverletzung beurteilt werden könne. Im Ergebnis verneinte das BAG eine offensichtlich schwerwiegende Pflichtverletzung mit der Begründung, daß aufgrund des unübersichtlichen Tarifwerks für Nichtjuristen nur schwer erkennbar gewesen sei, daß die abgeschlossene Betriebsvereinbarung gegen den Tarifvorbehalt des § 77 Abs. 3 BetrVG verstieß.

II. Stellungnahme zur Rechtsprechung des BAG

Die Rechtsprechung des BAG ist im Schrifttum überwiegend auf Ablehnung gestoßen.[9] Sie wirft folgende Fragen auf: In welchem Umfang schützt Art. 9 Abs. 3 GG die Tarifautonomie? Besteht ein verfassungsrechtlicher Anspruch

---

8 - 1 ABR 62/92 - AP Nr. 22 zu § 23 BetrVG 1972

9 D/K/K - Berg § 77 Rn 85; Däubler, BB 1990, 2256 ff.; ders. AuR 1996, 305, 308 ff.; F/K/H/E, § 77 Rn 200; Gamillscheg, AuR 1995, 355, 358 ff.; Grunsky, DB 1990, 526 ff.; H/S/G, § 77 Rn 176; Kempen/Zachert, TVG, § 4 Rn 107 ff.; Matthießen, DB 1988, 285 ff.; Otto, RdA 1989, 247, 250; Schwarze, Der Betriebsrat im Dienst der Tarifvertragsparteien 1991, S. 239 f.; Weiss/Weyand, § 77 Rn 50; Weyand, AuR 1989, 193, 198 ff.
Dem BAG folgen: Feudner, DB 1991, 1118, 1120; Germelmann/Matthes/Prütting, ArbGG, § 81 Rn 68; GK - Kreutz, § 77 Rn 348; Löwisch/ Rieble, TVG, § 4 Rn 76, die allerdings weitergehend auch keine Klage gemäß § 23 BetrVG für zulässig erachten; Richardi, § 77 Rn 296; Stege-Weinspach, § 77 Rn 46 c

auf effektiven Rechtsschutz? Falls ja, wird er durch die Rechtsprechung des BAG gewahrt oder sind weitergehende Klagemöglichkeiten geboten?

1. Die Aufgabe der „Kernbereichs"-Lehre durch das BVerfG

Das BAG hat in seinen Entscheidungen vom 23.2.1988[10], 20.8.1991[11] und 29.4.1992[12] eine Klagebefugnis der Gewerkschaften aus eigenem Recht gegen tarifvorbehaltswidrige Betriebsvereinbarungen mit der Begründung abgelehnt, daß Art. 9 Abs. 3 GG die Tarifautonomie nur in ihrem Kernbereich schütze und dieser Kernbereich durch Betriebsvereinbarungen, die gegen tarifvertragliche Regelungen verstoßen, nicht betroffen sei.

Ob letzteres zutreffend ist, kann dahingestellt bleiben, da das BVerfG am 14.11.1995[13] ausdrücklich von der sog. „Kernbereichs"-Lehre Abstand genommen hat. Es stellte sogar in Abrede, diese jemals in dem vom BAG verstandenen Sinne vertreten zu haben, räumte jedoch ein, daß Formulierungen früherer Entscheidungen, das gewerkschaftliche Betätigungsrecht sei nur insoweit verfassungsmäßig geschützt, als dies für die Erhaltung und Sicherung der Koalition als unerläßlich betrachtet werden müsse, tatsächlich den Eindruck hätten erwecken können, als schütze Art. 9 Abs. 3 GG die koalitionsmäßige Betätigung von vornherein nur in einem inhaltlich eng begrenzten Umfang. Richtig sei jedoch, daß das Grundgesetz die Betätigungsfreiheit der Koalitionen nicht schrankenlos gewährleiste, sondern eine gesetzgeberische Ausgestaltung zulasse. Die dabei zu beachtende Grenze werde überschritten, soweit einschränkende Regelungen nicht zum Schutz anderer Rechtsgüter notwendig sind. Mit der Kernbereichsformel in diesem Sinne solle der Schutzbereich des Art. 9 Abs. 3 GG aber nicht von vornherein auf den Bereich begrenzt werden, der für die Erhaltung und Sicherung des Bestandes der Gewerkschaft unerläßlich ist. Der Grundrechtsschutz erfasse vielmehr alle koalitionsspezifischen Verhaltensweisen. Ob eine koalitionsspezifische Betätigung für die Wahrnehmung der Koalitionsfreiheit unerläßlich ist, sei - wie bei jedem anderen Grundrecht auch - erst für die Frage der zulässigen Ausgestaltung und Einschränkungen dieser Freiheit von Bedeutung.

In seiner Entscheidung vom 24.4.1996[14] hat das BVerfG zunächst noch einmal bestätigt, daß sich der Schutz des Art. 9 Abs. 3 GG nicht auf den Kernbereich koalitionsmäßiger Betätigung beschränkt, sondern sich auf alle Verhal-

---

10 s. Fn 4
11 s. Fn 7
12 s. Fn 6
13 - 1 BvR 601/92 - BB 1996, 590 ff.
14 - 1 BvR 712/86 - BB 1996, 1838 f.

tensweisen erstreckt, die koalitionsspezifisch sind. Darüber hinaus hat das BVerfG festgestellt, daß Art. 9 Abs. 3 GG den Koalitionen einen spezifischen Wirkungsbereich für den Abschluß von Tarifverträgen gewährleistet und das Aushandeln von Tarifverträgen zu den wesentlichen Zwecken der Koalitionen gehört, in dem sie nach dem Willen des Grundgesetzes frei sein sollen. Der Teil der Arbeits- und Wirtschaftsbedingungen, der den Koalitionen zur autonomen Gestaltung eingeräumt wird, beziehe sich auf solche Materien, die sie in eigener Verantwortung zu ordnen vermögen. Dazu würden insbesondere das Arbeitsentgelt und andere materielle Arbeitsbedingungen zählen, was auch an der Regelung des § 77 Abs. 3 BetrVG deutlich werde. Im Rahmen der bei einem gesetzgeberischen Eingriff in den Schutzbereich vorzunehmenden Verhältnismäßigkeitsprüfung komme es im wesentlichen auf den Gegenstand der gesetzlichen Regelung an. Der Grundrechtsschutz sei nicht für alle koalitionsmäßigen Betätigungen gleich intensiv. Dieser nehme in dem Maße zu, wie eine Materie aus Sachgründen am besten von den Tarifvertragsparteien geregelt werden könne, was vor allem für die Festsetzung der Löhne und der anderen materiellen Arbeitsbedingungen gelte. Deshalb habe der Gesetzgeber in § 77 Abs. 3 BetrVG auch an die Tarifüblichkeit angeknüpft. Bestehende tarifliche Regelungen würden höheren Schutz genießen als die Tarifautonomie in Bereichen, in denen die Koalitionen nicht tätig geworden sind. Die Abstufung des durch Art. 9 Abs. 3 GG gewährten Schutzes wirke sich auf die Anforderungen aus, die an die Rechtfertigung von Eingriffen zu stellen seien.

Das BVerfG sieht somit in § 77 Abs. 3 BetrVG ein aus Art. 9 Abs. 3 GG abgeleitetes Recht und zieht § 77 Abs. 3 BetrVG sogar zur Bestimmung des Schutzbereiches des Art. 9 Abs. 3 GG und dessen Schranken heran. Aufgrund dieser neuen Rechtsprechung des BVerfG ist der Argumentation des BAG ihrer Prämisse, Grundrechtschutz würde die Tarifautonomie nur in ihrem Kernbereich genießen, beraubt.

2. Verfassungsrechtlich gewährter Anspruch auf Rechtsschutz

Die Abkehr von der „Kernbereichs"-Lehre bedeutet nicht zwangsläufig, daß den Koalitionen eine Klagebefugnis aus eigenem Recht gegen tarifvorbehaltswidrige Betriebsvereinbarungen zugestanden werden muß. Unstreitig ist es jedoch verfassungsmäßig geboten, daß prozessuale Möglichkeiten zur Durchsetzung materiell-rechtlicher Rechtspositionen zur Verfügung stehen müssen. Das BAG spricht in seiner Entscheidung vom 29.4.1992[15] selbst insoweit von der Gewährleistung eines grundrechtlich garantierten wirkungsvollen Rechtsschutzes

[15] s. Fn 6

und läßt lediglich dahinstehen, ob dies aus der Rechtsweggarantie des Art. 19 Abs. 4 GG[16] oder unter Hinweis auf eine Entscheidung des BVerfG vom 27.4.1988[17] aus Art. 2 Abs. 1 GG folgt. Dies braucht im Rahmen dieser Bearbeitung nicht entschieden zu werden. Wichtig ist die Feststellung, daß den Tarifparteien eine wirkungsvolle Rechtsschutzmöglichkeit gegenüber tarifvorbehaltswidrigen Betriebsvereinbarungen eingeräumt werden muß.

3. Beurteilung der vom BAG genannten Rechtsschutzmöglichkeiten

Das BAG sieht in der Möglichkeit zur Verbandsklage gemäß § 9 TVG[18] und zur vertraglichen Einwirkungsklage[19], der Klagemöglichkeit gemäß § 23 Abs. 1 und Abs. 3 BetrVG[20] sowie der Individualklage der Arbeitnehmer[21] einen ausreichenden wirkungsvollen Rechtsschutz gewährleistet. Die Effektivität dieser prozessualen Möglichkeiten gilt es, im folgenden zu prüfen.

a) Die Verbandsklage gemäß § 9 TVG

Gemäß § 9 TVG sind rechtskräftige Entscheidungen der Arbeitsgerichte, die in Rechtsstreitigkeiten zwischen Tarifvertragsparteien aus dem Tarifvertrag oder über das Bestehen oder Nichtbestehen eines Tarifvertrages ergangen sind, in Rechtsstreitigkeiten zwischen tarifgebundenen Parteien sowie zwischen diesen und Dritten für die Gerichte und Schiedsgerichte bindend. Durch § 9 TVG wird die Rechtskraftwirkung arbeitsgerichtlicher Entscheidungen bei tarifvertraglichen Meinungsverschiedenheiten in subjektiver Richtung über die §§ 325 f. ZPO hinaus erweitert.[22] Tarifvertragliche Fragen, die Auswirkungen auf eine Vielzahl von Arbeitsverträgen haben können, sollen durch abweichende Entscheidungen nicht unterschiedlich beurteilt werden können.

---

[16] So Däubler, BB 1990, 2256, 2261; Matthießen, DB 1988, 285, 290; dazu, daß Art. 19 Abs. 4 GG über das darin geregelte Bürger-Staat-Verhältnis hinaus einen Anspruch einräumt, eigene Rechte vor Gericht verteidigen zu können, s. Rosenberg/Schwab/Gottwald, § 3 I

[17] - 1 BvR 559/87 - NJW 1988, 3141

[18] BAG vom 18.8.1987 - 1 ABR 65/86 - AP Nr. 6 zu § 81 ArbGG 1979

[19] BAG vom 29.4.1992 - 4 AZR 432/91 - AP Nr. 3 zu § 1 TVG Durchführungspflicht

[20] BAG vom 20.8.1991, s. Fn 7

[21] BAG vom 18.8.1987, s. Fn 3

[22] Kempen/Zachert, TVG § 9 Rn 1; Wiedemann/Stumpf, TVG § 9 Rn 2

Von der Bindungswirkung der arbeitsgerichtlichen Entscheidung wird die Einigungsstelle nicht erfaßt. Das BAG[23] beruft sich auf die faktischen Auswirkungen eines solchen Rechtsstreits, aufgrund derer kaum anzunehmen sei, daß sich die Einigungsstelle nicht an den festgestellten Tarifinhalt halten werde. In der Tat spricht auf erste Sicht wenig dafür, daß sich eine Einigungsstelle in der Praxis über die arbeitsgerichtliche Entscheidung hinwegsetzen wird[24], andererseits ist *Matthießen*[25] darin zuzustimmen, daß die bloße Hoffnung auf ein entsprechendes Verhalten der Einigungsstelle letztlich keine rechtliche Garantie ist.

Weder in § 9 TVG noch im ArbGG ist die zu wählende zivilprozeßrechtliche Klageart festgelegt. Es herrscht jedoch Einigkeit darüber, daß im Rahmen von § 9 TVG nur Feststellungsklagen nach § 256 ZPO denkbar sind[26], so daß stets ein Feststellungsinteresse notwendig ist.[27] Dies setzt voraus, daß zwischen Arbeitgeberverband und Gewerkschaft überhaupt eine Meinungsverschiedenheit über den Inhalt des Tarifvertrages besteht. Ist dies nicht der Fall, so wäre mangels Rechtsschutzbedürfnisses die Klage gemäß § 9 TVG unzulässig. Das Feststellungsinteresse ist nicht bereits dann gegeben, wenn einzelne Mitglieder der Tarifvertragsparteien den Inhalt des Tarifvertrages unterschiedlich verstehen. Für den besonders krassen Fall, daß die Betriebspartner bewußt den tarifvertraglichen Regelungen keine Beachtung schenken und sich darüber hinwegsetzen, obwohl die Tarifvertragsparteien sich über deren Inhalt einig sind, versagt die Klagemöglichkeit gemäß § 9 TVG.[28] Gleiches gilt in den Fällen, wo der Streit über die mögliche Kollision nicht auf einer unterschiedlichen Auffassung über den Inhalt des Tarifvertrages beruht, sondern Unklarheit über den Inhalt der Betriebsvereinbarung herrscht. In diesen Fällen ginge ein Urteil gemäß § 9 TVG ins Leere.[29] Schließlich hilft die Klagemöglichkeit nach § 9 TVG auch dann nicht, wenn bereits vor der gerichtlichen Entscheidung eine tarifvorbehaltswidrige Betriebsvereinbarung abgeschlossen worden oder ein Spruch der Einigungsstelle ergangen ist und die Betriebspartner überhaupt nicht an einer Änderung der faktischen Verhältnisse denken.[30]

---

[23] BAG vom 18.8.1987, s. Fn 3

[24] Die diesbezügliche Einschätzung des BAG wird geteilt von Däubler, BB 1990, 2256, 2257

[25] DB 1988, 285, 290

[26] Kempen/Zachert, TVG § 9 Rn 1; Wiedemann/Stumpf, TVG § 9 Rn 6

[27] BAG vom 3.2.1988 - 4 AZR 513/87 - AP Nr. 20 zu § 1 TVG Tarifverträge: Druckindustrie

[28] Däubler, BB 1990, 2256, 2257; Gamillscheg, AuR 1996, 354, 358; Grunsky, DB 1990, 526, 528; Matthießen, DB 1988, 285, 290

[29] Däubler, wie vor; Grunsky, wie vor

[30] Däubler, s. Fn 28

Zusammenfassend bleibt festzuhalten, daß § 9 TVG den Koalitionen alles andere als einen wirksamen Rechtsschutz gegen tarifvorbehaltswidrige Betriebsvereinbarungen bietet.

b) Die Einwirkungsklage

Die Tarifvertragsparteien sind vertraglich gegenseitig verpflichtet, ihre Mitglieder zu tariftreuem Verhalten anzuhalten. Zur Erfüllung dieser Pflicht gehört u.a., daß die Koalitionen ihre Mitglieder über Existenz, Inhalt und Geltungsbereich eines Tarifvertrages informieren. Die Koalitionen haben mit allen ihnen zur Verfügung stehenden (Zwangs-)Mitteln auf ihre Mitglieder einzuwirken, die tariflichen Regelungen zu beachten.[31] Die möglichen Mittel und Sanktionen ergeben sich aus der Satzung des jeweiligen Verbandes, wobei i.d.R. abgestufte Sanktionen vorgesehen sind, mit der Aufforderung an die Mitglieder zur Tariftreue beginnend, über Warnungen, Geldstrafen usw. bis hin zum Ausschluß aus dem Verband als der äußersten Sanktionsmöglichkeit. Das BAG[32] hält neuerdings eine Leistungsklage auf Einwirkung zur Durchführung eines Tarifvertrages auch ohne Benennung eines konkreten Einwirkungsmittels für zulässig.[33] Ein stattgebendes Urteil ist nach Auffassung des BAG allerdings nur dann möglich, wenn die Auslegung des Tarifvertrages zwingend geboten ist, d.h. eindeutig ergibt, daß die Regelung nicht dem Tarifvertrag entspricht oder ein Urteil gemäß § 9 TVG vorliegt oder die Tarifvertragspartei selbst von der Ta-

---

31 BAG vom 3.2.1988, s.Fn 27; BAG vom 9.6.1982 - AZR 274/81 - AP Nr. 1 zu § 1 TVG Durchführungspflicht; Wiedemann/Stumpf, TVG § 1 Rn 354

32 BAG vom 29.4.1992 - 4 AZR 432/91 - AP Nr. 3 zu § 1 TVG Durchführungspflicht

33 In seiner Entscheidung vom 9.6.1982, s. Fn 31, hatte das BAG nur eine Feststellungsklage für zulässig erachtet. Eine Leistungsklage hielt es nicht für möglich, weil es dem verklagten Verband freistehe, mit welchen Mitteln er auf seine Mitglieder einwirke, um die Einhaltung der tariflichen Regelung zu erreichen. Aufgrund der Verbandsautonomie könne die damals klagende Gewerkschaft keine bestimmten Sanktionen vorschreiben. Die Feststellungsklage wurde jedoch als unbegründet abgewiesen, weil der Klageantrag nach Auffassung des BAG nicht hinreichend konkret gewesen ist. Die Verurteilung zur Einwirkung müsse für die betreffende Tarifvertragspartei nachvollziehbar sein, d.h. sie müsse dem Urteilsspruch entnehmen können, auf welche Weise sie für ihre Mitglieder zur Erreichung des vom Tarifvertrag gewollten Zustandes einzuwirken habe. Fürwahr eine widersinnige Rechtsprechung: Wählt der Kläger ein Zwangsmittel aus, so ist seine Klage wegen Verstoßes gegen die Verbandsautonomie ohne Erfolg, überläßt er die Auswahl dem Vertragspartner, so ist er mangels hinreichender Substantiierung des Klageantrags unterlegen. Zumindest unter diesem Aspekt ist die neuere Rechtsprechung, die auf die Benennung eines konkreten Zwangsmittels für die Bestimmtheit des Antrags verzichtet, zu begrüßen.

rifwidrigkeit der Betriebsvereinbarung ausgeht. Ist die Rechtslage hingegen zweifelhaft, kann nach Auffassung des BAG der Tarifvertragspartei, die von der Rechtmäßigkeit des Verhaltens ihres Mitglieds ausgeht, eine Einwirkung nicht zugemutet werden, weil keine Partei verpflichtet sei, gleichrangige Eigeninteressen gegenüber Belangen des Vertragspartners zurückzustellen.[34]

In der vom BAG vorgenommenen Ausgestaltung ist den Koalitionen mit der Einwirkungsklage keine wirksame Handhabe gegen tarifvorbehaltswidrige Betriebsvereinbarungen gegeben. Zum einen reicht - möglicherweise nach einem mehrjährigen Rechtsstreit durch drei Instanzen - jede noch so geringe Einwirkung der unterliegenden Partei zur Erfüllung des Urteils aus, also z.B. die fernmündliche Aufforderung an ihr Mitglied, die tarifvorbehaltswidrige Betriebsvereinbarung nicht durchzuführen. Man sollte die Möglichkeit, daß derart "weich" mit den Mitgliedern verfahren wird, angesichts der Abhängigkeit der Verbände von ihren Mitgliedern nicht unterschätzen. Sie wird zu einer restriktiven Handhabung der satzungsmäßig vorgesehenen Zwangsmittel führen. Zum anderen kann ein Mitglied letztlich nicht zur Tariftreue gezwungen werden. Selbst wenn der Verband sein äußerstes Mittel anwendet und das Mitglied ausschließt, wäre das Ziel, die Abkehr von der tarifvorbehaltswidrigen Betriebsvereinbarung damit nicht erreicht, worauf im Schrifttum zu Recht hingewiesen wird.[35] Schließlich kann eine Einwirkungsklage nur Wirkungen für die Zukunft entfalten und führt nicht zur Feststellung der Nichtigkeit der Betriebsvereinbarung ex-tunc.[36] Für den Fall, daß der tarifwidrige Zustand auf einem Einigungsstellenspruch basiert, existiert überhaupt kein Einwirkungsanspruch.

Auch wenn der Verfasser nicht so weit gehen will wie *Däubler*[37], der die Einwirkungsklage als „Karikatur eines Rechtsbehelfs" bezeichnet, so gibt sie jedenfalls den Koalitionen kein wirksames Mittel zur Bekämpfung tarifvorbehaltswidriger Betriebsvereinbarungen an die Hand.

c) Verfahren nach § 23 Abs. 1 und Abs. 3 BetrVG

Sofern Betriebsrat oder Arbeitgeber ihre gesetzlichen Pflichten grob verletzen, kann eine im Betrieb vertretene Gewerkschaft im Klageweg gemäß § 23 Abs. 1 BetrVG die Auflösung des Betriebsrates verlangen und gemäß § 23 Abs. 3 BetrVG die Verurteilung des Arbeitgebers zur Duldung, Unterlassung oder

---

[34] So BAG vom 29.4.1992, s. Fn 32

[35] Däubler, BB 1990, 2256, 2258; Grunsky, DB 1990, 526, 529; Matthießen, DB 1988, 285, 290

[36] Grunsky, wie vor

[37] AuR 1995, 305, 308

Vornahme einer Handlung verbunden mit der Androhung eines Ordnungsgeldes beantragen.

Die §§ 23 Abs. 1 und Abs. 3 BetrVG eröffnen lediglich für einer Tarifvertragsparteien eine Klagemöglichkeit, nämlich der Gewerkschaft, und diese wird dadurch eingeschränkt, daß die Gewerkschaft im Betrieb vertreten sein muß. Dem Arbeitgeberverband bieten diese Normen hingegen keinerlei Rechtsschutzmöglichkeiten. Daß in der Praxis durchaus auch ein Bedürfnis für den Arbeitgeberverband zur Feststellung der Unwirksamkeit einer tarifvorbehaltswidrigen Betriebsvereinbarung oder eines Einigungsstellenspruchs bestehen kann, zeigt die Entscheidung des LAG Hamm vom 21.12.1989.[38] Dort wollte der Arbeitgeberverband im arbeitsgerichtlichen Beschlußverfahren die Unwirksamkeit eines Spruchs der Einigungsstelle wegen Verstoßes gegen tarifvertragliche Regelungen feststellen lassen, was ihm mit der Begründung verwehrt wurde, es fehle an seiner betriebsverfassungsrechtlichen Betroffenheit und damit an der für eine solche Klage notwendigen Antragsbefugnis.

Unabhängig davon, daß die §§ 23 Abs. 1 und Abs. 3 BetrVG den Arbeitgeberverbänden, die im gleichen Umfang wie die Gewerkschaften durch Art. 9 Abs. 3 GG in ihrem Bestand und ihrer koalitionsspezifischen Betätigung geschützt sind, keine Möglichkeit eröffnet, ergibt sich selbst für die (im Betrieb vertretene) Gewerkschaft kein effektiver Rechtsschutz:

- Da das BAG § 77 Abs. 3 BetrVG als Grundnorm der betriebsverfassungsrechtlichen Ordnung im Bereich der mitbestimmungspflichtigen Angelegenheiten des § 87 Abs. 1 BetrVG nicht für anwendbar hält, stellt eine tarifvorbehaltswidrige Betriebsvereinbarung in einer mitbestimmungspflichtigen Angelegenheit für das BAG lediglich ein Verstoß gegen höherrangiges Recht dar und damit keinen groben Pflichtverstoß i.S.d. § 23 Abs. 1 und Abs. 3 BetrVG. Dies ist die Konsequenz der vom BAG vertretenen Vorrangtheorie[39]. Sie hat hier zur Folge, daß im gesamten mitbestimmungspflichtigen Bereich die §§ 23 Abs. 1 und Abs. 3 BetrVG der Gewerkschaft keinen Rechtsschutz bieten.

- In dem dann noch verbleibenden Anwendungsbereich wird es häufig an einem groben Verstoß der Betriebspartner fehlen, weil dies im konkreten Einzelfall eine objektiv erhebliche und offensichtlich schwerwiegende Pflichtverletzung erfordert, an der es dann bereits laut BAG fehlen soll, wenn der Verstoß gegen § 77 Abs. 3 BetrVG aufgrund eines unübersicht-

[38] - 12 TaBV 112/88 - LAGE Nr. 33 zu § 76 BetrVG 1972

[39] s. hierzu S. 76 ff.

lichen Tarifwerks für einen Nichtjuristen - das wird bei den Betriebsratsmitgliedern die Regel sein - schwer erkennbar war und nicht auf der Hand lag. Soweit die von den Betriebspartnern vorgenommene Interpretation des Tarifvertrages noch vertretbar ist, scheidet ein schwerer Pflichtverstoß aus.

- Selbst mit einem stattgebenden Urteil könnte das eigentliche Rechtsschutzziel nicht erreicht werden: Die tarifvorbehaltswidrige Betriebsvereinbarung wird durch die Auflösung des Betriebsrats gemäß § 23 Abs. 1 BetrVG nicht unwirksam. Theoretisch denkbar und bei einem in der Belegschaft beliebten Betriebsrat auch nicht allzu fernliegend, könnte sogar der aufgelöste Betriebsrat wiedergewählt werden, worauf *Gamillscheg*[40] zu Recht hinweist. Auch soweit das Urteil sich im Verfahren gemäß § 23 Abs. 3 BetrVG an den Arbeitgeber richtet, kommt eine Korrektur der tarifwidrigen Praxis nur für die Zukunft in Betracht. Das BAG spricht selbst davon, daß der mit § 23 Abs. 3 BetrVG zu erreichende Verfahrenserfolg kollektiv-rechtlich in seiner Funktion einer individualrechtlichen Abmahnung durch den Arbeitgeber wegen Verletzung der Arbeitspflicht eines Arbeitnehmers entspricht und nennt § 23 Abs. 3 BetrVG ein kollektiv-rechtliches „Abmahnungsrecht“[41] auf Einhaltung der dem Arbeitgeber obliegenden betriebsverfassungsrechtlichen Pflichten. Die Feststellung der Nichtigkeit ex-tunc ist durch eine Klage gemäß § 23 Abs. 1 und Abs. 3 BetrVG jedenfalls nicht zu erreichen.

Von einem wirksamen Rechtsschutz der Koalitionen gegenüber tarifvorbehaltswidrigen Betriebsvereinbarungen durch die Klagemöglichkeit gemäß den §§ 23 Abs. 1 und Abs. 3 BetrVG kann mithin keine Rede sein.

d) Die Individualklage der Arbeitnehmer

Das BAG[42] verweist darauf, daß kein Arbeitnehmer an eine tarifvorbehaltswidrige Betriebsvereinbarung gebunden ist und in einem Rechtsstreit zwischen dem von der Regelung betroffenen Arbeitnehmer und dem Arbeitgeber eine inzidente Prüfung der Wirksamkeit der Betriebsvereinbarung erfolge.

---

[40] AuR 1996, 355, 359

[41] BAG vom 18.4.1985 - 6 ABR 19/84 - AP Nr. 5 zu § 23 BetrVG 1972

[42] BAG vom 18.8.1987 - 1 ABR 65/86- AP Nr. 6 zu § 81 ArbGG 1979

Der von *Grunsky*[43] und *Däubler*[44] erhobene Einwand, der Verweis auf die Individualklage sei für all die Fälle illusionär, in denen die Betriebsvereinbarung für den Arbeitnehmer gegenüber der tariflichen Regelung günstigere Arbeitsbedingungen vorsieht oder dies jedenfalls vom Arbeitnehmer so empfunden wird, ist vollauf berechtigt. Die Feststellung der Nichtigkeit der Betriebsvereinbarung würde für den Arbeitnehmer tatsächlich oder zumindest nach seiner subjektiven Einschätzung nur mit Nachteilen für ihn verbunden sein. Welche Motivation soll in einem solchen Fall zur Klageerhebung führen? Gerade durch den Abschluß einer gegenüber den tariflichen Regelungen günstigeren Betriebsvereinbarung wird aber die Werbungskraft der Koalitionen, vor allem der Gewerkschaften, besonders gefährdet.

Eine Individualklage zwischen Arbeitnehmer und Arbeitgeber entfaltet zudem keine Rechtskraft für die Betriebsparteien. Diese ist vielmehr auf das einzelne Arbeitsverhältnis begrenzt, d.h. durch die Einzelklage kann die Koalition keine allgemeinverbindliche Nichtigkeitsfeststellung der Betriebsvereinbarung erlangen.[45]

Schließlich gibt es ganz offenbar auch nichtjuristische Hürden, die Arbeitnehmer von Klagen gegen ihre Arbeitgeber abhalten. Dies wird bereits daran deutlich, daß Arbeitnehmer i.d.R. erst nach Auflösung des Arbeitsverhältnisses Prozesse führen. So verweisen *Kempen/Zachert*[46] auf eine Untersuchung von *Ramm* aus dem Jahre 1990, wonach etwa 80 % aller gewerkschaftlich organisierten Arbeitnehmer erst nach Beendigung des Arbeitsverhältnisses gegen ihren Arbeitgeber prozessierten, um ihre vermeintlichen Ansprüche durchzusetzen, und daß die übrigen 20 %, die dies bereits während des bestehenden Arbeitsverhältnisses taten, überwiegend im öffentlichen Dienst und zu einem geringen Teil in Großbetrieben tätig waren. *Gamillscheg*[47] beziffert den Anteil der nach Beendigung des Arbeitsverhältnisses angestrengten Klagen auf 2/3. Die Gründe hierfür sind vielschichtig: Häufig kennt der Arbeitnehmer seine Rechte gar nicht. Welche Reinigungskraft weiß überhaupt, daß ihre Leistung nicht ausschließlich nach effektiv erbrachten Stunden abgerechnet werden kann, sondern z.B. die Reinigung einer Schultoilette eine „öffentliche Toilette" ist, für deren Säuberung der Tarifvertrag einen Zuschlag vorsieht?[48] Die Arbeitnehmer scheuen auch den Kostenaufwand eines arbeitsgerichtlichen Verfahrens, jeden-

---

[43] DB 1990, 526, 528

[44] BB 1990, 2256, 2258

[45] Däubler, s. Fn 44; Grunsky, s. Fn 43; Matthießen, DB 1988, 285, 290

[46] TVG § 4 Rn 93

[47] AuR 1996, 354, 355

[48] Beispiel angelehnt an Gamillscheg, s. Fn 47

falls dann, wenn keine Rechtsschutzversicherung besteht. Immerhin haben sie gemäß § 12 a Abs. 1 ArbGG selbst für den Fall des Obsiegens keinen Kostenerstattungsanspruch gegen den Arbeitgeber für die ihnen in I. Instanz entstandenen Kosten. Dies kann dazu führen, daß eine Klageerhebung wirtschaftlich sinnlos ist. Entscheidend dürften jedoch psychische Hemmnisse sein, die Arbeitnehmer von der Klageerhebung abhalten. Die Arbeitnehmer haben die (zumindest in mittelständischen und Kleinbetrieben auch nicht unbegründete) Sorge, eine Klageerhebung werde vom Arbeitgeber, aber auch vom Betriebsrat, der die Betriebsvereinbarung schließlich abgeschlossen hat, als illoyales Verhalten gewertet.[49] Die Befürchtung, als Nestbeschmutzer denunziert oder im Betrieb zum Außenseiter zu werden, mag sie im Einzelfall völlig unberechtigt sein, reicht aus, um von einer Klage Abstand zu nehmen. Die Arbeitnehmer wollen den Arbeitgeber auf keinen Fall verstimmen. Sie fürchten, daß ihnen dies sonst z.B. Aufstiegschancen zunichte machen oder gar ihren Arbeitsplatz gefährden könnte. Zu nennen ist auch die in der Arbeitnehmerschaft weit verbreitete Ansicht, der Arbeitgeber werde schon einen Weg finden, um sich vom Arbeitnehmer zu lösen, auch wenn eine Vergeltungskündigung unwirksam ist. Diese psychischen Barrieren gewinnen in Zeiten der Massenarbeitslosigkeit erheblich an Bedeutung. Das BAG[50] räumt denn auch an anderer Stelle selbst ein, daß sich die Arbeitnehmer davor scheuen, die von den Betriebspartnern gesetzte Ordnung anzugreifen und damit auch gegen den Betriebsrat den Vorwurf eines rechtswidrigen Verhaltens zu erheben.

Schließlich führt der Verweis des BAG an die Gewerkschaft auf die Individualklage ihrer Mitglieder zu dem Ergebnis, daß Gewerkschaftsinteressen durch den einzelnen Arbeitnehmer vertreten werden sollen und nicht die Arbeitnehmerinteressen durch die Gewerkschaft vertreten werden können. Die Existenz des Tarifvertrages beruht aber u.a. auf der gestörten Parität im Einzelarbeitsverhältnis.[51] Deshalb ist *Däubler*[52] zuzustimmen, wenn er es als inkonsequent rügt, daß das BAG bei der Rechtsdurchsetzung plötzlich wieder auf die Mächtigkeit des einzelnen Arbeitnehmers vertraut. Der einzelne ist gerade nicht dazu in der Lage, für die Belange der Koalition in den Kampf und vor Gericht zu ziehen.

---

[49] Däubler, AuR 1995, 305, 307; ders. BB 1990, 2256, 2258; Gamillscheg, AuR 1996, 354, 355

[50] BAG vom 20.8.1991, s. Fn 7

[51] Die gestörte Vertragsparität ist unstrittig.

[52] BB 1990, 2256, 2258

e) Ergebnis

Die vom BAG genannten Klagemöglichkeiten bieten allesamt den Koalitionen keinen effektiven Rechtsschutz gegenüber tarifvorbehaltswidrigen Betriebsvereinbarungen.

III. Weitergehende Klagemöglichkeiten der Koalitionen

Das soeben gefundene Ergebnis zwingt zu der Frage, ob den Koalitionen Klagemöglichkeiten zur Verfügung stehen, die vom BAG nicht genannt oder verneint worden sind.

1. Klage aus eigenem Recht gemäß § 1004 BGB i.V.m. § 823 Abs. 1 BGB und Art. 9 Abs. 3 GG

In Betracht zu ziehen ist die Möglichkeit, daß die Koalitionen gegen tarifvorbehaltswidrige Betriebsvereinbarungen wegen Verletzung des Art. 9 Abs. 3 GG aus eigenem Recht unmittelbar gerichtlich vorgehen können. Nach der neuen Rechtsprechung des BVerfG erstreckt sich der durch Art. 9 Abs. 3 GG gewährte Schutz auf alle koalitionsspezifischen Verhaltensweisen, unabhängig davon, ob sie für die Erhaltung und Sicherung des Bestehens der Koalitionen unerläßlich sind.[53] Das Aushandeln von Tarifverträgen gehört seit jeher zu den wesentlichen Aufgaben der Koalitionen, insbesondere zur Regelung des Arbeitsentgelts und der sonstigen materiellen Arbeitsbedingungen. Diese grundrechtlich privilegierte Rechtsstellung der Koalitionen hat Rechtsgutcharakter i.S.v. § 823 Abs. 1 BGB und § 1004 BGB.

a) Die Rechtsprechung zum Betätigungsrecht der Koalitionen als absolutem Recht i.S.d. §§ 823 Abs. 1 und 1004 BGB

So revolutionär dies auf den ersten Blick vielleicht erscheinen mag, ist es bei näherer Betrachtung gar nicht. Das durch Art. 9 Abs. 3 GG verfassungsrechtlich geschützte Betätigungsrecht der Koalitionen ist vom BAG nämlich bereits mehrfach als absolutes Recht i.S.d. §§ 823 Abs. 1 BGB, 1004 BGB anerkannt worden, dessen Verletzung Schadensersatz- und Unterlassungsansprüche auslösen kann. Mit aller Deutlichkeit hat das BAG dies in seiner Entscheidung vom 26.4.1988[54] zum Ausdruck gebracht. Wegen der weitreichenden und grundle-

---

[53] s. S. 167 f.

[54] - 1 AZR 399/86 - AP Nr. 101 zu Art. 9 GG Arbeitskampf

genden Bedeutung wird die betreffende Passage aus den Entscheidungsgründen wörtlich wiedergegeben:

„Die Gewerkschaft hat - ebenso wie der Arbeitgeberverband - einen gesetzlichen Anspruch gegen den tariflichen Gegenspieler auf Unterlassung rechtswidriger Arbeitskampfmaßnahmen. ... Dies ergibt sich aus § 1004 BGB i.V.m. § 823 Abs. 1 BGB und Art. 9 Abs. 3 GG. Nach Art. 9 Abs. 3 Satz 1 GG hat jedermann das Recht, zur Wahrung und Förderung der Arbeits- und Wirtschaftsbedingungen Vereinigungen zu bilden. Die zu diesem Zweck gebildeten Vereinigungen sind die Koalitionen. Art. 9 Abs. 3 GG enthält das Grundrecht der Koalitionsfreiheit. Auf dieses Grundrecht können sich die Koalitionen selbst berufen. Verfassungsrechtlich geschützt sind ihre Existenz- und Funktionsfähigkeit. Es wird ihnen ein Mindestmaß an spezifisch koalitionsmäßiger Betätigung gewährleistet. ... Zum verfassungsrechtlich geschützten Bereich der koalitionsmäßigen Betätigung gehört insbesondere der Abschluß von Tarifverträgen, durch die die Koalitionen die Lohn- und sonstigen Arbeitsbedingungen in eigener Verantwortung und im wesentlichen ohne staatliche Einflußnahme ordnen. ... Der verfassungsrechtliche Schutz des Art. 9 Abs. 3 GG richtet sich nicht nur gegen Beeinträchtigungen der Koalitionen durch den Staat, sondern sichert die Koalitionen und ihre Betätigung - wie sich u.a. aus Art. 9 Abs. 3 Satz 2 GG ergibt - auch gegen private Macht, insbesondere konkurrierende Koalitionen und den sozialen Gegenspieler. Dementsprechend hat die durch Art. 9 Abs. 3 GG verfassungsrechtlich privilegierte Rechtsstellung der Koalitionen Rechtsgutcharakter i.S. von § 823 Abs. 1, § 1004 BGB."

Das BAG hat deshalb der Gewerkschaft im Ergebnis ein eigenes Recht auf Abwehr rechtswidriger Arbeitskampfmaßnahmen zugesprochen.

Bereits am 2.6.1987[55] hatte das BAG der Gewerkschaft einen Unterlassungsanspruch aus § 1004 Abs. 1 Satz 2 BGB i.V.m. § 823 Abs. 1 BGB und Art. 9 Abs. 3 GG gegenüber rechtswidriger Angriffe auf ihr durch Art. 9 Abs. 3 GG geschütztes Koalitionsbetätigungsrecht zugestanden und der Klage der Gewerkschaft gegen einen einzelnen Arbeitgeber auf Unterlassung dessen Praxis, die Einstellung von Arbeitnehmern von deren Austritt aus der Gewerkschaft abhängig zu machen, stattgegeben.

In diesem Zusammenhang ist auch die Entscheidung des BAG vom 11.11.1968[56] zu nennen, in der der klagenden Gewerkschaft ein Unterlassungsanspruch aus § 1004 BGB i.V.m. Art. 9 Abs. 3 GG gegen eine andere Gewerk-

---

[55] BAG - 1 AZR 651/85 - AP Nr. 49 zu Art. 9 GG

[56] - 1 AZR 16/68 - AP Nr. 14 zu Art. 9 GG

schaft mit der Begründung zuerkannt wurde, diese habe in das Recht zur koalitionsmäßigen Betätigung rechtswidrig eingegriffen.

Im übrigen hat auch der BGH einer vorbeugenden Unterlassungsklage der Gewerkschaft stattgegeben und zur Begründung ausgeführt, daß das Verfahrensrecht den Gewerkschaften die Möglichkeit eröffnen müsse, die Gerichte zum Schutz gegen zivilrechtlich unerlaubte Störungen ihrer Organisation und Tätigkeit anzurufen.[57]

b) Übertragbarkeit der Rechtsprechung zum Betätigungsrecht auf tarifvorbehaltswidrige Betriebsvereinbarungen

Erkennt das BAG somit an, daß die Gewerkschaft aus eigenem Recht einen Arbeitgeber auf Unterlassung in Anspruch nehmen kann, die Einstellung eines Arbeitnehmers nicht von dessen Gewerkschaftsaustritt abhängig zu machen oder rechtswidrige Aussperrungen zu praktizieren, so ist es nur noch ein kleiner Schritt, der Gewerkschaft bzw. den Koalitionen einen Anspruch aus eigenem Recht gegen tarifvorbehaltswidrige Betriebsvereinbarungen zu gewähren. Das BAG hat denn auch immerhin in seiner Entscheidung vom 20.8.1991[58] diesen Schritt halbwegs vollzogen, in dem es unter ausdrücklichen Verweis auf seine Entscheidung vom 26.4.1988[59] die Antragsbefugnis einer Gewerkschaft für eine Klage aus eigenem Recht bejahte, die behauptet hatte, daß sie durch eine tarifvorbehaltswidrige Betriebsvereinbarung in ihrer durch Art. 9 Abs. 3 GG geschützten Befugnis zur Regelung von Arbeits- und Wirtschaftsbedingungen durch Tarifverträge verletzt werde. Im Ergebnis hat das BAG die Klage allerdings als unbegründet abgewiesen, weil ein Anspruch der Tarifvertragsparteien gegen die Betriebspartner, den Abschluß von Betriebsvereinbarungen zu unterlassen und diese im Betrieb nicht anzuwenden, wenn sie gegen Vorgaben des Tarifvertrages verstoßen, nur dann zu bejahen wäre, wenn das Recht der Tarifvertragsparteien zur Regelung der Arbeits- und Wirtschaftsbedingungen durch Tarifverträge in seinem Kernbereich verletzt wäre, was jedoch nicht der Fall gewesen sei. Dieser Argumentation ist nach Aufgabe der „Kernbereichs"-Lehre durch das BVerfG[60] die Grundlage entzogen. Es bleibt abzuwarten, ob das BAG sich angesichts dieser neueren Rechtsprechung des BVerfG künftig dazu entschließen kann, den Koalitionen einen Anspruch aus eigenem Recht aus Art. 9 Abs. 3 GG gegen Betriebsvereinbarungen zuzugestehen, die gegen den Tarif-

[57] BGH vom 6.10.1964 - VI ZR 176/63 - AP Nr. 6 zu § 54 BGB

[58] s. Fn 7

[59] s. Fn 54

[60] s. S. 163 f.

vorbehalt des § 77 Abs. 3 BetrVG verstoßen. Die „Kernbereichs"-Lehre stünde dem jedenfalls nicht mehr entgegen. Im Lichte des Art. 9 Abs. 3 GG ist für die gewerkschaftliche Betätigungsfreiheit kein Unterschied erkennbar, ob in einem Betrieb rechtswidrig ausgesperrt oder nach Abschluß der Tarifrunde der abgeschlossene Tarifvertrag im Betrieb ignoriert wird.[61] Da sich zudem gezeigt hat, daß einzig ein Unterlassungsanspruch aus eigenem Recht gemäß § 1004 BGB i.V.m. § 823 Abs. 1 BGB und Art. 9 Abs. 3 GG den Koalitionen einen wirksamen Rechtsschutz gegen Betriebsvereinbarungen bieten, die gegen eine möglicherweise erst mit erheblichen sozialen und finanziellen Kosten (Streik, Aussperrung, Schlichtung usw.) zustandegekommene tarifliche Regelung verstoßen, ist den Koalitionen ein solches subjektives Recht einzuräumen. Dies wird im Schrifttum mehrheitlich vertreten.[62] Die M.M. argumentiert überwiegend[63] wie das BAG mit der „Kernbereichs"-Lehre. Ein eigener Unterlassungsanspruch der Koalitionen aus Art. 9 Abs. 3 GG sei für die Existenz der Koalitionen nicht unerläßlich, so daß er außerhalb des von Art. 9 Abs. 3 GG geschützten Kernbereichs liege. Dieses Argument hat sich jedoch durch die neuere Rechtsprechung des BVerfG zur „Kernbereichs"-Lehre überholt.

Neuerdings hat sich auch *Lieb*[64] vehement gegen ein gewerkschaftliches Klagerecht ausgesprochen. Die dem geltenden Recht allein zu entnehmende Wertung sei die aus § 77 Abs. 3 BetrVG folgende Nichtigkeit tarifvorbehaltswidriger Betriebsvereinbarungen. Damit habe es sein Bewenden. Eine zusätzliche Klagebefugnis, mit Hilfe derer ein Verstoß gegen § 77 Abs. 3 BetrVG von den Tarifvertragsparteien geltend gemacht werden könnte, existiere nicht. Ein Rechtsfortbildungsbedürfnis für die Entwicklung prozessualer Angriffsmöglichkeiten der Gewerkschaften bestehe ebenfalls nicht. Ein solches wäre bereits angesichts der Individualklagemöglichkeit der betroffenen Arbeitnehmer zweifelhaft. Darüber hinaus stelle sich die ernsthafte Frage, ob für die Rechtsordnung überhaupt eine Veranlassung bestehe, durch Zurverfügungstellung entsprechender Klagebefugnisse ausgerechnet dann zur Unterstützung der Tarifvertragsparteien helfend einzugreifen, wenn deren Regelungen offenbar aus sich selbst heraus nicht mehr genügend Autorität und Geltungskraft hätten. Die Mißachtung des Tarifvertrags durch die Betriebspartner könne ein durchaus erwünschter Anstoß für die Tarifvertragsparteien sein, nicht auf der Durchsetzung

---

[61] D/K/K - Berg, § 77 Rn 85 a; Däubler, AuR 1995, 305, 309

[62] D/K/K - Berg, § 77 Rn 85 a; Däubler, BB 1990, 2256 ff.; Gamillscheg, AuR 1996, 354, 358; Grunsky, DB 1990, 526 ff.; Kempen/Zachert, TVG § 4 Rn 108; Weyand, AuR 1989, 193, 199

[63] Feudner, DB 1991, 1118, 1120; GK - Kreutz, § 77 Rn 348; Löwisch/Rieble, TVG § 4 Rn 76

[64] FS Kraft, S. 353 ff.

doktrinärer Standpunkte zu beharren, sondern im wohlverstandenen Interesse der Unternehmen (und damit auch deren Arbeitnehmer) flexibler zu sein und den offensichtlich bestehenden Bedürfnissen der Betriebe zu entsprechen. Auch aus Art. 9 Abs. 3 GG folge nicht die Notwendigkeit zur Entwicklung einer Klagebefugnis der Tarifvertragsparteien. Zwar habe das Bundesverfassungsgericht die Kernbereichslehre aufgegeben. Daraus könne jedoch nicht der Schluß gezogen werden, daß damit auch die Tarifautonomie nicht mehr nur in ihrem Kernbereich, sondern weit darüber hinaus gewährleistet sei, so daß spätestens jetzt die Entwicklung entsprechender Klagebefugnisse verfassungsrechtlich unabdingbar geboten sei. Eine solche Schlußfolgerung sei nicht nur voreilig, sondern falsch. Die Aufgabe der Kernbereichslehre müsse vielmehr mit der Entwicklung eines in ihrer Wirkung vergleichbaren Gesetzgebungsvorbehalts einhergehen. Die Aufgabe der Kernbereichslehre bedeute nur einen Wechsel in der Methode. Eine Erweiterung des vorbehaltslos gewährten Schutzbereichs könne damit gar nicht verbunden sein. Selbst wenn es verfassungsrechtlich geboten sei, die ausgeübte Tarifautonomie vor konkurrierender betrieblicher Normsetzung abzuschirmen, sei dies seitens des Gesetzgebers durch die Bereitstellung der Regelungssperren der §§ 77 Abs. 3, 87 Abs. 1 Einleitungssatz BetrVG in sehr weitem - bereits zweifelhaftem - Ausmaß getan. Zur weiteren Absicherung der Tarifautonomie auch noch eine entsprechende Klagebefugnis zu fordern, gehe über das verfassungsrechtlich Gebotene und Zulässige weit hinaus.

Lieb ist darin zuzustimmen, daß die Aufgabe der Kernbereichslehre nicht zwangsläufig bedeutet, daß den Koalitionen eine Klagebefugnis aus eigenem Recht zugesprochen werden muß. Es mag auch sein, daß mit der nunmehr eröffneten weiten Sichtweise des Schutzbereichs des Art. 9 Abs. 3 GG die Entwicklung eines Gesetzgebungsvorbehalts als korrektiv einhergehen muß, um einer uferlose Ausweitung des Grundrechtsschutzes vorzubeugen. *Lieb* kann jedoch dann nicht mehr gefolgt werden, wenn er unterstellt, daß ein solcher Gesetzgebungsvorbehalt deckungsgleich mit der Kernbereichslehre sein werde, eben ein Wechsel in der Methode ohne jegliche inhaltliche Veränderung. Dies muß nicht der Fall sein. Die Prognose *Lieb's* ist erkennbar vom rechtspolitisch motivierten Wunsch nach einer Eingrenzung des Anwendungsbereichs des Art. 9 Abs. 3 GG getragen. Konkrete Anhaltspunkte für seine Einschätzung nennt er nicht. Angesichts der Urteile des Bundesverfassungsgerichts vom 14.11.1995[65] und 24.4.1996[66] bestehen durchaus berechtigte Zweifel an seiner These von der inhaltsgleichen Methode. Es wurde bereits dargestellt,[67] daß das

---

65 S. Fn 13

66 S. Fn 14

67 s. S. 167 f.

Bundesverfassungsgericht insbesondere in der letztgenannten Entscheidung § 77 Abs. 3 BetrVG zur Bestimmung des Schutzbereichs des Art. 9 Abs. 3 GG und dessen Schranken herangezogen hat. Die Abstufung des durch Art. 9 Abs. 3 GG gewährten Schutzes wirke sich auf die Anforderungen aus, die an die Rechtfertigung von Eingriffen in den Schutzbereich zu stellen seien. Bei der vor jedem gesetzgeberischen Eingriff anzustellenden Verhältnismäßigkeitsprüfung komme es daher auf den Gegenstand der gesetzlichen Regelung an. Materien, die aus Sachgründen am besten von den Tarifpartnern geregelt werden könnten, wie z.B. die Festsetzung der Löhne und sonstiger materieller Arbeitsbedingungen - weshalb in § 77 Abs. 3 BetrVG auch auf die Tarifüblichkeit abgestellt werde - seien daher besonders geschützt. Angesichts dieser Ausführungen des Bundesverfassungsgerichts muß ein etwaiger Gesetzgebungsvorbehalt bezüglich der in § 77 Abs. 3 BetrVG genannten und geschützten Aktivitäten der Tarifvertragsparteien (Regelung von Arbeitsentgelten und sonstigen Arbeitsbedingungen) gerade nicht inhaltsgleich und identisch mit der alten Kernbereichslehre sein. Entscheidend gegen die Auffassung *Lieb's* spricht, daß er die in § 77 Abs. 3 BetrVG normierte Nichtigkeitssanktion als ausreichend für den Schutz der Tarifautonomie und der sie ausübenden Koalitionen ansieht, obwohl er kurz zuvor[68] selbst bestätigt, daß in der betrieblichen Praxis nach dem Motto "Wo kein Kläger, da kein Richter" verfahren wird. *Lieb* übersieht oder blendet aus rechtspolitischer Überzeugung bewußt aus, daß von der Verfassung (Art. 19 Abs. 4 oder Art. 2 Abs. 1[69]) ein wirkungsvoller Rechtsschutz gefordert wird, der derzeit - wie bereits dargelegt und anhand der betrieblichen Realitäten ohne weiteres erkennbar - nicht besteht. Daß die von ihm angesprochene Möglichkeit der Individualklage betroffenen Arbeitnehmer keinen wirkungsvollen Rechtsschutz für die Tarifvertragsparteien bietet, ist ebenfalls bereits ausführlich dargelegt worden.[70]

Gegen eine Klagebefugnis der Koalitionen aus eigenem Recht kann auch nicht eingewandt werden, das BetrVG hätte diesen kein generelles Aufsichts- und Kontrollrecht gegenüber den Betriebspartnern oder jedenfalls gegenüber Betriebsvereinbarungen oder Sprüchen der Einigungsstelle zugewiesen.[71] Dieser Einwand ist zwar grundsätzlich berechtigt, weil ein solches allgemeines Aufsichtsrecht in der Tat nicht besteht. Er geht jedoch für die hier zu entscheidende Frage fehl, da das den Koalitionen zugesprochene und die Antragsbefugnis im arbeitsgerichtlichen Beschlußverfahren begründende subjektive Recht

---

[68] Lieb, FS Kraft, S. 344

[69] s. S. 168 f.

[70] s. S. 174 ff.

[71] So aber BAG vom 18.8.1987, s. Fn 3; BAG vom 23.2.1988, s. Fn 4

sich von vornherein auf die Fälle tarifvorbehaltswidriger Betriebsvereinbarungen oder Einigungsstellensprüche beschränkt, worauf *Grunsky*[72], *Weyand*[73] und *Däubler*[74] zu Recht hinweisen. Sonstige Mängel einer Betriebsvereinbarung oder eines Spruchs der Einigungsstelle geben den Koalitionen kein Klagerecht. Auch die betriebsverfassungsrechtliche Mitbestimmung wird nicht kontrolliert. Existiert z.B. ein Streit darüber, ob ein Mitbestimmungsrecht des Betriebsrats besteht, fehlt den Koalitionen auch nach der hier vertretenen Auffassung die Antragsbefugnis.

Das BAG begründet seine Auffassung auch damit, daß für den Fall des Abschlusses eines tarifwidrigen Arbeitsvertrages die Tarifvertragsparteien unstreitig nicht aus eigenem Recht die Tarifvertragswidrigkeit des einzelnen Arbeitsvertrages geltend machen können. Für tarifvorbehaltswidrige Betriebsvereinbarungen könne wegen der gleichen Interessenlage - Einhaltung der Tarifverträge - nichts anderes gelten.[75] Dieser Einwand ist daraufhin zu prüfen, ob die Situation bei tarifvorbehaltswidrigen Betriebsvereinbarungen und bei tarifvertragswidrigen Einzelarbeitsverträgen - wie vom BAG behauptet - identisch ist oder Differenzierungen geboten erscheinen. *Weyand*[76] begründet eine differenzierte Betrachtungsweise damit, daß der Gesetzgeber den Tarifvorrang gegenüber Betriebsvereinbarungen ausdrücklich in § 77 Abs. 3 BetrVG normiert habe, während eine solche gesetzliche Absicherung für tarifvertragswidrige Einzelarbeitsverträge nicht existierten. *Kempen*[77] gibt zu bedenken, daß der Tarifvorrang gegenüber Einzelarbeitsverträgen in § 4 Abs. 3 TVG normiert sein könnte mit der Folge, daß beide Fälle doch gleich gelagert sind. Dies bedarf keiner Entscheidung, weil letztlich, was *Grunsky*[78] zutreffend herausgearbeitet hat, die unterschiedlichen Zielrichtungen des § 77 Abs. 3 BetrVG und § 4 Abs. 3 TVG entscheidend sind. § 77 Abs. 3 BetrVG dient dem Schutz der ausgeübten und aktualisierten Tarifautonomie der Koalitionen[79], während § 4 Abs. 3 TVG den Schutz des einzelnen Arbeitnehmers davor bezweckt, daß er infolge der fehlenden Verhandlungsparität arbeitsvertraglichen Regelungen - wenn auch widerwillig - zustimmt, die ihm durch Tarifvertrag eingeräumten Rechte zu seinem Nachteil beschneiden oder gar ganz aufheben. Die unter-

---

72 DB 1990, 526, 530

73 AuR 1989, 193, 199

74 BB 1990, 2256, 2262

75 BAG vom 23.2.1988, s. Fn 4; zustimmend: Lieb, FS Kraft, S. 351

76 AuR 1989, 193, 199

77 AuR 1989, 261, 263

78 DB 1990, 526, 530

79 s. S. 15 ff.

schiedlichen Schutzzwecke werden daran ersichtlich, daß das Günstigkeitsprinzip nur im Verhältnis zwischen Einzelarbeitsvertrag zu Tarifvertrag gilt (d.h. zu Gunsten des Arbeitnehmers einzelvertragliche Abweichungen vom Tarifvertrag möglich sind) und nicht für das Verhältnis zwischen Betriebsvereinbarung und Tarifvertrag, mithin auch eine den Arbeitnehmer gegenüber dem Tarifvertrag besserstellende Betriebsvereinbarung unwirksam ist.[80] Bezweckt § 4 Abs. 3 TVG den Schutz der tarifgebundenen Arbeitnehmer und nicht der Koalition, ist auch kein Grund ersichtlich, den Koalitionen ein eigenes Klagerecht gegen tarifvertragswidrige Einzelarbeitsverträge einzuräumen. Vielmehr muß der geschützte Arbeitnehmer selber ggf. für die prozessuale Durchsetzung seines Rechts Sorge tragen.

Es soll schließlich nicht unerwähnt bleiben, daß in der Literatur teilweise den Koalitionen eine Klagebefugnis aus eigenem Recht gegenüber tarifvertragswidrigen einzelvertraglichen Vereinbarungen zugestanden wird, wenn sie in größerer Anzahl in Betrieben vorkommen, z.B. durch eine betriebseinheitliche tarifvertragswidrige Gestaltung erfolgt, weil die Eingriffsintensität in die Tarifautonomie mit der tarifvorbehaltswidriger Betriebsvereinbarungen vergleichbar sei.[81] Dem kann jedoch angesichts der unterschiedlichen Erklärungs- und Wirkungsebenen[82] nicht zugestimmt werden. Art. 9 Abs. 3 GG gewährt den Koalitionen ein Klagerecht gegen tarifvorbehaltswidrige Betriebsvereinbarungen, weil diese ebenso wie der Tarifvertrag normativ wirken. Ist der Arbeitgeber bereit, den Arbeitnehmern gegenüber dem Tarifvertrag günstigere Arbeitsbedingungen - wegen § 4 Abs. 3 TVG sind schlechtere nicht möglich - individualvertraglich zu gewähren, wird damit eine gegenüber einer Betriebsvereinbarung andersartige, höhere Bindungswirkung ausgelöst. Im übrigen führt diese Auffassung zu einer nicht zu rechtfertigenden Ausschaltung des § 4 Abs. 3 TVG.

Ergebnis: Den Koalitionen steht gegenüber tarifvorbehaltswidrigen Betriebsvereinbarungen eine Klagemöglichkeit aus eigenem Recht gem. § 1004 i.V.m. § 823 Abs. 1 BGB und Art. 9 Abs. 3 GG zu.[83]

---

[80] s. S. 22 Fn 66

[81] D/K/K - Berg, § 77 Rn 85 a; Tendenz in diese Richtung bei Däubler, BB 1990, 2256, 2262; auch Grunsky, DB 1990, 526, 530 wirft die Frage auf, läßt sie jedoch offen

[82] s. S. 140 f.

[83] Dies ist wohl neuestens auch die Auffassung des 1. Senats des BAG. Am 20.4.1999 - 1 ABR 72/98 - hat er einen Beschluß verkündet, dessen Leitsatz nach einer Pressemitteilung des BAG vom 21.4.1994 wie folgt lautet: „Unterlassungsanspruch von Gewerkschaften gegen tarifwidrige betriebliche Regelungen." Arbeitgeber und Betriebsrat hatten vereinbart, daß anstelle der tariflichen 35-Stunden-Woche eine Arbeitszeit von 39 Stunden gelten sollte, wobei die 36. und 37. Stunde nicht gesondert zu vergüten waren. Im Gegenzug wur-

2. Die Feststellungsklage gemäß § 256 ZPO

Denkbar wäre eine Klage gegen den einzelnen organisierten Arbeitgeber gemäß § 256 ZPO auf Feststellung der Unwirksamkeit einer tarifvorbehaltswidrigen Betriebsvereinbarung.

Das BAG lehnt dies mit der Begründung ab, daß es an dem erforderlichen Feststellungsinteresse der Koalitionen fehle.[84] Die Betriebsvereinbarung bestimme das Rechtsverhältnis zwischen Betriebsrat und Arbeitgeber sowie zwischen Arbeitgeber und den von der Betriebsvereinbarung erfaßten Arbeitnehmern. An diesem Rechtsverhältnis seien die Koalitionen nicht beteiligt. Die Feststellung des Bestehens oder Nichtbestehens des Rechtsverhältnisses zwischen Dritten könnten die Koalitionen deshalb nur dann gemäß § 256 ZPO beantragen, wenn die Frage der Wirksamkeit der Betriebsvereinbarung auch für ihre Rechtsbeziehung zum Betriebsrat, Arbeitgeber oder den Arbeitnehmern von Bedeutung wäre. Dies sei jedoch nicht der Fall, weil das Recht der Koalitionen, Arbeitsbedingungen per Tarifvertrag zu regeln, nicht durch den Abschluß einer tarifvorbehaltswidrigen Betriebsvereinbarung berührt werde.[85]

---

de eine Beschäftigungsgarantie bis Ende 2000 erteilt. Diese Regelung sollte nur nach entsprechender Ergänzung der einzelnen Arbeitsverträge gelten. Die IG Medien hatte beantragt, den Arbeitgeber zu verpflichten, die Anwendung der vom Tarifvertrag abweichenden Regelungen zu unterlassen, mit der Begründung, dieses Vorgehen verletzte sie in ihrer verfassungsrechtlich geschützten Koalitionsfreiheit. Der Arbeitgeber und der Betriebsrat hatten hiergegen u.a. eingewandt, daß die Gewerkschaft generell keine Befugnis habe, die Anwendung von Tarifverträgen gerichtlich durchzusetzen. Dies hat der 1. Senat offenbar anders beurteilt, da es den angefochtenen Beschluß aufgehoben und die Sache an die Vorinstanz zurückverwiesen hat, weil dort die Frage der Tarifbindung des Arbeitgebers zu klären sei. Die entscheidende Aussage des BAG besteht darin, daß ein Eingriff in die Koalitionsfreiheit der Gewerkschaft, gegenüber dem sich diese mit einem Unterlassungsanspruch zur Wehr setzen kann, grundsätzlich auch in einer betrieblichen Regelung bestehen könne. Da im konkreten Fall die Betriebspartner keine Betriebsvereinbarung, sondern eine Regelungsabrede geschlossen hatten, die individualvertraglich umgesetzt worden war, mußte das BAG wegen § 4 Abs. 3 TVG auch einen Günstigkeitsvergleich vornehmen. Ob tatsächlich der "Durchbruch" für eine Klagebefugnis der Koalitionen durch diese Entscheidung erfolgt ist, wird noch eingehend zu untersuchen sein. Zum Zeitpunkt der Fertigstellung der vorliegenden Bearbeitung war das Urteil den Parteien nach schriftlicher Auskunft der Pressestelle des BAG noch nicht zugestellt, so daß es dem Verfasser nicht zur Verfügung gestellt werden könne. Eine eingehende Analyse der Entscheidungsgründe ist jedoch unumgänglich. Bis dahin ist die Klagemöglichkeit der Koalitionen jedoch noch im Konjunktiv zu formulieren.

[84] BAG vom 23.2.1988, s. Fn 4; BAG vom 20.8.1991, s. Fn 7

[85] Zustimmend GK - Kreutz, § 77 Rn 348

Diese Rechtsprechung ist von *Grunsky*[86] heftigst kritisiert worden. Er begründet ein Feststellungsinteresse mit dem Bedürfnis der Koalitionen auf Planungssicherheit für zukünftiges Vorgehen.

Dieser Streit braucht nicht vertieft zu werden. Selbst wenn man eine Feststellungsklage zulassen würde, wäre damit für die Koalitionen kein effektiver Rechtsschutz gegen tarifvorbehaltswidrige Betriebsvereinbarungen verbunden. Dies liegt daran, daß ein Feststellungsurteil nicht vollstreckbar ist. Praktizieren die Betriebspartner trotz eines die Tarifvorbehaltswidrigkeit bestätigenden arbeitsgerichtlichen Feststellungsurteils die Betriebsvereinbarung einvernehmlich weiter, bietet das Feststellungsurteil den Koalitionen hiergegen keine vollstreckbare Handhabe. Die Koalitionen wären demnach auf eine freiwillige Unterwerfung der Betriebspartner angewiesen, was dann schwerlich der Fall sein dürfte, wenn die Betriebspartner die Betriebsvereinbarung für sinnvoll erachten.

3. Klage der Koalitionen als Prozeßstandschafter ihrer Mitglieder

Das BAG verweigert den Koalitionen in ständiger Rechtsprechung, die durch die Tarifverträge begründeten Rechtspositionen ihrer Mitglieder in eigenem Namen gerichtlich geltend zu machen.[87] In der Literatur mehren sich die Stimmen, die eine Klage der Arbeitgeberverbände und Gewerkschaften in gewillkürter Prozeßstandschaft für ihre Mitglieder auf Einhaltung und Erbringung tariflich vorgesehener Leistungen für zulässig und notwendig erachten.[88]

Dabei herrscht über die Voraussetzungen einer gewillkürten Prozeßstandschaft Einigkeit. Sie erfordert, daß der Rechtsinhaber den Prozeßstandschafter zur Führung eines Prozesses im eigenen Namen und auf eigene Kosten ermächtigt und daß der Prozeßstandschafter ein eigenes schutzwürdiges Interesse an der Verfolgung des fremden Rechts hat.[89]

Für die Befürworter einer Klagemöglichkeit liegt die Ermächtigung des Mitglieds konkludent im Verbands- oder Gewerkschaftsbeitritt. Die Beitrittserklärung erstrecke sich auf alle Betätigungsfelder der Koalitionen und umfasse damit nicht nur die außergerichtliche Interessenwahrung, sondern auch die gerichtliche Geltendmachung von Ansprüchen. Es wird insoweit auf ein Urteil des

---

[86] DB 1990, 526, 531 f.

[87] BAG vom 21.12.1982 - 1 AZR 411/80 - AP Nr. 76 zu Art. 9 GG Arbeitskampf; BAG vom 12.9.1984 - 1 AZR 342/83 - AP Nr. 81 zu Art. 9 GG Arbeitskampf

[88] Däubler, BB 1990, 2256, 2258 f.; Gamillscheg, AuR 1996, 354, 356; Kempen/Zachert, TVG § 4 Rn 101 ff.; für die a.A. beispielhaft: Lieb, FS Kraft, S. 344

[89] So die ständige Rechtsprechung des BGH, siehe nur BGH vom 24.10.1985 - VII ZR 337/84 - BGHZ 96, 151, 152 f.

BGH verwiesen, wonach der Deutsche Anwaltsverein auch ohne ausdrückliche Satzungsbestimmung berechtigt ist, Unterlassungsansprüche seiner Mitglieder gegen Personen geltend zu machen, die gegen das Rechtsberatungsgesetz verstoßen. In Ermangelung einer Satzungsbestimmung sah der BGH die erforderliche Ermächtigung durch die Mitglieder konkludent in deren Vereinsbeitritt.[90] Das neben der Ermächtigung notwendige eigene schutzwürdige Interesse der Koalition soll in der Beachtung und Durchsetzung der von ihnen - möglicherweise erst nach langem und zähem Kampf - abgeschlossenen Tarifverträge und der Aufrechterhaltung ihrer Attraktivität liegen.

Diese Auffassung erscheint auf den ersten Blick plausibel, wirft jedoch bei näherer Betrachtung einige Probleme auf:

Auch durch eine Klage der Gewerkschaft kann ein Arbeitnehmer genau in die oben ausführlich dargelegte, ihn subjektiv belastende Situation geraten, sich der Gefahr ausgesetzt zu sehen, als Nestbeschmutzer zu gelten, zum Außenseiter im Betrieb zu werden und sich die eigenen beruflichen Aufstiegsmöglichkeiten zu versperren. Nicht ohne Grund klagen die meisten Arbeitnehmer erst nach Beendigung des Arbeitsverhältnisses. Wenn möglicherweise nicht schon - wie üblich - während des Klageverfahrens[91] dann aber spätestens bei der Zwangsvollstreckung eines für die Arbeitnehmer günstigen Leistungsurteils muß deren Identität aufgedeckt werden. Die Anhänger der gewillkürten Prozeßstandschaft sehen dieses Dilemma und sprechen unisono davon, daß die Arbeitnehmer nicht gegen ihren Willen in eine solche sie belastende Lage kommen dürfen. So hält beispielsweise *Gamillscheg*[92] die Zustimmung des Arbeitnehmers für unerläßlich. Bei der Entscheidung, ob er diese Zustimmung erteilt, wird der Arbeitnehmer sich jedoch den gleichen psychologischen Hindernissen gegenüber sehen, wie bei einer Entscheidung auf Erhebung einer Individualklage während des bestehenden Arbeitsverhältnisses. Die Klagebereitschaft wird aus den genannten Gründen zurückhaltend sein, was wiederum der Effektivität des Rechtsschutzes für die Koalitionen schadet. Ein allzu forsches Insistieren der Gewerkschaft auf ihre Mitglieder könnte diese vielleicht sogar eher zum Gewerkschaftsaustritt veranlassen, als sich der von ihnen befürchteten Gefahren auszusetzen. Im Beitritt zur Gewerkschaft wird man jedenfalls keine konkludente Einwilligung der Mitglieder auf Führung eines Prozesses auf individualvertraglicher Basis gegen den Arbeitgeber sehen können.

---

[90] BGH vom 9.5.1967 - I b ZR 59/65 - BGHZ 48, 12, 16

[91] Däubler, AuR 1995, 305, 310, ist der Auffassung, die Rechtsprechung, die einer die Betriebsratswahl betreibenden Gewerkschaft die Möglichkeit eröffnet, die Namen ihrer im Betrieb beschäftigen Mitarbeiter geheimzuhalten (s. hierzu BAG vom 25.3.1992 - 7 ABR 65/90 - NJW 1993, 612), sei auf die vorliegende Fallkonstellation entsprechend anwendbar

[92] AuR 1996, 354, 356

Das bisher Gesagte gilt besonders dort, wo die Betriebsvereinbarung für den Arbeitnehmer gegenüber der tariflichen Regelung tatsächlich oder nur subjektiv empfunden günstigere Regelungen vorsieht. Warum sollte der Arbeitnehmer der Gewerkschaft dann die Zustimmung für eine Klage erteilen? Für die in einem solchen Fall klagebereite Gewerkschaft eine fatale Situation, will sie nicht ihre Mitglieder vergraulen.

Auch für die Koalitionen wäre ein derartiges Klagerecht nicht nur mit Vorteilen verbunden. Der Erwartungsdruck der Mitglieder könnte ihr organisatorisch-finanzielles Leistungsvermögen übersteigen. Sie müßten ggf. die Anfragen selektieren und vorab bewerten. Weisen sie Begehren wegen offensichtlicher Erfolgslosigkeit zurück, wird dies den Unmut ihrer Mitglieder hervorrufen und kann sie sogar bloßstellen, falls das Mitglied sich entscheidet, den Prozeß selbst zu führen und dann auch noch gewinnen sollte. *Gamillscheg*[93] berichtet, daß in den USA die Gewerkschaften deshalb häufig aussichtslose Verfahren anstrengen und sogar von ihren Mitgliedern auf Schadensersatz verklagt werden, wobei das Verfahren vergleichbar mit dem eines Anwaltsregreßprozesses ist.

Nach alledem bleibt die Erkenntnis, daß die Klagemöglichkeit der Koalitionen in Prozeßstandschaft für ihre Mitglieder allenfalls dort in Betracht kommt, wo das Mitglied ausdrücklich zuvor seine Einwilligung erklärt hat. Wegen dieser Einschränkung bietet die Klage in Prozeßstandschaft den Koalitionen keinen wirksamen und effektiven Rechtsschutz vor tarifvorbehaltswidrigen Betriebsvereinbarungen. Schließlich ist zu berücksichtigen, daß ein Urteil auch keine Rechtskraft für die Betriebspartner hätte.

IV. Ergebnis

Den Koalitionen ist zuzugestehen, daß sie aus eigenem Recht gemäß § 1004 BGB i.V.m. § 823 Abs. 1 BGB und Art. 9 Abs. 3 GG im Wege des arbeitsgerichtlichen Beschlußverfahrens gegen Betriebsvereinbarungen einschreiten können, die gegen § 77 Abs. 3 BetrVG verstoßen. Das BAG mag daher bald der kürzlich vom LAG Niedersachsen[94] ausgesprochenen Aufforderung folgen und seine Rechtsauffassung überdenken.

---

[93] AuR 1996, 354, 357

[94] LAG Niedersachsen vom 28.5.1998 - 1 TaBV 41/97 - BB 1998, 1535

C. Klagemöglichkeit der Tarifvertragsparteien bei Firmentarifverträgen

Die vorhergehenden Ausführungen bezogen sich ausschließlich auf den in der Praxis häufigsten Fall des Verbandstarifvertrages. Für die in Deutschland bedeutend seltener anzutreffenden Firmentarifverträge ist die Rechtslage unproblematisch und unstreitig. Wie jede Partei eines schuldrechtlichen Vertrages sind die Parteien eines Tarifvertrages gegenseitig verpflichtet, den abgeschlossenen Vertrag zu erfüllen. Beim Firmentarifvertrag ist somit der Arbeitgeber der Gewerkschaft gegenüber unmittelbar verpflichtet, die Tarifnorm einzuhalten. Verstößt der Arbeitgeber gegen den Tarifvertrag, z.B. durch Abschluß einer dem Inhalt des Tarifvertrages widersprechenden Betriebsvereinbarung, so kann die Gewerkschaft als Vertragspartei des Firmentarifvertrages den Arbeitgeber direkt auf Erfüllung des Tarifvertrages gegenüber den Arbeitnehmern verklagen.[95]

[95] BAG vom 14.6.1995 - 4 AZR 915/93 - AP Nr. 4 zu § 1 TVG Durchführungspflicht; Däubler, AuR 1995, 305, 308; Löwisch/Rieble, TVG § 1 Rn 283; Kempen/Zachert, TVG § 4 Rn 100

§ 8 Schlußbetrachtung

Zunächst werden die Ergebnisse der Rechtsprechungsanalyse kurz zusammengefaßt und im Klammerzusatz die hier vertretene Auffassung wiedergegeben, soweit sie von der Rechtsprechung abweicht:

- § 77 Abs. 3 BetrVG dient dem Schutz und der Sicherung der „ausgeübten und aktualisierten Tarifautonomie“ (gleichzeitig auch der Erhaltung und Stärkung der Funktionsfähigkeit der Koalitionen).

- Die Sperrwirkung des § 77 Abs. 3 BetrVG erstreckt sich auf tarifliche Inhaltsnormen (erstreckt sich auf alle Arbeitsbedingungen).

- Eine tarifliche Regelung von Arbeitsbedingungen besteht, wenn der Betrieb bzw. die dort beschäftigen Arbeitnehmer unter den räumlichen, betrieblichen, fachlichen und persönlichen Geltungsbereich eines sich gegenwärtig in Kraft befindlichen Tarifvertrags fallen, wobei eine Tarifgebundenheit des Arbeitgebers oder der/des Arbeitnehmer(s) nicht erforderlich und ein Firmentarifvertrag ausreichend ist. Im Nachwirkungszeitraum kann ein Tarifvertrag jederzeit auch durch eine Betriebsvereinbarung verdrängt werden.

- Tarifüblichkeit setzt voraus, daß überhaupt für den räumlichen, betrieblichen und fachlichen Tätigkeitsbereich des jeweiligen Betriebs Tarifverträge über die betreffenden Angelegenheiten abgeschlossen zu werden pflegen. Eines Entstehungszeitraums bedarf es nicht. Es gibt keine festen zeitlichen Grenzen für den Wegfall der Tarifüblichkeit. Weder Arbeitgeber noch Arbeitnehmer müssen tarifgebunden sein.

- Individualautonome Regelungen werden von der Sperrwirkung des § 77 Abs. 3 BetrVG nicht erfaßt.

- Zur Frage, ob sich § 77 Abs. 3 BetrVG auch auf Regelungsabreden erstreckt, hat die Rechtsprechung sich noch nicht abschließend geäußert (die Frage ist zu bejahen). Gleiches gilt für die Problematik der tarifübernehmenden Betriebsvereinbarung (diese sind nicht zulässig).

- § 77 Abs. 3 BetrVG gilt nicht für die mitbestimmungspflichtigen Angelegenheiten des § 87 Abs. 1 BetrVG, sondern er wird insoweit von § 87 Abs. 1 Einleitungssatz BetrVG verdrängt, sog. Vorrangtheorie (die besseren Argumente sprechen für die Zweischranken-Theorie), mit folgenden weiteren Konsequenzen:

-- § 77 Abs. 3 BetrVG gilt nicht bei übertariflichen Entgeltleistungen, sofern der Arbeitgeber die Gewährung von der Erfüllung gewisser Kriterien abhängig macht.

-- In nicht (mehr) tarifgebundenen Betrieben können die Betriebspartner per Betriebsvereinbarung alle mitbestimmungspflichtigen Angelegenheiten regeln, insbesondere auch Fragen des Arbeitsentgelts und der Arbeitszeit. Für sie besteht die Möglichkeit, auch untertarifliche Leistungen zu beschließen.

-- Für die sog. teilmitbestimmten Betriebsvereinbarungen zeigt die Rechtsprechung ein uneinheitliches Bild. In einigen Fällen wurde die Vorrangtheorie angewandt, in anderen wiederum nicht.

- Eine grundsätzlich wegen Verstoßes gegen den Tarifvorbehalt nichtige Betriebsvereinbarung kann bei Vorliegen besonderer Umstände in eine vertragliche Einheitsregelung analog § 140 BGB umgedeutet werden (nach Auffassung des Verfassers ist eine tarifvorbehaltswidrige Betriebsvereinbarung unheilbar nichtig).

- Die Koalitionen können nicht im Wege des arbeitsgerichtlichen Beschlußverfahrens aus eigenem Recht gegen tarifvorbehaltswidrige Betriebsvereinbarungen einschreiten (die Koalitionen können nach der hier vertretenen Auffassung gemäß § 1004 BGB i.V.m. § 823 Abs. 1 BGB und Art. 9 Abs. 3 GG aus eigenem Recht klagen).

Eine Gesamtschau der zusammengefaßt wiedergegebenen Ergebnisse zwingt zu der Feststellung, daß § 77 Abs. 3 BetrVG in der Auslegung, die er durch die Rechtsprechung erfahren hat, für die betriebliche Praxis nahezu bedeutungslos ist.

Die hierfür wesentlichste Weichenstellung erfolgte durch den Beschluß vom 24.2.1987,[1] indem sich das BAG für die Vorrangtheorie entschieden hat. Zuvor hatte es bereits am 17.12.1985[2] ausgesprochen, daß § 87 Abs. 1 Einleitungssatz BetrVG nur dann eingreift, wenn die tarifliche Regelung die mitbe-

---

1 - 1 ABR 18/95 - AP Nr. 21 zu § 77 BetrVG 1972

2 - 1 ABR 6/84 - AP Nr. 5 zu § 87 BetrVG 1972 Tarifvorrang

stimmungspflichtige Angelegenheit selbst abschließend und zwingend regelt. Das BAG bezweckte damit eine größtmögliche Ausdehnung des Anwendungsbereichs des § 87 Abs. 1 BetrVG. Die Kumulation beider Entscheidungen führt - wie die Analyse der Rechtsprechung gezeigt hat - zu einer ganz wesentlichen Einschränkung des in § 77 Abs. 3 BetrVG normierten Tarifvorbehalts.

Unterstützt wird die Ignoranz der betrieblichen Praxis gegenüber § 77 Abs. 3 BetrVG dadurch, daß die Rechtsprechung den Koalitionen, insbesondere den Gewerkschaften, keine Möglichkeit zur Unterlassungsklage gegen tarifvorbehaltswidrige Betriebsvereinbarungen aus eigenem Recht zugesteht. Daher gilt das Motto: Wo kein Kläger, da kein Richter. In diesem Zusammenhang kann man nur der Hoffnung Ausdruck verleihen, daß die Rechtsprechung nicht aus der Befürchtung resultiert, sich ansonsten einer wahren Prozeßflut ausgesetzt zu sehen, die angesichts der ohnehin bestehenden chronischen Arbeitsüberlastung nicht mehr zu bewältigen wäre.

Hromadka [3] unterstellt dem BAG, daß es mit seiner Umdeutungsrechtsprechung erzieherisch auf die Betriebspartner einwirken will. Diese Einschätzung kann der Verfasser nicht teilen. Eine erzieherische Wirkung auf die Betriebsräte ist bereits dadurch ausgeschlossen, daß sich deren Rechtsposition durch eine Umdeutung nicht verschlechtern kann. Auch den Arbeitnehmern kann sie höchstens zum Vorteil gereichen, haben sie dann doch sogar einen individualvertraglichen Anspruch auf Leistungsgewährung. Wegen der stärkeren Bindungswirkung könnte die Rechtsprechung daher allenfalls für die Arbeitgeber abschreckend wirken. Das wird jedoch angesichts der strengen Voraussetzungen, die die Rechtsprechung für eine Umdeutung einer nichtigen Betriebsvereinbarung in eine vertragliche Einheitsregelung aufgestellt hat, nicht der Fall sein. Das BAG verlangt nämlich einen besonderen Verpflichtungswillen des Arbeitgebers, der über die Erklärung hinausgeht, eine Betriebsvereinbarung hinsichtlich der darin geregelten Gegenstände abschließen zu wollen. Da der Arbeitgeber sich dann jedoch auf jeden Fall gegenüber den Arbeitnehmern hat verpflichten wollen, wird er die Umdeutung der nichtigen Betriebsvereinbarung in eine vertragliche Einheitsregelung kaum als Strafe oder Lehre für die Zukunft empfinden.

Sollte sich beim BAG die Auffassung durchsetzen, die unter Bezugnahme auf die Vorrangtheorie bereits derzeit § 77 Abs. 3 BetrVG nicht auf die sog. teilmitbestimmten Betriebsvereinbarungen anwendet, wäre dies der letzte und entscheidende Sargnagel für diese Norm. Sie liefe z.B. für das in ihr eigens hervorgehobene Arbeitsentgelt völlig leer. Dies ist momentan zumindest partiell bereits der Fall, weil einige Senate derart entscheiden.

---

[3] FS Schaub, S. 337

P. Hanau [4] hat zu Recht gemahnt, daß es nur ein kleiner Schritt sei von der Auslegung zur Auslöschung der Norm. Die Rechtsprechung hat diesen Schritt bereits vollzogen. Seinen Zweck, nämlich den Schutz der verfassungsrechtlich gewährleisteten Tarifautonomie, kann § 77 Abs. 3 BetrVG in der Ausprägung, die er durch die Rechtsprechung erfahren hat, nicht erfüllen. Korrekturen sind dringend geboten.

Dabei geht es dem Verfasser nicht um die Frage, ob § 77 Abs. 3 BetrVG angesichts sich wandelnder wirtschaftlicher Rahmenbedingungen noch zeitgemäß ist. Dies war nicht das Anliegen der vorliegenden Untersuchung. Es gibt es eine Vielzahl von Reformvorschlägen, die in einer noch größeren Anzahl von Veröffentlichungen vorgestellt worden sind. Zur Reform des Flächentarifvertrages sei beispielhaft die Korridorlösung (Lohntarifverträgen beschränken sich auf Bandbreiten, wobei die endgültige Lohnhöhe durch eine Betriebsvereinbarung festgesetzt wird), die Optionslösung (der Tarifvertrag legt nur einen oberen Grenzwert fest, der im Austausch für eine Beschäftigungssicherung oder für eine flexiblere Arbeitszeit gesenkt werden kann) sowie die Ausnahmeklausel (der Tarifvertrag kann für eine konkret festzustellende Notsituation eine Abweichung durch eine Betriebsvereinbarung zulassen) genannt.[5] Den genannten Modellen ist gemeinsam, daß sie durch die Tarifpartner ohne Änderung des Gesetzes umgesetzt werden könnten.

Es mag durchaus auch eine Reihe guter Gründe für eine Änderung des § 77 Abs. 3 BetrVG geben. Tatsache ist jedoch, daß der Gesetzgeber hierfür zuständig wäre und dieser bislang keinerlei Aktivitäten in dieser Richtung entfaltet. Dann ist es aber die Aufgabe der Rechtsprechung, den gesetzgeberischen Willen, mag er ihr auch antiquiert erscheinen, zu respektieren. *Kissel* [6] hat dies in nicht zu überbietender Eindringlichkeit und Klarheit auf den Punkt gebracht:

„Wenn sie aber fragen, ob die in der Praxis zum Ausdruck kommende Tendenz einer Verlagerung vom Tarifvertrag zur Betriebsvereinbarung von der Rechtsprechung akzeptiert werden wird, eben weil es doch in der Praxis recht gut läuft und dem aktuell politischen Trend zu entsprechen scheint, dann kommt allerdings ein deutliches NEIN! Die Rechtsprechung hat das geltende Gesetz anzuwenden, das eben mit allem Nachdruck den Tarifvorrang betont. Wenn es anders sein soll, dann muß der Gesetzgeber das Gesetz ändern oder die Tarif-

---

[4] FS Zeuner, S. 53 ff.

[5] s. z.B. die Übersicht bei Richardi, § 77 Rn 282

[6] NZA 1985, 73, 78

vertragsparteien müssen entsprechende Öffnungsklauseln deutlich und eindeutig vereinbaren."

Kissel war zum Zeitpunkt seiner Äußerung immerhin Präsident des BAG. Umso mehr überrascht, daß die Rechtsprechung schon kurze Zeit später von seiner richtigen Direktive abgewichen ist und dies im weiteren Verlauf zunehmend getan hat, was durch die hier vorgenommene Untersuchung hinreichend belegt ist.

Es geht dem Verfasser auch nicht um besser oder schlechter, richtig oder falsch. Es geht vielmehr darum, daß die Rechtsprechung den unverändert geltenden Tarifvorbehalt des § 77 Abs. 3 BetrVG solange zu respektieren hat, wie der Gesetzgeber keine Neuregelung vornimmt, und nicht ihre für richtig erachteten gesellschafts-, wirtschafts- und arbeitsmarktpolitischen Überzeugungen über den gesetzgeberischen Willen stellen kann. Auch für die zugegebenermaßen in vielen Fällen segensreiche richterliche Rechtsfortbildung gibt es Grenzen, die in bezug auf § 77 Abs. 3 BetrVG überschritten sind. Es ist daher für die Rechtsprechung an der Zeit, Richtungskorrekturen vorzunehmen. Dies kann auch auf Basis der von ihr vertretenen Vorrangtheorie geschehen, wobei deren Aufgabe sicherlich zur Erreichung des von der Norm verfolgten Zwecks am sinnvollsten und wünschenswertesten wäre, derzeit allerdings ausgeschlossen scheint. Als wesentliche Aspekte sind insoweit zu nennen:

- Keine Anwendung der Vorrangtheorie auf teilmitbestimmte Betriebsvereinbarungen.

  Insoweit gibt es noch keine einheitliche Rechtsprechung der Senate des BAG, so daß ein Gesichtsverlust nicht zu befürchten wäre.

- Anerkennung einer Klagemöglichkeit der Koalitionen aus eigenem Recht gegen tarifvorbehaltswidrige Betriebsvereinbarungen.[7]

  Insoweit gibt die Aufgabe der „Kernbereichs"-Lehre durch das Bundesverfassungsgericht Anlaß zur Neubewertung.

Der Verfasser schließt in der Erkenntnis, daß § 77 Abs. 3 BetrVG derzeit für die Praxis keine seinem Zweck entsprechende Bedeutung hat, vielmehr tatsächlich nur noch ein "law in the book" ist, und in der Hoffnung, daß das BAG

---

[7] Möglicherweise hat der 1. Senat am 20.4.1999 einen dahingehenden Schritt vollzogen. S. hierzu S. 184 Fn 83

den Mut und die Kraft haben möge, seine Rechtsfortbildung zu korrigieren, um seinem eigentlichen Auftrag nachzukommen, nämlich den gesetzgeberischen Willen umzusetzen.

Auffarth, Fritz
Das neue Betriebsverfassungsgesetz
in: AuR 1972, S. 33 ff.

Barwasser, Franz H.
Zur Zulässigkeit von Betriebsvereinbarungen über materielle Arbeitsbedingungen in nichttarifgebundenen Betrieben, insbes. in Mischbetrieben
in: DB 1975, S. 2275 ff.

Bauer, Jobst-Hubertus / Diller, Martin
Flucht aus Tarifverträgen
in: DB 1993, S. 1085 ff.

Belling, Detlev W. / Hartmann, Christian
Die Rechtswirkungen einer gegen § 77 III BetrVG verstoßenden Betriebsvereinbarung
in: NZA 1998, S. 673 ff.

Bender, Reinhard
Arbeitszeitflexibilisierung durch Tarifvertrag und Betriebsvereinbarung auf der Grundlage eines entschärften Tarifvorranges
in: BB 1987, S. 1117 ff.

Beuthien, Volker
Tariföffnungsklauseln zwecks Arbeitsplatzsicherung
in: BB 1983, S. 1992 ff.

Bichler, Hubert
Nochmals: Zur Zulässigkeit von Betriebsvereinbarungen über Arbeitsbedingungen für AT-Angestellte
in: DB 1979, S. 1939 ff.

Biedenkopf, Kurt H.
Grenzen der Tarifautonomie
Karlsruhe 1964

Birk, Rolf
- Anmerkung zu BAG (v. 14.11.1974)
EzA § 87 BetrVG 1972 Initiativrecht Nr. 2

- Innerbetriebliche Absprachen - Typen und Rechtswirkungen
in: ZfA 1986, S. 73 ff.

Bitter, Walter
Betriebsvereinbarungen im AT-Bereich in der Praxis
in: DB 1979, S. 695 ff.

Blomeyer, Wolfgang
- Die Entwicklung des arbeitsrechtlichen Schrifttums im Jahre 1974
in: ZfA 1975, S. 243 ff.

- Das Günstigkeitsprinzip in der Betriebsverfassung
in: NZA 1996, S. 337 ff.

Bobrowski, Paul / Gaul, Dieter
Das Arbeitsrecht im Betrieb; von der Einstellung bis zur Entlassung
7. Auflage, Darmstadt 1979

Boewer, Dietrich
Das Initiativrecht des Betriebsrates in sozialen Angelegenheiten
in: DB 1973, S. 522 ff.

Bolten, Dieter
Ist die Abschlußprovision ein leistungsbezogenes Entgelt i.S. des § 87 Abs. 1 Nr. 11 BetrVG?
in: DB 1977, S. 1650 ff.

Braun, Wilfried
Verbandstarifliche Normen in Firmentarifverträgen und Betriebsvereinbarungen
in: BB 1986, S. 1428 ff.

Brecht, Hans-Theo
Kommentar zum Betriebsverfassungsgesetz nebst Wahlordnung
Herne • Berlin 1972

Buchner, Herbert
- Die Reichweite der Regelungssperre aus § 77 Abs. 3 Satz 1 BetrVG
  in: DB 1997, S. 573 ff.

- Die Umsetzung der Tarifverträge im Betrieb
  in: RdA 1990, S. 1 ff.

- Das Zusammenwirken von Gewerkschaft und Betriebsrat nach dem neuen Betriebsverfassungsgesetz
  in: DB 1972, S. 1236 ff.

Bydlinski, Franz
Juristische Methodenlehre und Rechtsbegriff
Wien • New York 1982

Conze, Peter
Zur Zulässigkeit von Betriebsvereinbarungen für AT-Angestellte über materielle Arbeitsbedingungen
in: DB 1978, S. 490 ff.

Däubler, Wolfgang
- Gewerkschaftsrechtliches Klagerecht gegen tarifwidrige Betriebsvereinbarungen?
  in: BB 1990, S. 2256 ff.

- Kollektive Durchsetzung individueller Rechte
  in: AuR 1995, S. 305 ff.

- Gewerkschaftsrechte im Betrieb
  8. Auflage, Neuwied • Berlin • Kriftel 1994

- Tarifvertragsrecht
  3. Auflage, Baden-Baden 1993

Däubler, Wolfgang / Kittner, Michael / Klebe, Thomas (Hrsg.)
Betriebsverfassungsgesetz
6. Auflage, Frankfurt a.M. 1998
zitiert: D/K/K-Bearbeiter

Dietrich, Thomas / Hanau, Peter / Schaub, Günter (Hrsg.)
Erfurter Kommentar zum Arbeitsrecht
München 1998
zitiert: ErfK-Bearbeiter

Dietz, Rolf
Das Monopol der Sozialpartner und die Betriebsvereinbarung
in: RdA 1955, S. 241 ff.

Dolzer, Rudolf / Vogel, Klaus (Hrsg.)
Bonner Kommentar zum Grundgesetz
Stand: 88. Lieferung / Februar 1999, Heidelberg

Dütz, Wilhelm
Zwangsschlichtung im Betrieb
Kompetenz und Funktion der Einigungsstelle nach dem BetrVG 1972
in: DB 1972, S. 383 ff.

Ehmann, Horst / Lambrich, Thomas
Vorrang der Betriebs- vor der Tarifautonomie kraft des Subsidiaritätsprinzips?
in: NZA 1996, S. 346 ff.

Ehmann, Horst / Schmidt, Thomas Benedikt
Betriebsvereinbarungen und Tarifverträge
in: NZA 1995, S. 193 ff.

Eich, Rolf-Achim
Kürzung übertariflicher Einkommensbestandteile und Mitbestimmungsrechte des Betriebsrates
in: DB 1980, S. 1340 ff.

Eickelberg, Martin
Probleme der Betriebsvereinbarung über Arbeitsentgelte und sonstige Arbeitsbedingungen nach dem Betriebsverfassungsgesetz 1972
Diss.; Bochum 1973
zitiert: Probleme der Betriebsvereinbarung

Erdmann, Ernst-Gerhard / Jürging, Claus / Kammann, Karl-Udo
Betriebsverfassungsgesetz
Neuwied • Berlin 1972

Erman, Walter (Hrsg.)
Handkommentar zum Bürgerlichen Gesetzbuch
1. Band
9. Auflage, Münster 1993
zitiert: Erman-Bearbeiter

Fabricius, Fritz
- Anmerkung zu BAG (v. 8.12.1970)
AP Nr. 28 zu § 59 BetrVG 1952

- Rezension zu Fitting-Auffarth, BetrVG, 10. Auflage 1972
in: RdA 1973, S. 125 f.

Fabricius, Fritz / Kraft, Alfons / Wiese, Günther / Kreutz, Peter / Oetker, Hartmut
Betriebsverfassungsgesetz Gemeinschaftskommentar
Band I (§§ 1-73), Band II (§§ 74-132)
6. Auflage, Neuwied • Kriftel 1998
zitiert: GK-Bearbeiter

Farthmann, Friedhelm
- Die Beschränkung der Mitbestimmung nach § 56 BetrVG auf die sog. formellen Arbeitsbedingungen
in: RdA 1966, S. 249 ff.

- Die Mitbestimmung des Betriebsrates bei der Regelung der Arbeitszeit
in: RdA 1974, S. 65 ff.

Feudner, Bernd W.
- Betriebsautonomie versus Tarifautonomie
in: DB 1993, S. 2231 ff.

- Die Durchsetzung von Tarifverträgen
in: DB 1991, S. 1118 ff.

Fischer, Christian
- Die tarifwidrigen Betriebsvereinbarungen
München 1998

- Anmerkung zu BAG (v. 24.1.1996)
EzA § 77 BetrVG 1972 Nr. 55

Fitting, Karl / Kaiser, Heinrich / Heither, Friedrich / Engels, Gerd
Betriebsverfassungsgesetz
19. Auflage, München 1998
zitiert: F/K/H/E

Frauenkron, Karl-Peter
Betriebsverfassungsgesetz mit Wahlordnung
Stuttgart • Berlin • Köln • Mainz 1972

Friesen, Juliane v.
- Die Rechtsstellung des Betriebsrates gegenüber nichtleitenden AT-Angestellten
in: DB 1980, Beilage Nr. 1

- Mitbestimmung bei der Einführung und Ausgestaltung eines Prämiensystems im zentralen Schreibdienst
in: DB 1983, S. 1871 ff.

Galperin, Hans / Löwisch, Manfred
Kommentar zum Betriebsverfassungsgesetz
Band I (§§ 1-73 und Wahlordnung); Band II (§§ 74-132)
6. Auflage, Heidelberg 1982

Gamillscheg, Franz
Durchsetzungsschwächen des Tarifvertrages
in: AuR 1996, S. 354 ff.

Gast, Wolfgang
- Anmerkung zu BAG (v. 24.2.1987)
in: DB 1987, S. 1249 ff.

- Tarifautonomie und die Normsetzung durch Betriebsvereinbarung
Heidelberg, 1981

Gaul, Dieter
Anmerkung zu BAG (v. 3.12.1991)
EzA § 87 BetrVG 1972 Betriebliche Lohngestaltung Nr. 30

Germelmann, Claas-Hinrich / Matthes, Hans-Christoph / Prütting, Hanns
Arbeitsgerichtsgesetz
2. Auflage, München 1995

Gester, Heinz / Isenhardt, Udo
Das Initiativrecht des Betriebsrates zur Regelung materieller Lohnbedingungen
in: RdA 1974, S. 80 ff.

Gnade, Albert / Kehrmann, Karl / Schneider, Wolfgang / Blanke, Herrmann / Klebe, Thomas
Betriebsverfassungsgesetz
6. Auflage, Köln 1995

Grunsky, Wolfgang
Antragsbefugnis der Gewerkschaft zur Feststellung der Tarifvertragswidrigkeit einer Betriebsvereinbarung
in: DB 1990, S. 526 ff.

Hablitzel, Hans
Zur Zulässigkeit von Betriebsvereinbarungen bei bestehender Tarifüblichkeit
in: DB 1971, S. 2158 ff.

Hanau, Hans
Die lediglich relationale Wirkung des § 87 Abs. 1 Nr. 10 BetrVG
in: RdA 1998, S. 353 ff.

Hanau, Peter
- Aktuelle Probleme der Mitbestimmung über das Arbeitsentgelt gemäß § 87 Abs. 1 Nr. 10 BetrVG
  in: BB 1977, S. 350 ff.

- Allgemeine Grundsätze der betrieblichen Mitbestimmung
  in: RdA 1973, S. 281 ff.

- Betriebsvereinbarung - Regelungsabrede als Instrument zur Gestaltung der Arbeitsbedingungen
in: Düwell, Franz Josef / Hanau, Peter / Molkenbur, Josef / Schliemann, Harald
Betriebsvereinbarung, Münster 1995
zitiert: Betriebsvereinbarung

- Das neue Betriebsverfassungsgesetz
in: ZfA 1972, Sonderheft, S. 71 ff.

- Der Tarifvertrag in der Krise
RdA 1998, S. 65 ff.

- Die Deregulierung von Tarifverträgen durch Betriebsvereinbarungen als Problem der Koalitionsfreiheit (Art. 9 Abs. 3 GG)
in: RdA 1995, S. 1 ff.

- Die Entwicklung der Betriebsverfassung
in: NZA 1993, S. 817 ff.

- Diskussionsbeitrag zum Thema „Betriebsverfassung und Tarifvertrag"
in: RdA 1994, S. 172 ff.

- Methoden der Auslegung des Betriebsverfassungsgesetzes
in: FS Zeuner, Tübingen 1994, S. 53 ff.

- Praktische Fragen der Mitbestimmung in sozialen Angelegenheiten
in: BB 1972, S. 499 ff.

- Probleme der Ausübung des Mitbestimmungsrechtes des Betriebsrates
in: NZA 1985 Beilage Nr. 2, S. 3 ff.

- Rechtswirkungen der Betriebsvereinbarung
in: RdA 1989, S. 207 ff.

- Repräsentation des Arbeitgebers und der leitenden Angestellten durch den Betriebsrat
in: RdA 1979, S. 324 ff.

Haug, Ulrich
Tarifvorrang und innerbetriebliche Regelungsmechanismen
in: BB 1986, S. 1921 ff.

Heinze, Meinhard
- Betriebsvereinbarung versus Tarifvertrag
in: NZA 1989, S. 41 ff.

- Kollektive Arbeitsbedingungen im Spannungsfeld zwischen Tarif- und Betriebsautonomie
in: NZA 1995, S. 5 ff.

- Regelungsabrede, Betriebsvereinbarung und Spruch der Einigungsstelle
in: NZA 1994, S. 580 ff.

Henkel, Hardo / Hagemeier, Christian
Mitwirkungs- und Mitbestimmungsrechte des Betriebsrates in Angelegenheiten der außertariflichen Angestellten
in: BB 1976, S. 1420 ff.

Hensche, Detlef
Tarifflucht in juristische Formen
in: AuR 1996, S. 331 ff.

Herschel, Wilhelm
- Der nachwirkende Tarifvertrag, insbesondere seine Änderung
in: ZfA 1976, S. 89 ff.

- Materielle und formelle Arbeitsbedingungen
in: AuR 1964, S. 257 ff.

- Nochmals: Formelle und materielle Arbeitsbedingungen
in: AuR 1969, S. 65 ff.

Hess, Harald / Schlochauer, Ursula / Glaubitz, Werner
Kommentar zum Betriebsverfassungsgesetz
5. Auflage, Neuwied • Kriftel • Berlin 1997
zitiert: H/S/G

Hilger, Marie Luise
Arbeitstechnische Lohnfestsetzung zwischen formellen und materiellen Arbeitsbedingungen
in: BB 1969, S. 448 ff.

Hoß, Axel / Liebscher, Brigitta
- Der Austritt aus dem Arbeitgeberverband - Eine Chance für die Betriebspartner
in: DB 1995, S. 2525 ff.

- Replik zu Krauss „Der Austritt aus dem Arbeitgeberverband - Keine Chance für den Betriebspartner“
in: DB 1996, S. 529 f.

Hoyningen-Huene, Gerrick v.
- Ablösende Betriebsvereinbarungen für ausgeschiedene Arbeitnehmer, Pensionäre und leitende Angestellte?
in: RdA 1983, S 225 ff.

- Die Bezugnahme auf einen Firmentarifvertrag durch Betriebsvereinbarung
in: DB 1994, S. 2026 ff.

- Fehlerhafte Betriebsvereinbarungen und ihre Auswirkungen auf Arbeitnehmer
in: DB 1984 Beilage Nr. 1, S. 1 ff.

- Mitbestimmung trotz Tarifvertrages?
in: NZA 1987, S. 793 ff.
- Vergütungsregelungen und Mitbestimmung des Betriebsrats (§ 87 I Nr. 10 BetrVG)
in: NZA 1998, S. 1081 ff.

Hromadka, Wolfgang
- Anmerkung zu BAG (v. 18.4.1989)
SAE 1990, S. 22 ff

- Anmerkung zu BAG (v. 23.8.1989)
AP Nr. 42 zu § 77 BetrVG 1972

- Betriebsvereinbarung über mitbestimmungspflichtige soziale Angelegenheiten bei Tarifüblichkeit: Zwei-Schranken-Theorie ade?
in: DB 1987, S. 1991 ff.

- Der Große Senat zu den übertariflichen Zulagen
in: DB 1992, S. 1573 f.

- § 77 Abs. 3 BetrVG und die teilmitbestimmte Betriebsvereinbarung
in: FS Schaub, München 1998, S. 337 ff.

Huber, Emil
Die Grenzen der erzwingbaren Mitbestimmung des Betriebsrates bei sog. Annexregelungen in sozialen Angelegenheiten
in: DB 1980, S. 1643 ff.

Hueck, Alfred / Nipperdey, Hans Carl
Lehrbuch des Arbeitsrechts
Band II, 2. Halbband
7. Auflage, Berlin • Frankfurt a.M. 1970

Hümmerich, Klaus
Flexibilisierung der Arbeitszeit durch Betriebsvereinbarung
in: DB 1996, S. 1185 ff.

Jäcker, Hans
Die Einigungsstelle nach dem Betriebsverfassungsgesetz 1972
Köln 1974
zitiert: Die Einigungsstelle

Jahnke, Volker
Tarifautonomie und Mitbestimmung
München, 1984

Janert, Wolf-Rüdiger
AT-Angestellte und Betriebsrat
in: DB 1976, S. 243 ff.

Jene, Lothar
Kurzarbeit und betriebliche Mitbestimmung
Frankfurt a.M. • Bern 1981

Joost, Detlev
Betriebliche Mitbestimmung bei der Lohngestaltung im System von Tarifautonomie und Privatautonomie
in: ZfA 1993, S. 257 ff.

Kania, Thomas
Tarifbindung bei Ausgliederung und Aufspaltung eines Betriebs
in: DB 1995, S. 625 ff.

Kempen, Otto Ernst
- Ansätze zu einer Neuorientierung des gegenwärtigen Tarifvertrags rechts
in: AuR 1980, S. 193 ff.

- Betriebsverfassung und Tarifvertrag
in: RdA 1994, S. 140 ff.

Kempen, Otto Ernst / Zachert, Ulrich
Tarifvertragsgesetz
3. Auflage, Köln 1997

Kirchner, Dieter
Die Sperrwirkung von Tarifvertrag und Tarifübung für die Verwirklichung des Mitbestimmungsrechts des Betriebsrates nach § 87 BetrVG
in: BB 1972, S. 1279 ff.

Kissel, Otto Rudolf
- Das Spannungsfeld zwischen Betriebsvereinbarung und Tarifvertrag
in: NZA 1986, S. 73 ff.

- Kollektive Arbeitsbedingungen im Spannungsfeld zwischen Tarif- und Betriebsautonomie
in: NZA 1995, S. 1 ff.

Konzen, Horst
Tarifvertragliche und innerbetriebliche Normsetzung
in: BB 1977, S. 1307 ff.

Kort, Michael
- Anmerkung zu BAG (5.3.1997)
in: SAE 1998, S. 72 ff.

- Arbeitszeitverlängerndes „Bündnis für Arbeit" zwischen Arbeitgeber und Betriebsrat - Verstoß gegen die Tarifautonomie?
in: NJW 1997, S. 1476 ff.

Krauss, Stefan
- Der Austritt aus dem Arbeitgeberverband - Keine Chance für die Betriebspartner
in: DB 1996, S. 528 f.

- Die neue Freiheit ohne Verbandstarif?
in: DB 1995, S. 1562 ff.

Kreutz, Peter
Grenzen der Betriebsautonomie
München, 1979

Kübler, Friedrich / Schmidt, Walter / Simitis, Spiros
Mitbestimmung als gesetzespolitisch Aufgabe
Baden-Baden 1978

Küchenhoff, Günther
Betriebsverfassungsgesetz
3. Auflage, Münster 1979

Lappe, Marlies
Die Mitbestimmung in sozialen Angelegenheiten
in: Das Arbeitsrecht der Gegenwart, Bd. 166 (1978), S. 55 ff.

Larenz, Karl
Methodenlehre der Rechtswissenschaft
4. Auflage, Berlin • Heidelberg • New York 1979
zitiert: Methodenlehre

Lederer, Gerd
Das Initiativrecht des Betriebsrats in Lohnfragen
Frankfurt a.M., 1985

Leinemann, Wolfgang (Hrsg.)
- Kasseler Handbuch zum Arbeitsrecht
Band 2, Neuwied • Kriftel • Berlin 1997
zitiert: Kasseler Handbuch - Bearbeiter

- Wirkungen von Tarifverträgen und Betriebsvereinbarungen auf das Arbeitsverhältnis
in: DB 1990, S. 732 ff.

Lieb, Manfred
- Skandal oder Signal? Zur Problematik tarifwidriger Betriebsvereinbarungen
in: FS Kraft, München 1998, S. 343 ff.

- Anmerkung zu BAG (v. 3.12.1991)
in: SAE 1993, S. 114 ff.

- Die Regelungszuständigkeit des Betriebsrates für die Vergütung von AT-Angestellten
in: ZfA 1978, S. 179 ff.

- Mehr Flexibilität im Tarifvertragsrecht?
„Moderne" Tendenzen auf dem Prüfstand
in: NZA 1994, S. 289 ff.

Linnenkohl, Karl
Lean law - die „ingeniöse" Nichtanwendung von Arbeitsrecht
in: BB 1994, S. 2077 ff.

Lohs, René A.
Tarifvertragliche Öffnungsklauseln
in: DB 1996, S. 1722 ff.

Loritz, Karl-Georg
Betriebliche Arbeitnehmerbeteiligungen in Tarifverträgen und Betriebsvereinbarungen
in: DB 1985, S. 531 ff.

Löwisch, Manfred
- Möglichkeiten und Grenzen der Betriebsvereinbarung
in: AuR 1978, S. 97 ff.

- Neuabgrenzung von Tarifvertragssystem und Betriebsverfassung
in: JZ 1996, S. 812 ff.

- Taschenkommentar zum Betriebsverfassungsgesetz
3. Auflage, Heidelberg 1994

Löwisch, Manfred / Rieble, Volker
- Anmerkung zu BAG (18.3.1992)
AP Nr. 13 zu § 13 TVG

- Tarifvertragsgesetz
München 1992

Matthießen, Volker
Antragsbefugnisse der Tarifparteien im arbeitsgerichtlichen Beschluß-verfahren
in: DB 1988, S. 285 ff.

Mechtel, Karl-Heinz
Die Tarifüblichkeit nach § 59 BetrVG
Köln 1966

Mengel, Horst
Die betriebliche soziale Mitbestimmung und ihre Grenzen
in: DB 1982, S. 43 ff.

Meyer, Cord
Chancen und Grenzen der Anpassung von Tarifverträgen
in: RdA 1998, S. 142 ff.

Misera, Karlheinz
- Anmerkung zu BAG (v. 3.8.1982)
AP Nr. 12 zu § 87 BetrVG 1972 Lohngestaltung

- Anmerkung zu BAG (24.1.1996)
SAE 1997, S. 45 ff.

Molkenbur, Josef / Krasshöfer-Pidde, Horst Dieter
Zur Umdeutung im Arbeitsrecht
in: RdA 1989, S. 337 ff.

Moll, Wilhelm
- Anmerkung zu BAG (v. 24.1.1996)
AP Nr. 8 zu § 77 BetrVG 1972 Tarifvorbehalt

- Der Tarifvorrang im Betriebsverfassungsgesetz: Zur Abstimmung betrieblicher und tarifvertraglicher Regelungsmechanismen
Berlin, 1980
zitiert: Der Tarifvorrang

- Die Mitbestimmung des Betriebsrats beim Entgelt
Berlin 1977

Moll, Wilhelm / Kreitner, Jochen
Anmerkung zu BAG (v. 23.8.1989)
EzA § 140 BGB Nr. 16

Monjau, Herbert
Der Vorrang der Tarifvertragsparteien bei der Regelung materieller Arbeitsbedingungen
in: BB 1965, S. 632 ff.

Müller, Gerhard
Einflüsse des kollektiven Arbeitsrechts auf das Arbeitsverhältnis
in: DB 1967, S. 903 ff.

Münch, Ingo v. (Begr.) / Kunig, Philip (Hrsg.)
Grundgesetz-Kommentar
Band 1 (Präambel bis Art. 20)
4. Auflage, München 1992

Nickel, Egbert
Die Entwicklung des arbeitsrechtlichen Schrifttums im Jahre 1978
in: ZfA 1979, S. 357 ff.

Nikisch, Arthur
Arbeitsrecht
Band III Betriebsverfassungsrecht
2. Auflage, Tübingen 1966

Oetker, Hartmut
- Anmerkung zu BAG (18.3.1992 und 27.11.1991)
  EzA § 4 TVG Nachwirkung Nr. 14 und Nr. 15

- Die Mitbestimmung des Betriebs- und Personalrats bei der Durchführung von Berufsbildungsmaßnahmen
  Neuwied • Darmstadt 1986

Otto, Hansjörg
Entscheidungsharmonie, Verfahrensökonomie und rechtliches Gehör bei Streitigkeiten mit kollektivem Bezug
in: RdA 1989, S. 247 ff.

Pleyer, Klemens
Anmerkung zu BAG (v. 24.11.1987)
AP Nr. 6 zu § 87 BetrVG 1972 Auszahlung

Raatz, Günther
Personalleitung und Betriebsverfassung
in: DB 1972 Beilage Nr. 1, S. 1 ff.

Rebmann, Kurt (Hrsg.)
- Münchener Kommentar zum Bürgerlichen Gesetzbuch
  Band 1, Allgemeiner Teil (§§ 1-240)
  3. Auflage, München 1993

- Münchener Kommentar zum Bürgerlichen Gesetzbuch
  Band 4, Schuldrecht Besonderer Teil (§§ 607-704)
  3. Auflage, München 1997

Reuter, Dieter
- Arbeitsrechtliche Aspekte neuer Arbeitszeitstrukturen
  in: RdA 1981, S. 205 ff.

- Betriebsverfassung und Tarifvertrag
  in: RdA 1994, S. 152 ff.

- Das Verhältnis von Individualautonomie, Betriebsautonomie und Tarifautonomie
  in: RdA 1991, S. 193 ff.

- Vergütung von AT-Angestellten und betriebsverfassungsrechtliche Mitbestimmung
Königstein/Ts. 1979

Reuter, Dieter / Streckel, Siegmar
Grundfragen der betriebsverfassungsrechtlichen Mitbestimmung
Frankfurt a.M., 1973

Richardi, Reinhard
- Anmerkung zu BAG (13.3.1973)
AP Nr. 1 zu § 87 BetrVG 1972 Werkmietwohnungen

- Anmerkung zu BAG (v. 24.2.1987)
AP Nr. 21 zu § 77 BetrVG 1972

- Betriebsratsamt und Gewerkschaft
in: RdA 1972, S. 8 ff.

- Betriebsverfassungsgesetz
7. Auflage, München 1998

- Der Große Senat des BAG zur Mitbestimmung bei der Anrechnung einer Tariflohnerhöhung auf über- und außertarifliche Zulagen
in: NZA 1992, S. 961 ff.

- Die Mitbestimmung des Betriebsrates bei der Regelung des Arbeitsentgelts
in: ZfA 1976, S. 1 ff.

- Kollektivgewalt und Individualwille bei der Gestaltung des Arbeitsverhältnisses
München 1968
zitiert: Kollektivgewalt

Richardi, Reinhard / Wlotzke, Otfried (Hrsg.)
- Münchener Handbuch zum Arbeitsrecht
Band 1 (§§ 1-110) Individualarbeitsrecht I
München 1992

- Münchener Handbuch zum Arbeitsrecht
Band 3 (§§ 233-383) Kollektives Arbeitsrecht
München 1992
zitiert: MünchArbR-Bearbeiter

Rosenberg, Leo / Schwab, Karl Heinz / Gottwald, Peter
Zivilprozeß
15. Auflage, München 1993

Rumpff, Klaus
Das Mitbestimmungsrecht des Betriebsrats bei Entgeltfragen, insbesondere beim Leistungslohn, nach dem Betriebsverfassungsgesetz 1972
in: AuR 1972, S. 65 ff.

Rüthers, Bernd
- Anmerkung zu BAG (v. 2.6.1987)
AP Nr. 49 zu Art. 9 GG

- Rechtsprobleme des Zeitlohns an taktgebundenen Produktionsanlagen
in: ZfA 1973, S. 399 ff.

Säcker, Franz Jürgen
- Die Regelung sozialer Angelegenheiten im Spannungsfeld zwischen tariflicher und betriebsvereinbarungsrechtlicher Normsetzungsbefugnis
in: ZfA 1972 Sonderheft, S. 41 ff.

- Tarifvorrang und Mitbestimmung des Betriebsrates beim Arbeitsentgelt
in: BB 1979, S. 1201 ff.

- Zur Interpretation der Öffnungsklausel des § 59 BetrVG
in: RdA 1967, S. 370 ff.

Schaub, Günter
- Aktuelle Fragen des Tarifvertragsrechtes
in: BB 1995, S. 2003 ff.

- Änderungskündigung und Kündigungsschutz bei Betriebsvereinbarungen
in: BB 1990, S. 289 ff.

- Arbeitsrechts-Handbuch
8. Auflage, München 1996

- Wege und Irrwege aus dem Flächentarifvertrag
NZA 1998, S. 617 ff.

Schelp, Günther
Tarifvertrag und Betriebsvereinbarung im Rahmen von § 59 des Betriebsverfassungsgesetzes
in: DB 1962, S. 1242 ff., 1275 ff.

Schimana, Rudolf / Frauenkron, Karl-Peter
Arbeitsrechtliche Aspekte einer betrieblichen Regelung der Vermögensbildung durch Gewinn- und Kapitalbeteiligung
in: DB 1980, S. 445 ff.

Schmidt, Thomas Benedikt
Das Günstigkeitsprinzip im Tarifvertrags- und Betriebsverfassungsrecht
Diss. Trier 1994
zitiert: Günstigkeitsprinzip

Schneider, Reinhold
Die Anrechnung von Tarifverbesserungen, insbesondere Tariflohnerhöhungen, auf übertarifliche Vergütungsbestandteile
in: DB 1993, S. 2530 ff.

Schukai, Manfred
Praktische Konsequenzen aus den Entscheidungen des Großen Senats des BAG vom 3.12.1991
in: NZA 1992, S. 967 ff.

Schulin, Bertram
Anmerkung zu BAG (v. 9.4.1991)
EzA § 77 BetrVG 1972 Nr. 39

Schulze-Osterloh, Joachim
Anmerkung zu BAG (29.3.1977)
AP Nr. 1 zu § 87 BetrVG 1972 Provision

Schwarze, Roland
Der Betriebsrat im Dienst der Tarifvertragsparteien
Berlin 1991

Simitis, Spiros / Weiss, Manfred
Zur Mitbestimmung des Betriebsrates bei Kurzarbeit
in: DB 1973, S. 1240 ff.

Soergel, Hans Theodor (Begr.) / Siebert, Wolfgang (Hrsg.)
Bürgerliches Gesetzbuch, Bd. 1 Allgemeiner Teil (§§ 1-240)
12. Auflage, Stuttgart • Berlin • Köln • Mainz 1988
zitiert: Soergel-Bearbeiter

Stadler, Hubert
Die rechtliche Bedeutung fehlerhafter Betriebsvereinbarungen
in: BB 1971, S. 709 ff.

Stahlhacke, Eugen
Bezugnahme auf Tarifverträge in Betriebsvereinbarungen
in: DB 1960, S. 579 ff.

Starck, Martin
Leistungspflichten und betriebliche Mitbestimmung
Berlin, 1983

Staudinger, Julius (Begr.) / Beitzke, Günther (Hrsg.)
Staudingers Kommentar zum Bürgerlichen Gesetzbuch
Buch 1. Allgemeiner Teil (§§ 134-163)
13. Bearbeitung, Berlin 1996
zitiert: Staudinger-Bearbeiter

Stebut, Dietrich v.
Die Zulässigkeit der Einführung von Kurzarbeit
in: RdA 1974, S. 332 ff.

Stege, Dieter / Rinke, Michael
Die Mitbestimmung des Betriebsrates bei der Anrechnung übertariflicher Zulagen auf eine Tariflohnerhöhung
in: DB 1991, S. 2386 ff.

Stege, Dieter / Schneider, Reinhold
Die Mitbestimmung des Betriebsrats bei der Anrechnung von Tariflohnerhöhungen auf übertarifliche Zulagen
in: DB 1992, S. 2342 ff.

Stege, Dieter / Weinspach, Friedrich K.
Betriebsverfassungsgesetz
7. Auflage, Köln 1994

Thüsing, Gregor
Die Grenzen der Sperrwirkung des § 77 Abs. 3 BetrVG
in: ZTR 1996, S. 146 ff.

Trittin, Wolfgang
Zum Mitbestimmungsrecht bei übertariflichen Zulagen
in: AuR 1991, S. 329 ff.

Veit, Barbara
Die funktionelle Zuständigkeit des Betriebsrats
München 1998

Veit, Barbara / Waas, Bernd
Die Umdeutung einer kompetenzwidrigen Betriebsvereinbarung
in: BB 1991, S. 1329 ff.

Vetter, Christian
Zur Zuverlässigkeit tarifübernehmender Betriebsvereinbarungen
in: DB 1991, S. 1833

Vollmer, Lothar
Aufgaben- und Zuständigkeitsverteilung zwischen mitbestimmungsrechtlicher und tarifvertraglicher Interessenvertretung
in: DB 1979, S. 308 ff.

Waltermann, Raimund
- Gestaltung von Arbeitsbedingungen durch Vereinbarung mit dem Betriebsrat
in: NZA 1996, S. 357 ff.

- Zuständigkeiten und Regelungsbefugnisse im Spannungsfeld von Tarifautonomie und Betriebsautonomie
in: RdA 1996, S. 129 ff.

Wank, Rolf
Tarifautonomie oder betriebliche Mitbestimmung?
in: RdA 1991, S. 129 ff.

Weiss, Manfred / Weyand, Joachim
Betriebsverfassungsgesetz
3. Auflage, Baden-Baden 1994

Weyand, Joachim
Möglichkeiten und Grenzen der Verlagerung tariflicher Regelungskompetenzen auf die Betriebsebene
in: AuR 1989, S. 193 ff.

Wiedemann, Herbert / Moll, Wolfgang
Anmerkung zu BAG (8.3.1977)
AP Nr. 1 zu § 87 BetrVG 1972 Auszahlung

Wiedemann, Herbert / Stumpf, Hermann
Tarifvertragsgesetz
5. Auflage, München 1977

Wiese, Günther
- Anmerkung zu BAG (v. 5.3.1974)
AP Nr. 1 zu § 87 BetrVG 1972 Kurzarbeit

- Anmerkung zu BAG (v. 24.2.1987)
in: SAE 1989, S. 6 ff.

- Die Beschränkung der Sperrwirkung des § 59 BetrVG auf Arbeitsentgelte und sonstige Arbeitsbedingungen
in: RdA 1968, S. 41 ff.

- Zum Gesetzes- und Tarifvorbehalt nach § 87 Abs. 1 BetrVG
in: 25 Jahre Bundesarbeitsgericht, Festschrift München 1979, S. 661 ff.

Wlotzke, Otfried
- Betriebsverfassungsgesetz
2. Auflage, München 1992

- Das Günstigkeitsprinzip
Heidelberg 1957

Zachert, Ulrich
- Krise des Flächentarifvertrages?
in: RdA 1996, S. 140 ff.

- Neue Entwicklungen zur Tarifautonomie und betrieblichen Mitbestimmung
in: NZA 1988, S. 185 ff.

Zöllner, Wolfgang
Die Sperrwirkung des § 59 BetrVG
in: Festschrift für Nipperdey, Band II, München 1965, S. 699 ff.

Zöllner, Wolfgang / Loritz, Karl-Georg
Arbeitsrecht
5. Auflage, München 1998

Für Abkürzungen wurde das Abkürzungsverzeichnis von Kirchner, Hildbert, 4. Auflage „Abkürzungsverzeichnis der Rechtssprache" benutzt.